互联网电子证据论
以刑事诉讼为视角

On Internet Evidence
From the Perspective of Criminal Procedure

冯姣 著

图书在版编目(CIP)数据

互联网电子证据论：以刑事诉讼为视角/冯姣著.—北京：北京大学出版社，2023.11
国家社科基金后期资助项目
ISBN 978-7-301-33463-8

Ⅰ.①互… Ⅱ.①冯… Ⅲ.①电子—证据—研究 Ⅳ.①D915.130.4

中国国家版本馆 CIP 数据核字(2023)第 199530 号

书　　　名	互联网电子证据论：以刑事诉讼为视角 HULIANWANG DIANZI ZHENGJULUN： YI XINGSHI SUSONG WEI SHIJIAO
著作责任者	冯　姣　著
责 任 编 辑	向秋枫　周　菲
标 准 书 号	ISBN 978-7-301-33463-8
出 版 发 行	北京大学出版社
地　　　址	北京市海淀区成府路 205 号　100871
网　　　址	http://www.pup.cn
新 浪 微 博	@北京大学出版社　@北大出版社法律图书
电 子 邮 箱	编辑部 law@pup.cn　总编室 zpup@pup.cn
电　　　话	邮购部 010-62752015　发行部 010-62750672 编辑部 010-62752027
印 刷 者	北京鑫海金澳胶印有限公司
经 销 者	新华书店 730 毫米×1020 毫米　16 开本　13.25 印张　252 千字 2023 年 11 月第 1 版　2023 年 11 月第 1 次印刷
定　　　价	58.00 元

未经许可，不得以任何方式复制或抄袭本书之部分或全部内容。
版权所有，侵权必究
举报电话：010-62752024　电子邮箱：fd@pup.cn
图书如有印装质量问题，请与出版部联系，电话：010-62756370

国家社科基金后期资助项目
出版说明

后期资助项目是国家社科基金设立的一类重要项目,旨在鼓励广大社科研究者潜心治学,支持基础研究多出优秀成果。它是经过严格评审,从接近完成的科研成果中遴选立项的。为扩大后期资助项目的影响,更好地推动学术发展,促进成果转化,全国哲学社会科学工作办公室按照"统一设计、统一标识、统一版式、形成系列"的总体要求,组织出版国家社科基金后期资助项目成果。

全国哲学社会科学工作办公室

目 录

引言 ··· 1

第一章 互联网电子证据的理论基础 ·· 15
第一节 互联网电子证据的界定 ·· 15
第二节 互联网电子证据的基础理论 ·· 32
第三节 小结:"静态"与"动态"之联结 ······································ 42

第二章 互联网电子证据的收集 ··· 43
第一节 问题的提出 ·· 43
第二节 我国互联网电子证据收集的模糊规定 ······························· 44
第三节 我国互联网电子证据收集的实践梳理 ······························· 47
第四节 我国互联网电子证据收集程序的构建和完善 ······················ 54
第五节 小结:在"真相构建"与"人权保障"之间 ·························· 61

第三章 互联网电子证据收集的典型模式分析 ································ 62
第一节 网络监控:技术侦查的程序性规制 ··································· 62
第二节 网络运营者的义务边界:义务冲突之下的进退维谷 ·············· 69
第三节 网络诱惑侦查:个体特定化的前置性约束 ··························· 79
第四节 云计算背景下第三人的隐私保障:基于语境论的考量 ·········· 97

第四章 互联网电子证据的保管 ··· 103
第一节 问题的提出 ·· 103
第二节 互联网电子证据保管制度的基本要素 ······························ 104
第三节 互联网电子证据保管制度的法律规定和实践评析 ··············· 108
第四节 互联网电子证据保管制度的诉讼价值 ······························ 113
第五节 互联网电子证据保管制度在我国的构建和完善 ·················· 115
第六节 小结:在"封闭"与"开放"之间 ··································· 124

第五章　互联网电子证据保管的典型样态探究:司法区块链的适用及限度 ······ 126
第一节　背景:网络环境中著作权保护的传统难题 ······ 126
第二节　定位及功能预设:司法区块链技术对以往难题的应对 ······ 127
第三节　隐患:司法区块链的缺陷审视 ······ 129
第四节　展望:司法区块链的运用前景和完善路径 ······ 132

第六章　互联网电子证据的出示 ······ 136
第一节　概念界定:证据出示与证据开示 ······ 137
第二节　互联网电子证据出示制度的要素解构 ······ 139
第三节　互联网电子证据出示形式与最佳证据规则 ······ 144
第四节　互联网电子证据出示的"相关性"界定 ······ 150
第五节　我国互联网电子证据出示规则的构建和完善 ······ 154
第六节　小结:在"文本"与"实践"之间 ······ 159

第七章　互联网电子证据的验真 ······ 161
第一节　问题的提出 ······ 161
第二节　互联网电子证据验真制度的构成要素 ······ 162
第三节　我国互联网电子证据验真的法律规定与实践路径 ······ 164
第四节　印证模式与互联网电子证据的验真 ······ 170
第五节　我国互联网电子证据验真程序的构建与完善 ······ 176
第六节　小结:在"验真"与"印证"之间 ······ 183

第八章　余论:我国刑事互联网电子证据规则的完善路径 ······ 184

参考文献 ······ 192

引 言

> 计算机网络和互联网不仅已经改变了我们的生存方式、商业行为和娱乐方式,还改变了——并在继续改变着——我们实践法律的方式和我们所实践的法律。
>
> ——〔美〕伊恩·C.巴隆①

一、问题引入

(一)网络犯罪活动频发

21世纪是互联网的世纪。《中国互联网络发展状况统计报告》显示,截至2022年12月,中国网民规模达10.67亿,互联网普及率为75.6%。其中,手机网民规模为10.65亿,占比99.8%。②

随着互联网技术的不断发展,随之而来的,是越来越多的网络犯罪案件进入公众视野。"与人类过去所有的经历一样,一项新技术一旦产生,人性中的恶念就会表现得更加殷勤和主动。"③2020年,全国检察机关起诉网络犯罪14.2万人,在刑事案件总量下降背景下,同比上升47.9%。④ 从网络犯罪的后果来看,2021年全球网络犯罪造成的相关损失超过6万亿美元,而2020年这一数字估计为1万亿美元。⑤

互联网犯罪引发的问题日益困扰着各国。从网络犯罪类型上来看,不同国家的表现形式亦有所不同。在我国,根据最高人民法院、最高人民检察院、公安部《关于办理信息网络犯罪案件适用刑事诉讼程序若干问题的意见》(以下简称《网络犯罪案件程序意见》)的规定,信息网络犯罪案件包括三种类型:

---

① 〔美〕伊恩·C.巴隆:《电子商务与互联网法》(第1卷),北京大学知识产权学院组织编译,中国方正出版社2005年版,第1页。
② 参见中国互联网络信息中心:《第51次中国互联网络发展状况统计报告》,https://cnnic.cn/NMediaFile/2023/0322/MAIN16794576367190GBA2HA1KQ.pdf(2023年4月11日最后访问)。
③ 《互联网时代》主创团队:《互联网时代》,北京联合出版公司2015年版,第179页。
④ 参见《最高人民检察院工作报告》,https://www.spp.gov.cn/spp/gzbg/202103/t20210315_512731.shtml(2021年9月2日最后访问)。
⑤ 谢亚宏:《全球网络犯罪急需强化协同打击》,载《人民日报》2022年7月11日第15版。

(1) 危害计算机信息系统安全犯罪案件;(2) 拒不履行信息网络安全管理义务、非法利用信息网络、帮助信息网络犯罪活动的犯罪案件;(3) 主要行为通过信息网络实施的诈骗、赌博、侵犯公民个人信息等其他犯罪案件。① 在美国司法实践中,网络犯罪一个最重要的表现形式是网络儿童色情犯罪案件。相关的数据显示,美国超过 75% 的网络犯罪,涉及对儿童色情材料的制作和传播。其他类型的网络犯罪案件,主要包括网络黑客犯罪、网络知识产权犯罪、网络信息窃取以及网络诈骗等犯罪。②

虽然各国网络犯罪的表现形式有差异,但相比于传统犯罪,网络犯罪亦有一些共同的特点,主要体现在以下几个方面:(1) 网络犯罪的高技术性。网络犯罪的行为人,如网络黑客,往往精通计算机技术。其通常通过设置钓鱼网站或者发送病毒,获取个人的银行账号等信息。(2) 网络犯罪的高组织性。网络诈骗、网络赌博等犯罪活动,涉及多个环节和链条,需要多人同时参加犯罪。(3) 网络犯罪的跨国性。互联网出现后,"世界是平的"③。网络的互联特性,使得网络犯罪行为的发生地与网络犯罪结果的影响地往往位于不同的司法管辖区域。(4) 网络犯罪的宽辐射度。传统的犯罪行为大多针对特定的个体实施,但网络犯罪为获取更多的利益,经常涉及大量不特定的个体。此外,不同于传统的犯罪中被害人和犯罪嫌疑人之间有直接的接触,网络的匿名性特点,导致在网络犯罪案件中难以确定犯罪嫌疑人的真实身份。新型网络犯罪案件的出现,对传统案件的管辖及取证等制度,都提出了新的挑战,迫切要求现有的刑事司法系统作出快速有效的应对。在网络犯罪案件猖獗的背景下,互联网电子证据成为一个不可回避的话题。

(二) 现有电子证据规则应对的乏力

从法律层面来看,我国 2012 年修正的《中华人民共和国刑事诉讼法》(以下简称《刑事诉讼法》),将电子数据作为一种独立的证据形式加以规定,从法律上确立了电子证据的地位。而后,各种有关电子证据的法律规则和司法解释应运而生。

现有的规定大体可以分为两类:一类是宣示性质的规则。如 2016 年《关于充分发挥检察职能依法保障和促进科技创新的意见》指出应"努力提高法律服务能力水平","探索利用大数据分析等技术手段,提高互联网条件下电

---

① 参见《网络犯罪案件程序意见》第 1 条的规定。
② Robert Moore, *Cybercrime: Investigating High-Technology Computer Crime*, Anderson Publishing, 2011, pp. 5-6.
③ Thomas L. Friedman and Oliver Wyman, *The World is Flat: A Brief History of the Twenty-First Century*, Picador, 2007, p. 1.

子证据的收集、固定和综合运用能力"。但对于如何"探索"、如何"提高",其并未给出明确的操作路径。另一类是操作性质的规则。代表的规范主要有《网络犯罪案件程序意见》;最高人民法院、最高人民检察院、公安部《关于办理刑事案件收集提取和审查判断电子数据若干问题的规定》(以下简称《刑事案件电子数据规定》);公安部《公安机关办理刑事案件电子数据取证规则》(以下简称《电子数据取证规则》)等。其中,《网络犯罪案件程序意见》对网络犯罪案件的管辖以及电子数据的取证与审查进行了规定;《刑事案件电子数据规定》对电子数据的收集、出示、审查与判断等问题作出了规定;《电子数据取证规则》主要围绕公安机关电子数据取证这一主题展开。关于电子数据的鉴定,《人民检察院电子证据鉴定程序规则(试行)》《公安机关电子数据鉴定规则》《计算机犯罪现场勘验与电子证据检查规则》等对鉴定的具体操作规则作出了规定。

通过对这些规定的研读可以发现,一方面,上述法规在对电子证据进行规定时,意识到了互联网电子证据具有区别于一般电子证据的特性,互联网电子证据取证查证难度大,因此要提高在互联网条件下对电子证据的收集和综合运用能力。但另一方面,上述规定仍然是以传统的电子证据为思维的起点,如《刑事案件电子数据规定》是在对电子证据进行论述时,对互联网电子证据稍加论述;《网络犯罪案件程序意见》虽以网络为其规制的对象,但仅涉及互联网电子证据的取证与审查,并未覆盖互联网电子证据生命链的全流程。

从立法导向来看,《刑事案件电子数据规定》对程序性瑕疵相对宽容,允许通过补正或者合理解释等方式对程序性瑕疵进行回应;但在涉及电子数据真实性问题时,《刑事案件电子数据规定》大多采取直接排除的立场。从规则层面来看,初查阶段强制性侦查措施的采取,与现有的刑事诉讼法律框架存在一定的抵牾[1];对于互联网电子证据收集过程中可能对犯罪嫌疑人造成的隐私权侵害,《刑事案件电子数据规定》只字未提。此外,大数据的出现和云计算的发展,对电子证据的基本理论及司法实践亦会造成一定程度上的冲击,但现有的规则尚未对此问题作出充分回应。互联网电子证据法律规范的不足,导致司法实务界在处理该类案件时,往往显得无所适从。

---

[1] 《刑事案件电子数据规定》第6条规定:"初查过程中收集、提取的电子数据,以及通过网络在线提取的电子数据,可以作为证据使用。"《公安机关办理刑事案件程序规定》第174条第2款规定:"调查核实过程中,公安机关可以依照有关法律和规定采取询问、查询、勘验、鉴定和调取证据材料等不限制被调查对象人身、财产权利的措施。但是,不得对被调查对象采取强制措施,不得查封、扣押、冻结被调查对象的财产,不得采取技术侦查措施。"根据原有的规定,初查阶段只能采取任意性侦查措施。但《刑事案件电子数据规定》却对其进行了突破,允许在初查阶段采取强制性侦查措施。

二、研究现状

在互联网电子证据领域,现有的研究主要从以下几个方面展开:

(一) 电子证据的概念和定位

理论界对电子证据的研究,基于时间点的不同呈现出不同的特点。从研究的内容来看,2012 年之前,学者更多关注的是电子证据的定位问题,即电子证据是否可以作为一种独立的证据形式。观点主要有三种:一种观点认为应当将电子证据作为独立的证据形式;一种观点认为应当将电子证据归入原有的某种证据形式;还有一种观点认为应当将电子证据分别划入原有的证据形式。龙宗智认为电子证据的存在形式及证明方式与其他证据种类存在一定的区别,这一点可以支持其作为一种独立的证据形式[①];刘品新认为电子证据不是一种独立的证据形式,而是分别属于传统证据的范畴[②];常怡认为电子证据具有不同于其他传统证据形式的特点,应当赋予其独立的证据地位[③];张栋认为在法律没有明确认可电子证据的证据地位或明确将其划归某一类证据的情况下,宜将电子证据归为视听资料[④]。随着 2012 年《刑事诉讼法》的出台,关于电子证据概念和定位的争论告一段落。

对于何为电子证据,学者已经达成了相对一致的观点。现有的通说认为"电子数据,是指以电子形式存在的、用作证据使用的一切材料及其派生物"[⑤]。但对于何为互联网电子证据,尚未有学者进行过深入的研究。此外,对于互联网电子证据的名称,学界也并未达成共识。[⑥] 对互联网电子证据概念的明确界定是本书写作的起点。

(二) 电子证据的评价与司法适用

1. 电子证据的证据能力和证明力评价

这主要是对电子证据的证据资格和证明力大小的问题进行探究。何家

---

① 龙宗智:《证据分类制度及其改革》,载《法学研究》2005 年第 5 期。
② 刘品新:《论电子证据的定位——基于中国现行证据法律的思辨》,载《法商研究》2002 年第 4 期。
③ 常怡、王健:《论电子证据的独立地位》,载《法学论坛》2004 年第 1 期。
④ 张栋:《论电子证据的法律定位》,载《东岳论丛》2009 年第 6 期。
⑤ 陈光中主编:《〈中华人民共和国刑事诉讼法〉修改条文释义与点评》,人民法院出版社 2012 年版,第 51 页。
⑥ 如何家弘将之称为"开放系统中的电子证据",参见何家弘主编:《电子证据法研究》,法律出版社 2002 年版。熊志海将之称为"网络证据",参见熊志海:《网络证据的特殊性及研究价值》,载《河北法学》2008 年第 6 期。

弘认为,对于电子证据可采性的判断,需要从电子证据的关联性、合法性与真实性三个要素出发;对于电子证据证明力的判断,需要从电子证据的完整性以及可靠性等角度出发。① 其中,电子证据的相关性,是判断电子证据是否具有证据能力的要素之一。刘品新认为,作为一种虚拟空间的证据,电子证据用于定案必须同时满足内容和载体上的关联性。其中,载体上的关联性包括人的关联性、事的关联性、物的关联性、时的关联性以及空的关联性。② 电子证据双联性理论的提出,是对原有电子证据相关性理论的突破。

在此部分,美国学者的研究多从证据的可采性的角度展开。关于证据的可采性,美国学者 Dr. Darren R. Hayes 认为,互联网电子证据的收集、处理和归档的方式对证据的可采性有着非常重要的影响。③ 在美国,互联网电子证据的可采性问题主要涉及两个制度:传闻证据规则和最佳证据规则。代表性文章的基本观点认为,在保证相关性的前提下,只要互联网电子证据符合传闻证据的例外规定,并且其形式符合最佳证据规则的要件,那么这些证据就具有可采性。互联网电子证据的真实性问题,与证据的证明力相关,而与证据的可采性无关。④

上述研究虽对电子证据的证据能力和证明力的要素进行了解析,但其仍然止步于对原有的电子证据的要素分析。互联网以及以此为基础的大数据的出现,会对电子证据的证明能力和证明力要素造成一定的影响,但针对该部分的研究仍较为欠缺。对互联网电子证据的证据能力和证明力要素的解析以及以此为基础的互联网电子证据规则的构建,有利于在案件裁判过程中,为刑事法官提供一个参考的指南。对司法实践中互联网电子证据审查判断要素的解构,亦为本书的重要组成。

2. 电子证据的收集和保管

这主要是对电子证据的收集程序、收集方式、法律规制等进行研究。其中的代表性论述有:陈永生认为,在电子证据收集过程中,必须受到令状原则有关合理根据和特定性要求的约束,在收集电子证据之后,还应当建立严密的证据保管制度⑤;樊崇义认为,在互联网背景下,电子证据取证面临着一系

---

① 何家弘主编:《电子证据法研究》,法律出版社 2002 年版,第 114—163 页。
② 刘品新:《电子证据的关联性》,载《法学研究》2016 年第 6 期。
③ Dr. Darren R. Hayes, *A Practical Guide to Computer Forensics Investigations*, Pearson Education, 2015, p. 272.
④ Steve Posner, "'But Judge, I Got it From the Net!'—The Admissibility of Internet Evidence", 31 *Colo. Law.* 91, 2002; Jonathan D. Frieden and Leigh M. Murray, "The Admissibility of Electronic Evidence under the Federal Rules of Evidence", 17 *Rich. J. L. & Tech.* 5, 2011.
⑤ 陈永生:《电子数据搜查、扣押的法律规制》,载《现代法学》2014 年第 5 期。

列的难题,如案件更不易察觉、案发现场更难确定等①;裴炜强调电子证据取证过程中要遵守比例原则②;谢登科对电子证据网络在线提取、网络远程勘验等规则进行了反思③;何邦武对电子数据算法取证难题及其破解等问题进行了研究④;戴莹从比较法的视野出发,对美国、德国、英国、日本、加拿大等地的电子扣押、电子通讯监控等程序进行阐述,为我国相关制度的构建,提供了比较法的蓝本⑤。

在坚持传统法学研究的基础上,不少学者开始尝试在研究过程中融入技术性的因素。如张楚和阿尔伯特·J.马塞拉等对网络取证应当遵循的原则以及网络取证的模型进行了研究⑥;蒋平等对于电子证据的收集、保管等程序,主要侧重于从技术方面展开论述⑦;王学光和杜春鹏对电子证据的取证技术、取证工具、取证程序以及几种典型的取证类型进行探析⑧;胡铭对区块链司法存证的应用及其规制问题进行了研究⑨。上述融合法学与技术的研究,无疑是一种有益的尝试。

在对电子证据进行收集的过程中,可能会侵犯被告人的隐私权。这一点,美国学者给予了高度的关注。关于互联网电子证据与隐私问题,主要涉及美国《宪法第四修正案》《电子通讯隐私法案》(Electronic Communications Privacy Act)、《窃听法案》(Wiretap Act)、《电信法案》(Telecommunication Act)以及《隐私法案》(Privacy Act)等。美国乔治·华盛顿大学的Kerr对美国《宪法第四修正案》在互联网电子证据收集过程中的适用进行了分析,其认为传统物理空间内部与外部的区分,在互联网电子证据收集过程中可以区分为内容信息与非内容信息;侦查人员对受法律保护的互联网交流信息的收集,必须要有搜查令。⑩ 在德国,个人尊严被视为宪法的最高价值,其联邦宪法法院于2008年创造性地提出IT基本权,强调法律保留原则及政府干预行为的

---

① 樊崇义、李思远:《论我国刑事诉讼电子证据规则》,载《证据科学》2015年第5期。
② 裴炜:《数字正当程序:网络时代的刑事诉讼》,中国法制出版社2021年版。
③ 谢登科:《电子数据网络在线提取规则反思与重构》,载《东方法学》2020年第3期;谢登科:《电子数据网络远程勘验规则反思与重构》,载《中国刑事法杂志》2020年第1期。
④ 何邦武:《网络刑事电子数据算法取证难题及其破解》,载《环球法律评论》2019年第5期。
⑤ 戴莹:《刑事侦查电子取证研究》,中国政法大学出版社2013年版。
⑥ 张楚、张樊:《网络取证中的若干问题研究》,载《证据科学》2007年第1、2期;〔美〕阿尔伯特·J.马塞拉、〔美〕弗雷德里克·吉罗索:《网络取证:从数据到电子证据》,高洪涛等译,中国人民公安大学出版社2015年版。
⑦ 蒋平主编:《计算机犯罪与电子取证研究》,社会科学文献出版社2018年版。
⑧ 王学光:《电子证据法律问题研究》,法律出版社2019年版;杜春鹏:《电子证据取证和鉴定》,中国政法大学出版社2014年版。
⑨ 胡铭:《区块链司法存证的应用及其规制》,载《现代法学》2022年第4期。
⑩ Orin S. Kerr, "Applying the Fourth Amendment to the Internet: A General Approach", 62 Stan. L. Rev. 1005, 2010.

相称性(Verhältnismäßigkeit)。①

此外,近年来,随着跨国网络犯罪的盛行,跨境电子证据取证问题日益受到国内外学者的关注。跨境电子证据取证面临电子数据侦查与公民个人信息保护之间的冲突、跨境电子取证与司法管辖权之间的冲突、涉及非法证据的认定。② 对此应当建立跨境电子取证的新机制。如梁坤认为,关于电子数据跨境取证,我国应当在数据主权国家战略的基础上,着力探索刑事数据取证管辖模式的中国方案③;唐彬彬认为,我国应当作为积极的规则推动者,构建跨境数据取证的国际统一方案,以实现跨境数据取证兼顾"尊重数据主权"与"快捷、高效"的目的④;还有学者提出在国际法与国内法互动的基础上,探索一种"尊重主权、重视程序参与者权利保障、高效、便捷"的跨境电子取证新机制⑤。

相比于其他程序中的互联网电子证据,互联网电子证据的收集受到了学者更多的关注。这主要有两个方面的原因:首先,随着互联网犯罪的日益发展,如何有效地收集互联网电子证据,与刑事诉讼能否实现犯罪打击的目标密切相关;其次,从人民权利的角度考察,政府借由科技发展所获得的穿墙入室、千里眼、顺风耳的超能力,比直接破门而入更令人毛骨悚然。⑥ 科技的发展,使得国家公权力得以扩张,由此导致国家公权和公民私权之间发生失衡。打击犯罪和保障人权之间的冲突,在互联网背景下得以放大;如何解释和解决这种冲突正是学术研究旨趣之所在。

3. 电子证据的出示

关于电子证据的出示,国内学者着墨不多。从比较法的角度来看,美国对于电子证据出示制度的研究,主要集中在两个方面:电子证据的开示程序以及电子证据的出示方式。

Alberto G. Araiza 认为,电子证据的开示,是指有关电子数据被收集、定位以及保管,以便其在民事或刑事案件中作为证据使用的任何程序。⑦ 在互联网背景下,对于电子证据开示制度的研究,集中在是否有必要建立新的证

---

① Thomas Weigend and Khalid Ghanayim, "Human Digital in Criminal Procedure: A Comparative Overview of Israeli and German Law", 44 *Isr. L. Rev.* 199, 2011.
② 赵菁:《跨境电子数据取证中的冲突与对策》,载《政法学刊》2020 年第 1 期; Nicholas Tsagourias & Michael Farrell, "Cyber Attribution: Technical and Legal Approaches and Challenges", 31 *Eur. J. Int'l L.* 941, 2020.
③ 梁坤:《基于数据主权的国家刑事取证管辖模式》,载《法学研究》2019 年第 2 期。
④ 唐彬彬:《跨境电子数据取证规则的反思与重构》,载《法学家》2020 年第 4 期。
⑤ 冯俊伟:《跨境电子取证制度的发展与反思》,载《法学杂志》2019 年第 6 期。
⑥ 王兆鹏:《新刑诉·新思维》,台湾元照出版有限公司 2004 年版,第 58 页。
⑦ Alberto G. Araiza, "Electronic Discovery in the Cloud", *Duke L. & Tech. Rev.* 1, 2011.

据开示制度。John S. Wilson 认为,判例法虽然能够提供短时间的答案,但是这些答案在不同的司法管辖区内缺乏一致性。对于互联网电子证据的开示制度,需要新的联邦民事程序法对其加以固定化。① Steven S. Gensler 认为,没有必要设立新的开示规则,其认为主要原因有三个:首先,现有的证据开示规则在设置的时候已经为适应新情况留下了可能性。其次,判例法显示法官能够将社交网络证据的开示融入现有的开示规则中。虽然在此过程中有一些错误,但是随着经验的积累以及特定指导纲领的出台,错误能够被纠正。最后,虽然社交网络证据开示显示了对现有开示程序的挑战,但是这些挑战并非是社交网络证据所特有的。②

在对互联网电子证据进行开示的过程中,亦会对当事人的隐私权造成侵害。互联网电子证据对隐私的侵犯,集中体现在社交网络证据方面。如 Kristen L. Mix 认为,在社交网络证据开示过程中,涉及的主要问题就是用户的隐私权。如 Facebook 通常包含了大量的个人信息,而法官通常情况下会认为用户对于其自愿发布在互联网上的信息缺乏隐私权期待。③ John G. Browning 认为,用户对其发布在社交网络上的信息,有合理的隐私权期待。在证据开示过程中,法官很难界定互联网电子证据开示的精确范围。法官在决定是否需要对互联网电子证据进行开示时,需要衡量该证据对隐私权的侵犯程度以及该证据开示所具有的潜在价值。④

对于互联网电子证据开示程序中互联网电子证据的出示方式,也有不少学者进行了研究。如 Craig D. Ball 认为,电子证据的出示方式一般有四种:纸质出示、图像出示、原始文件出示以及类似原始文件出示的方式。各种出示方式各有其利弊,也有其不同的适用情形。其主张尽可能地以原始文件的方式对相关的电子证据进行出示。但在互联网的背景下,以原始文件的形式对相关证据进行出示很难实现,亦可能无法达到出示制度设立的目的。在此情形下,以类似原始文件的方式对相关的互联网电子证据进行出示,会是一个更好的的选择。⑤

对互联网电子证据出示程序的研究,一方面有助于厘清互联网电子证据的出示形式与最佳证据规则之间的关系,从而更好地实现证据出示制度的目

---

① John S. Wilson, "MySpace, Your Space, or Our Space? New Frontiers in Electronic Evidence", 86 *Or. L. Rev.* 1201, 2007.
② Steven S. Gensler, "Special Rules for Social Media Discovery?", 65 *Ark. L. Rev.* 7, 2012.
③ Kristen L. Mix, "Discovery of Social Media", 5 *Fed. Cts. L. Rev.* 119, 2011.
④ John G. Browning, "With 'Friends' Like These, Who Needs Enemies? Passwords, Privacy, and the Discovery of Social Media Content", 36 *Am. J. Trial Advoc.* 505, 2012.
⑤ Craig D. Ball, "The Case for Native Production", http://www.craigball.com/LIT_OctNov2014_EDiscoveryBulletin.pdf(2022 年 9 月 22 日最后访问)。

的;另一方面也有助于对互联网电子证据的出示范围进行限定,从而更好地保障被告人的隐私权。然而,在我国,关于互联网电子证据的出示的研究极为欠缺。

4. 电子证据的验真

对于电子证据真实性的检验,国内外学者的研究视角有所不同。国内学者的研究多集中在对电子证据的"鉴真",而国外学者的研究多集中在对具体的电子证据形式进行真实性检验的操作方式。刘品新以快播案为契机,对电子证据的鉴真制度进行了反思。《刑事案件电子数据规定》的出现,虽在一定程度上有利于防止后续案件出现类似快播案的尴尬,但其勾绘的鉴真规则亦非完美①;胡铭以典型案件为例,对司法实践中电子证据的审查模式予以审视,认为应当在真实性与正当程序保障的价值权衡中,构建适应互联网时代需求的电子数据审查判断规则②;谢登科认为有必要在整合现有制度的基础上构建电子数据技术性鉴真规则③。

从美国的司法实践来看,聊天证据通常通过参与聊天并且能够对聊天记录正确性作证的证人进行验真。④ Deborah Jones Merritt 认为互联网电子证据的所有组成部分都必须被验真。提出证据的一方当事人必须提交充分的证据以支持以下的证据调查:(1)原始的交流是其主张的内容;(2)有形的下载内容反应了其原始的交流。如原告提出属于被告人博客内容的证据,必须提供证据证明被告人是发布信息的个人,并且对博客的截屏须正确地反映了博客的内容。⑤

在互联网电子证据真实性方面,美国学者根据互联网电子证据的不同形式进行了研究。如 Adam Alexander Diaz 对网页证据的验真问题进行了阐述,认为对网页的验真通常是通过设立账户的个人、网页的设计者或者对网页进行截屏的个人的证言进行的⑥;Paul W. Grimm 等对社交网络证据的验真进行了阐述,其指出在对社交网络证据进行验真的过程中,确立特定的作

---

① 刘品新:《电子证据的鉴真问题:基于快播案的反思》,载《中外法学》2017 年第 1 期。
② 胡铭:《电子数据在刑事证据体系中的定位与审查判断规则——基于网络假货犯罪案件裁判文书的分析》,载《法学研究》2019 年第 2 期。
③ 谢登科:《电子数据的技术性鉴真》,载《法学研究》2022 年第 2 期。
④ United States v. Tank,200 F. 3d 627 (9th Cir. 2000).
⑤ Deborah Jones Merritt, "Social Media, The Sixth Amendment, and Restyling: Recent Developments in the Federal Laws of Evidence",28 *Touro L. Rev.* 27,2012.
⑥ Adam Alexander Diaz, "Getting Information off the Internet is like Taking a Drink from a Fire Hydrant-The Murky Area of Authenticating Website Screenshots in the Courtroom",37 *Am. J. Trial Advoc.* 65,2013.

者是极为重要的①。

从中美两国学者的研究视角来看,国内学者倾向于从一般意义上对于电子证据的验真作出论述;而美国学者更倾向于对特定互联网电子证据的验真模式进行论述。其背后,主要有两个方面的原因:首先,两者的法源不同。在判例法国家,特定的判例往往成为学者论述的对象。在特定的案件中,涉及的互联网电子证据的形式通常是固定的。在此背景下,对特定种类的互联网电子证据验真模式进行论述,成为了美国学者的必然选择。而在我国,成文法是基本法源,在此背景下,对于电子证据验真一般模式的论述,更符合以法条作为逻辑起点的推理模式。其次,相比于美国,我国对于互联网电子证据的研究,起步较晚。因此,对于互联网电子证据验真模式的研究,仍然止步于一般性的论述,尚未细化。

(三) 技术性规则的研究

对于电子证据的研究,除了法学学者从证据学的角度展开的论述,还有不少其他专业的学者,从技术性的角度出发,对于电子证据的取证方式、完整性判断的操作等进行论述。Chet Hosmer 对利用 Python 进行电子证据取证问题进行了研究②;Marjie T. Britz 对智能手机、GPS 取证等问题进行了深入分析③;王奕对基于蜜场的主动电子数据取证技术的原理和特点等问题进行了研究④。近年来,随着区块链技术的发展,司法区块链存证问题也日益受到学者关注,如石松等对司法区块链的应用与发展作出了系统性的阐述⑤;伊然对北京互联网法院天平链进行了实证分析⑥;管林玉等对 Tendermint 技术、Hyperledger Fabric 技术等区块链电子数据存证应用技术作了较为全面细致的论述。⑦

从这些学者的论述中可以看到,国内学者多对电子证据表现出了浓厚的学术热情,但对互联网电子证据的着墨仍然较为有限。从程序的角度来看,

---

① Paul W. Grimm, Lisa Yurwit Bergstrom and Melissa M. O'Toole-Loureiro, "Authentication of Social Media Evidence", 36 *Am. J. Trial Advoc.* 433, 2012.
② 〔美〕Chet Hosmer:《电子数据取证与 Python 方法》,张俊译,电子工业出版社 2017 年版,第 1 页。
③ 〔美〕Marjie T. Britz:《计算机取证与网络犯罪导论》(第三版),戴鹏等译,电子工业出版社 2016 年版,第 345 页。
④ 王奕:《主动电子数据取证法律问题探究》,上海人民出版社 2021 年版,第 38 页。
⑤ 石松、邝志强:《司法区块链的应用与发展》,载《中国应用法学》2021 年第 3 期。
⑥ 伊然:《区块链技术在司法领域的应用探索与实践——基于北京互联网法院天平链的实证分析》,载《中国应用法学》2021 年第 3 期。
⑦ 公安部第三研究所、上海市司法鉴定协会编:《区块链技术在司法存证中的实践》,中国人民公安大学出版社 2020 年版,第 1 页。

学者对电子证据的研究,大多涉及电子证据的收集和验真,对电子证据的保管和出示很少进行论述。涉及互联网电子证据技术性的研究,从技术性的层面对互联网电子证据的收集、验真等问题进行了论述,但缺乏对其合法性的论述。技术与法律无法充分融合,是目前互联网电子证据研究的重要障碍。

三、本书创新点

(一)研究视角的创新:以互联网的特性为基础

互联网有很多的特性,但主要的特性有三个:技术性、开放性及透明性。本书无论是对于电子证据基本理论的分析,抑或是对互联网电子证据收集、保管、出示和验真制度的论述,都是以互联网的特性为思维起点。互联网的特性,是贯穿本书的逻辑主线。

此外,从现有的研究来看,对于证据的研究,尚未形成完整的范式。如陈瑞华对于证据的研究,从导论、证明力与证据能力、证据的法定形式、司法证明这四个角度出发[1];易延友对于证据的研究,从原理论、可采性以及证明论三个角度出发[2];张建伟对证据制度的研究,从证据通论、证据各论和诉讼证明三个方面入手[3]。

本书对于互联网电子证据的研究,以互联网电子证据的基本理论为基础,以互联网电子证据的生命轨迹为依据展开。这主要有两个方面的原因:首先,证据理论属于静态的存在,其需要在动态的诉讼过程中才得以逐一展现;其次,以互联网电子证据的生命轨迹为依据,可以对司法实践中互联网电子证据的各个阶段进行检视。在传统的"取证、举证、质证和认证"四分法的模式下,容易导致对互联网电子证据保管链条的忽视。

(二)研究内容的创新:互联网电子证据对传统电子证据理论的突破

1. 提出互联网电子证据对传统证据保管链条起点的冲击

传统的证据保管链条理论认为,在对一般的电子证据进行保管时,证据的保管链条从特定的证据被侦查人员收集之后开始。[4] 但是在互联网背景下,互联网电子证据的收集,大多需要依靠第三方互联网公司。由此,互联网电子证据的保管,若仍使用原先的起点理论,则无法确保互联网电子证据本身的完整性和可靠性。将互联网电子证据保管链条的起点前移,更有利于实

---

[1] 陈瑞华:《刑事证据法》(第三版),北京大学出版社2018年版,第1—10页。
[2] 易延友:《证据法的体系与精神——以英美法为特别参照》,北京大学出版社2010年版,第1—5页。
[3] 张建伟:《证据法要义》(第二版),北京大学出版社2014年版,第1—4页。
[4] 陈永生:《证据保管链制度研究》,载《法学研究》2014年第5期。

现证据保管制度的预设目的。

2. 对大数据背景下互联网电子证据的相关性进行界定

大数据背景下,对事物之间相关关系的关注多过于对事物之间因果关系的关注。传统证据法学对相关性的研究,止步于认为其是证据与待证事实之间的一种逻辑联系。① 特伦斯·安德森提出的直接相关证据和间接相关证据理论,亦只能对证据推理链条的特定环节进行处理,而无法对证据推理链条的前提进行分析。② 基于波普尔的第三世界理论③,本书对大数据背景下原始的互联网电子数据与待证事实之间的相关性重新进行了界定。

3. 提出对互联网电子证据出示方式的变更

根据现有的法律规范,互联网电子证据的出示形式,包括直接展示、打印件出示以及文字说明等。实证研究显示,司法实践中对于互联网电子证据的出示,主要采用打印件以及光盘出示两种方式。从比较法的角度来看,在美国,不同或者近似相同的出示形式会导致截然不同的出示效应和后果。其更深层次的原因在于不同的出示形式蕴含不同总量的出示信息,这涉及对互联网电子证据的真实性进行检验的可能性。由此,在互联网背景下,本书认为互联网电子证据的出示形式,需要转向对互联网电子证据完整性的出示。

4. 对互联网电子证据的验真模式进行检视

对于一般电子证据的验真,需要从保管链条以及电子证据的内容信息两方面进行。由于互联网的开放性,对互联网电子证据的同一性验真亦成为必要。司法实践中盛行的证据印证模式与互联网电子证据的验真之间,存在错综复杂的关系。证据印证模式发挥作用的前提是证据真实性的确定。实践中对于证据印证模式的误读,导致了互联网电子证据验真过程中的一些乱象。厘清两者的关系,有利于更好地发挥印证制度的功能,亦使得对互联网电子证据的正确验真成为可能。

四、研究方法与本书结构

(一)研究方法

1. 文本研究

本书在写作过程中,将首先对文本进行研究。对文本的研究主要包括两

---

① 〔美〕罗纳德·J. 艾伦:《艾伦教授论证据法》(上),张保生等译,中国人民大学出版社2014年版,第3页。
② 〔美〕特伦斯·安德森等:《证据分析》(第二版),张保生等译,中国人民大学出版社2012年版,第82—83页。
③ 〔英〕卡尔·波普尔:《客观知识——一个进化论的研究》,舒炜光等译,上海译文出版社1987年版,第164—165页。

个方面:对法律文本的研究与对电子证据理论的研究。对法律文本的研究,是通过对现有的有关互联网电子证据收集、保管、出示和验真的法律规定进行整理,指出现有规定的缺陷和不足。通过对法律文本的研究,可以明确现有法律对于互联网电子证据的规制。与此同时,对电子证据理论进行研究,可以明确现有理论存在的不足。由此,可以进一步明确在互联网背景下,对现有理论进行调整的必要性。

2. 实证研究

本书还将采用实证研究的方式进行写作。在刑事诉讼研究过程中,运用实证分析方法对法律实践进行分析,属于法学学者解释法律问题的基本手段之一。[1] 实证的内容主要来源于两个部分:数据库以及访谈材料。具体而言,本书将依靠北大法宝和中国裁判文书网等数据库资源,对司法实践中互联网电子证据的适用情况进行探究。而后,笔者将与司法实务界人士进行访谈,就司法实践中互联网电子证据的具体运行模式进行探究。访谈的对象,既包括公安人员、法官、检察官和律师,也包括司法鉴定人员。此外,皮书数据库以及中国互联网络信息中心等网站,亦已经对很多数据材料进行了整合分析。本书在写作过程中,也将对上述材料进行运用,以期进一步增强文章的说服力。

3. 比较研究

他山之石,可以攻玉。刑事诉讼规则植根于各国的历史文化背景中,具有一定的差异性;而证据规则在一定意义上却是世界性的。证据规则设立的基础,是认识论。人类对于世界的认识方式,很大程度上,存在一致性。就证据法而言,"它涉及人们如何认识外界环境的问题。逻辑、认识论以及感知材料在中国和美国并没有什么差别"[2]。我国对互联网电子证据的收集、保管、出示、验真程序,均未设立系统的法律规制,具体的程序规范也有待加强。本书在研究过程中,将参考代表性国家,如美国、德国等的制度,以期为我国相关制度的构建,提供一个参考点。

4. 跨学科研究

"探索人文社会科学跨学科研究的路径及其条件,已经成为当下中国人文社会科学繁荣发展的一个极其重要的问题。"[3] 20 世纪 90 年代以来,法律社会学、法律经济学、法律人类学等学科的发展,为跨学科的研究,提出了良好的范式。互联网电子证据,涉及证据学、计算机技术和传播学的相关内容;在对互联网电子证据收集、保管、出示、验真过程中,还涉及经济学和心理学

---

[1] 陈瑞华:《刑事诉讼法学研究范式的反思》,载《政法论坛》2005 年第 3 期。
[2] 〔美〕罗纳德·J. 艾伦,《艾伦教授论证据法》(上),张保生等译,中国人民大学出版社 2014 年版,第 5 页。
[3] 顾海良:《"斯诺命题"与人文社会科学的跨学科研究》,载《中国社会科学》2010 年第 6 期。

等方面的内容。跨学科视角的引入,有利于为互联网电子证据的收集、验真、保管和出示过程中具体制度的构建,提供新的研究路径。

(二)本书结构

除引言外,本书分为八章。引言是对研究背景、研究方法、研究意义等方面的阐述。第一章是理论基础,一方面对互联网电子证据进行界定,对互联网电子证据的具体表现形式、特点以及分类等进行分析;另一方面分析互联网电子证据的基础理论。互联网电子证据作为电子证据的一个组成部分,仍然适用电子证据的一般理论,但由于互联网电子证据的特殊性,其对现有的电子证据理论进行了突破。第二章到第七章,分别对互联网电子证据的收集、保管、出示和验真过程中涉及的特殊问题进行分析,同时以互联网电子证据的特点为依据,尝试对这几个程序进行完善,其中第三章是对互联网电子证据收集的典型模式分析,第五章是以司法区块链为分析对象,对互联网电子证据的保管的典型样态加以探究。第八章是余论,对我国刑事互联网电子证据规则的完善路径加以展望。

本书的逻辑框架,如图1所示:

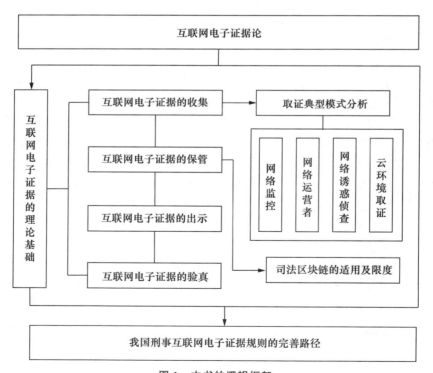

图1 本书的逻辑框架

第一章　互联网电子证据的理论基础

第一节　互联网电子证据的界定

一、互联网电子证据的内涵

网络犯罪是指"运用计算机技术,借助于网络对其系统或信息进行攻击、破坏或利用网络进行其他犯罪的总称"①。从传统观点来看,在刑事诉讼领域,互联网电子证据系基于网络犯罪而形成的电子数据。从结构学上进行分析,可以发现,互联网电子证据的内涵主要包括两个部分:互联网和电子证据。两者分述如下:

（一）互联网

从互联网发展的历史来看,其首先产生于20世纪60年代的美国。1969年发展刚起步时,互联网只是一个小型的公共计算机网络。1972年电子邮件出现,1974年"互联网"这个名词首次出现。直到1985年,互联网才被广大研究和开发人员使用,并开始被用于日常计算机通信。1985年,欧洲粒子物理研究所内部网启动IP协议,1989年又启用外部网IP。② 在中国,对互联网的使用,最早始于1986年。其时,基于触碰未来的现实需要,中国兵器工业计算机应用研究所购入西门子7760大型计算机进行计算机和互联网研究,但囿于时代背景,中国未能直接接入已开始进入组网阶段的全球互联网体系。③ 直到1994年4月20日,我国通过一条64kb/s的国际专线实现全部互联网功能的连接,成为全世界第77个接入互联网的国家。④

从词义上来分析,对于"互联网"的界定,从不同的视角出发,有不同的表述。根据《现代汉语词典》的解释,互联网是指"由若干计算机网络相互连接

---

① 孙晓冬主编:《网络犯罪侦查》,清华大学出版社2014年版,第1—2页。
② 〔英〕詹姆斯·柯兰、〔英〕娜塔莉·芬顿、〔英〕德斯·弗里德曼:《互联网的误读》,何道宽译,中国人民大学出版社2014年版,第43页。
③ 袁载誉:《互联网简史》,中国经济出版社2020年版,第65页。
④ 吴功宜、吴英编著:《互联网＋:概念、技术与应用》,清华大学出版社2019年版,第12页。

而成的网络"①;其中,计算机网络是指"用通信线路把若干台计算机互相连接起来,用来实现资源共享和信息交换的系统"②。从计算机专业角度来看,互联网是指"用通信线路和通信设备将分布在不同地点的具有独立功能的多个计算机系统互相连接起来,在网络软件的支持下实现彼此之间的数据通信和资源共享的系统"③。法学学者则认为,互联网是指"把分布在不同地址、具有独立功能的多台通信终端机(计算机、手机等)通过线路和设备相互连接,利用功能完善的网络系统软件,按照网络协议进行通信,实现数据资源共享的系统环境"④。从国内学者对互联网概念的界定来看,互联网主要包括四个要素:(1) 多个通信终端;(2) 通信设备;(3) 网络协议;(4) 数据资源共享。

从国际层面来看,1995 年,美国联邦网络委员会(The Federal Networking Council)对互联网这一概念进行了界定。其认为,互联网是指符合以下条件的全球信息系统:(1) 根据 IP 协议或其扩展协议,通过一个全球独立无二的地址逻辑地连接在一起;(2) 能够支持使用 TCP/IP 协议或其扩展协议,或其他与 IP 协议兼容的扩展协议进行通信;(3) 公开或私下地提供、使用相关基础设施和交流的高级别服务进行通信,或使这些服务可访问。⑤ 从这一界定来看,美国学者对于互联网的界定,主要着眼于对其使用的协议的限定。即在互联网的背景下,各个通信设备之间,必须使用 TCP/IP 协议或与其兼容的协议,以便实现数据的通信。

在本书中,对互联网的界定,采用美国联邦网络委员会的定义,即着重关注互联网的协议而非互联网的其他构成要素。这主要有如下几个方面的原因:首先,从互联网发展的历史来看,TCP/IP 协议是网络存在和实现信息通信的基础。互联网能够实现大规模的发展,主要在于其确定了数据之间通信的统一协议。其次,从实现原理上看,数据资源共享可以通过很多其他的方式实现,如蓝牙(通过使用蓝牙射频协议进行信息共享)、短信(通过电信的频段对相关的信息进行传播)等方式。但这些,并非是互联网的组成部分。最后,随着移动互联网的发展,使用手机、iPad 等客户端上网的个人越来越多。在此背景下,也没有必要将互联网的客户端仅限于计算机。

---

① 中国社会科学院语言研究所词典编辑室编:《现代汉语词典》(第 7 版),商务印书馆 2016 年版,第 553 页。
② 同上注,第 615 页。
③ 陈刚主编:《大学计算机基础》(第 2 版),北京邮电大学出版社 2009 年版,第 45 页。
④ 郑毅:《网络犯罪及相关问题研究》,武汉大学出版社 2014 年版,第 2 页。
⑤ Barry M. Leiner, Vinton G. Cerf, etc., "Brief History of the Internet", http://www.internetsociety.org/internet/what-internet/history-internet/brief-history-internet(2016 年 12 月 24 日最后访问)。

(二) 电子证据

关于何为电子证据,理论界和实务界已经形成了相对一致的意见。从法律层面而言,根据《关于办理死刑案件审查判断证据若干问题的规定》(以下简称《死刑案件证据规定》)第 29 条第 1 款的规定,电子证据主要包括电子邮件、网上聊天记录等多种类型;《刑事案件电子数据规定》第 1 条第 1 款规定:"电子数据是案件发生过程中形成的,以数字化形式存储、处理、传输的,能够证明案件事实的数据。"

从理论层面而言,有学者认为电子数据是指电子计算机、移动电话等电子设备所记载的数据资料[1];现有的通说认为,电子数据是指以电子形式存在的、用作证据使用的一切材料及其派生物,其包括正文信息、过程信息以及环境信息。[2] 从分类上来看,常见的电子证据可以分为三大类:一是与现代通信技术有关的电子证据,如电话记录等;二是与网络技术有关的电子证据,如电子邮件等;三是与广播技术等其他现代信息技术有关的电子证据。[3]

从上述法律的规定和学者的界定可以看出,电子证据区别于其他证据的主要特点,在于其载体的不同,即电子证据主要是以电子的形式存在。电子形式,是指由介质、磁性物、光学设备、计算机内存或类似设备生成、发送、接收、储存的任一信息的存在形式。[4] 从其特点而言,电子证据具有依附性,其必须借助一定的物理介质才能得以显现。从其外延而言,随着现代科技的不断发展,电子证据的外延具有无限的扩展性。

(三) 互联网电子证据

在本书的界定中,互联网电子证据是指基于互联网共享的电子数据资料。这主要包括三个层面的含义:首先,从其存在空间来看,互联网电子证据具有虚拟性,存在于一定的虚拟空间之中。"一般来说,人操作终端计算机的行为可以在该计算机硬盘中留下相应的信息,其在网络上产生的信息最终也会存储在网络的服务器上。也就是说,不论何种计算机信息、网络信息都会有一个具体的物质载体。"[5] 其次,从其信息属性来看,互联网电子证据具有"共享"的特征。共享意味着共同享有。也正是从这个意义上而言,互联网上

---

[1] 陈瑞华:《刑事证据法》(第三版),北京大学出版社 2018 年版,第 269 页。
[2] 陈光中主编:《〈中华人民共和国刑事诉讼法〉修改条文释义与点评》,人民法院出版社 2012 年版,第 51 页。
[3] 刘品新主编:《美国电子证据规则》,中国检察出版社 2004 年版,第 7—8 页。
[4] 熊志海:《信息视野下的证据法学》,法律出版社 2014 年版,第 119 页。
[5] 同上书,第 122 页。

没有秘密可言。最后，从信息的表现形式来看，互联网电子证据仍然以电子的形式存在。也因此，互联网电子证据本质上是电子证据的一种。

从互联网电子证据的内容构成来看，有学者指出，可以作为互联网电子证据使用的主要有三种互联网数据：(1) 由网页所有者上传至网页上的数据，或者在社交网络的情境下，由网页的创造者上传至网页上的数据（网页数据）；(2) 由个人经网页所有者或者创造者同意上传至网页上的数据（如聊天室的数据）；(3) 由个人未经网页所有者或者创造者同意上传至网页上的数据（如黑客材料）。① 上述界定，涵盖了绝大多数的互联网电子证据。但这种对互联网电子证据的界定，主要是从"人—机"交互这一视角展开论述。从实践中来看，互联网电子证据的形成，除了外在的"人—机"交互这一路径，还包括计算机内部自动形成的互联网电子数据流转的痕迹，典型的如 IP 地址、网络服务器日志等。

简而言之，在刑事案件中的互联网电子证据，是指以电子形式存在于互联网上，可以对刑事案件事实起到证明作用的一切材料。互联网电子证据，具有"互联网"和"电子证据"的双重属性。互联网电子证据区别于一般电子证据的特殊之处，在于其网络属性。

(四) 相关概念辨析：互联网电子证据区别于其他电子证据、计算机证据与视听资料

如上所述，关于何为互联网电子证据，学界尚未形成一致的意见。在对互联网电子证据的内涵进行界定后，将互联网电子证据与相关概念进行辨析，系本书必须作出的回应；此外，通过将互联网电子证据与其他相关概念进行对比分析，能够对互联网电子证据，有更为清晰的认识。

1. 互联网电子证据与其他电子证据

互联网电子证据与其他电子证据具有相似之处。从本质上看，互联网电子证据和其他电子证据都属于电子证据的范畴。两者的共同之处主要体现在以下四个方面：首先，区别于传统的物理储存媒介，两者都是通过电子方式存储的；其次，相较于一般证据内容的有限性，两者都包含大量的数据；再次，两者都可以被轻易地修改和删除，并且一旦被修改或伪造，非专业的技术人员很难进行甄别；最后，对于互联网电子证据和其他电子证据的审查和判断，都有赖于科学技术的发展，需要综合运用法学和电脑信息技术等学科的知识。

---

① Gregory P. Joseph, "Internet and Email Evidence", 58 *Prac. Law.* 19, 2012.

但是,互联网电子证据和其他电子证据之间,也存在不少区别。首先,从收集的方式来看,其他电子证据的收集和处理是通过一个"死"的机器进行的,如对电脑硬盘中的特定图片和影像进行收集,可以通过对原先媒介的复制进行所有的分析(如对 U 盘中的特定数据进行复制);而且在这个过程中,收集其他电子证据的个人通常可以对包含信息的媒介进行直接介入和控制(如扣押电脑或者 U 盘)。但对互联网电子证据的获取,通常是"活"的获取。互联网电子证据均存于互联网上,侦查者对包含互联网数据的原始媒介并没有控制的权力。很多时候,服务器可能根本不在同一个国家。如根据相关的数据显示,诈骗、钓鱼、赌博网站的服务器 90%以上设在境外。① 这就使得获取互联网电子证据的难度很大。

其次,从收集的场所来看,其他的电子证据,需要在案发现场获取,如需要对记录着案发完整情况的摄像资料进行查封和扣押。对这类电子证据的收集,与一般物证的收集并无较大的差异。而对互联网电子证据的收集,则可以借助网络进行远程收集,不需要到特定的案发现场。② 对互联网电子证据的收集,往往会跨越地域,甚至突破国界的限制。

再次,从修改的方式来看,存储在计算机或者硬盘上的电子证据,其媒介和数据可以被保护,这使得一般的电子证据相对不容易被修改。但是,对于互联网电子证据而言,获取的互联网电子证据有可能仅仅是特定时间对特定网页的一个留影。事实上,犯罪嫌疑人可以对互联网电子证据进行修改或者对其进行彻底删除。在某些情况下,由于原始媒介不在侦查人员控制之下,被拘留的犯罪嫌疑人可以利用手机对网页进行修改或者指示其同谋进行修改。

最后,从对证据内容审查的角度而言,互联网电子证据和其他电子证据之间也存在差异。一般而言,互联网电子证据包含三个方面的内容:数据电文、往来数据和系统环境。③ 其中数据电文是互联网电子证据的主要内容,其用于证明案件中的待证事实;往来数据是网络服务器的记录;系统环境主要是指计算机的硬件和软件系统。在对互联网电子证据进行审查时,需要审查这三个方面的内容。而在对其他的电子证据进行审查时,只需要审查数据电文这一部分的内容即可。

---

① 周斌、李豪:《政法机关出重拳剑指网络违法犯罪》,http://www.cyberpolice.cn/wfjb/html/xxgg/20160229/2536.shtml(2016 年 9 月 19 日最后访问)。对于上述互联网电子证据的获取,侦查机关通常通过网络远程勘验的方式进行。
② 但在特定情况下,如果侦查人员无法进行远程勘验,则其通常需要到特定网络公司的所在地,对网络服务器的数据进行调取。
③ 熊志海:《网络证据的特殊性及研究价值》,载《河北法学》2008 年第 6 期。

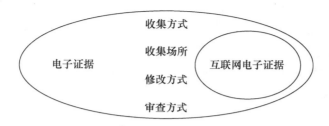

图 1-1　电子证据与互联网电子证据区别与联系

从上述分析可以看出,互联网电子证据与其他电子证据存在区别。很多学者对一般电子证据进行了研究,但并未对互联网电子证据进行分析,其原因主要在于以下几个方面:首先,互联网电子证据是一个相对较新的概念。何家弘认为,就司法证明方法的历史而言,在经历"神证""人证"以及"物证"时代后,人类可能进入电子证据时代。① 电子证据的发展以计算机技术的发展为前提。相比于电子证据,互联网电子证据是一个更为新兴的概念。将电子证据作为独立的证据种类加以规定时间不长,其理论研究仍然单薄。在此种情况下,作为互联网背景下产生的电子证据,对其的研究,有待开垦。其次,是由于错误观念的存在。在美国司法实践中,一种错误的观念认为截屏或者网址的获取不及找到被告人硬盘中的电子证据重要。② 由于存在对互联网电子证据的错误观念,对互联网电子证据的研究也就不够深入。而在我国,学者更多的是将互联网电子证据作为电子证据的一个附属类别,在对电子证据进行论述之时,对互联网电子证据稍加提及。最后,是由于技术的限制。对互联网电子证据的研究,需要跨学科的知识。如关于互联网电子证据的取证,常用的技术主要包括 IP 地址和 Mac 地址识别和获取技术、网络入侵追踪技术、网络输入输出系统取证技术、人工智能和数据挖掘技术等③,这就需要专业的电脑技术知识。但可惜的是,专业的电脑技术人员对于证据规则并不了解,而法律界人士对于电脑网络技术,也大多一知半解。两门学科的脱节,导致了对于互联网电子证据研究的滞后。

2. 互联网电子证据与计算机证据

"计算机证据,是指在计算机运行过程中,其系统生成的以及由于写入或接入而产生的记载相关内容的各类信息。"④互联网电子证据与计算机证据,

---

① 何家弘主编:《电子证据法研究》,法律出版社 2002 年版,第 4 页。
② Todd G. Shipley and Art Bowker, *Investigating Internet Crime: An Introduction to Solving Crimes in Cyberspace*, Elsevier, 2014, p.91.
③ 杜春鹏:《电子证据取证和鉴定》,中国政法大学出版社 2014 年版,第 164—166 页。
④ 刘显鹏:《电子证据认证规则研究——以三大诉讼法修改为背景》,中国社会科学出版社 2016 年版,第 27 页。

存在一定的区别与联系。

从两者之间的联系来看,当特定的互联网电子证据,以计算机作为媒介进行显现与储存时,其转化成了计算机证据的一种形式。如通过安装在电脑上的 QQ 程序进行聊天时,QQ 聊天记录本身属于互联网电子证据的一种形式;同时在聊天过程中,特定的 QQ 聊天记录会在计算机上存储下来,成为计算机证据的组成部分。此外,特定的计算机证据,如 Word 文档、图片等,当其上传至网络时(如百度云盘等),就成为互联网电子证据的一种形式。互联网电子证据与计算机证据,存在相互转化的可能性。

从两者的区别来看,互联网电子证据需要通过一定的媒介加以显现,但除了计算机之外,其还可以通过手机等客户端加以显现。以后者这种方式储存和显现的互联网电子证据,就不是计算机证据的组成部分。此外,在脱机状态下形成的计算机证据,如特定文档的访问记录、系统的运行信息等,属于计算机证据的形式,但不属于互联网电子证据的范畴。

互联网电子证据与计算机证据的区别与联系,如图 1-2 所示:

图 1-2　互联网电子证据与计算机证据的区别与联系

3. 互联网电子证据与视听资料

"视听资料是指载有能够证明有关案件事实的内容的录音带、录像带、电影胶片、电子计算机的磁盘等,以其所载的音响、活动影像和图形,以及电子计算机所储存的资料等来证明案件事实的证据。"[①]互联网电子证据与视听资料之间,存在一定的区别和联系。

从两者的区别来看,以磁质介质储存的视频、影像等资料,显然不属于互联网电子证据的范畴;此外,即便以计算机为媒介,以电子形式储存相关的影像资料,若其不具有网络属性,并非在案发过程中形成,则其亦不属于互联网电子证据的范畴。

然而,在互联网的背景下,两种证据形态之间,亦具有盘根错节之联系。以网页上的视频图像为例,在本书的界定中,其属于互联网电子证据的一种

---

① 陈光中主编:《刑事诉讼法》(第七版),北京大学出版社 2021 年版,第 228 页。

表现形式;而根据学界对于视听资料的界定,其亦属于视听资料。证据形态之间的重合与缠绕,与刑事诉讼立法中的先天性缺陷密切相关。在刑事诉讼立法过程中,已经有学者意识到了电子证据与视听资料之间可能具有重合关系,但立法者通过特定立法技术的使用,将"视听资料、电子数据"合并为证据的一种形式加以规定,从而暂时地解决了冲突。① 遗憾的是,立法者的有意忽视,实在未见药到病除之功效,而仅仅是治标不治本地对相关问题进行了掩盖。对于这一先天性缺失,本书并不意图对其加以"治疗"。本部分仅意在说明,在其后的分析过程中,对于视听资料和互联网电子证据重叠部分,本书仍将其作为互联网电子证据加以处理。

二、互联网电子证据的分类

无论是在新型的将网络作为犯罪对象或者犯罪手段的网络犯罪案件中,抑或是在传统的犯罪案件中,互联网电子证据都对案件事实的认定起着极为重要的作用。常见的互联网电子证据主要包括如下几种形式:

(1) 网页。网站是企业、学校或政府部门在互联网上建立的站点。网站常常为了一定的目的而建立,如向用户提供新闻、娱乐、产品广告等信息服务。进入网站可以浏览的屏幕画面即为网页。"万维网的基础是通过所谓超链接对单个文件进行联网。一个超链接可以明确指向网络中另外一个文档的位置,以及同一个文档内部的一个其他位置。"②网页证据在刑事司法中得到很广泛的适用,尤其是在涉及网络侵犯知识产权犯罪的案件中。目前,淘宝网等平台已经成为了网络侵犯知识产权类犯罪的重灾区。

(2) 电子邮件。电子邮件是指一方通过网络发送给另一方的文字、音频、视频等内容的集合。在日常生活中,电子邮件以其便利性以及经济性的特征,得到越来越广泛的适用。电子邮件一般包括三个部分:邮件正文、邮件附件以及其他附加的信息。邮件的正文是当事人之间交流的主要内容;邮件的附件是在邮件中添加的特定文档、音频材料等;其他附加的信息包括邮件的发送时间、发件人、收件人等信息。通过对电子邮件内容的分析和提取,可以证明犯罪嫌疑人的犯罪时间、犯罪意图以及犯罪内容等。

(3) 聊天记录。随着越来越多的即时聊天工具被公众使用,如微信、QQ、Skype、旺旺等,由此产生的聊天数据,也越来越在刑事司法中得到适用。

---

① 相关的立法理由与说明,参见陈光中主编:《〈中华人民共和国刑事诉讼法〉修改条文释义与点评》,人民法院出版社 2012 年版,第 52 页。
② 〔德〕克里斯托弗·迈内尔、〔德〕哈拉尔德·萨克:《网络技术基础及应用》,季松等译,清华大学出版社 2020 年版,第 5 页。

从形式上看,聊天记录可以包含文字、音频、图像、视频等多种形式。从功能上看,以 QQ 聊天记录为例,实证研究显示,聊天记录可以用于证明被告人犯罪的动机以及犯罪的行为。① 如在毒品犯罪案件中,聊天记录往往用来证明被告人实施贩卖毒品的行为。但在对聊天记录进行审查时,一个重要的问题就是对同一性的认定,即证明特定的犯罪嫌疑人就是特定账户的使用者。

(4)交易记录。随着支付宝等支付软件在日常生活中的普及,越来越多的犯罪也将支付宝等支付软件作为处理赃款的一种途径。不管是在新型的网络非法经营、网络诈骗等案件中,还是在传统的组织卖淫等犯罪活动中,支付宝的交易记录都对犯罪数额的认定、案件的定罪量刑起着极为重要的作用。

(5)云储存数据。随着移动网络的发展,加之移动客户端的储存容量有限,各类云储存应运而生,越来越多的个人数据被移到互联网的计算机集群中。云计算具有三个典型特征:几乎无限制的计算力资源、不需要长期使用以及按需付费的成本结构。② 云计算网盘中包含大量的用户信息,具有相对的私密性。在网络传播淫秽物品等犯罪活动中,其常常被用来对特定的淫秽物品进行储存。

(6)服务器日志。服务器是指被客户端联系的进程,其作用是返回相关信息,或提供可用资源。通常可运行服务器进程的计算机也被称为服务器。③ 服务器日志详细记录了用户操作文件的各种信息。其中,网站服务器日志清楚地记载了用户在特定时间,用特定的 IP、特定的操作和特定的浏览器,对特定的网页进行了访问。服务器日志由系统自动生成,在未受到外部因素影响的情况下,其可信性程度一般较高。在美国北卡罗来纳州的一起谋杀案中,被告人的谷歌搜索记录成为指控其罪行的重要证据。④

(7)IP 地址和 Mac 地址。TCP/IP 网络,以"编址+路由"的方式传递数据,IP 地址是 IP 协议提供的一种统一的地址格式。⑤ 在互联网中,每台计算机都有一个特定的 IP 地址,其用于识别在互联网中的特定的计算机。如在

---

① 冯姣:《QQ 聊天记录的审查规则研究》,载《江西警察学院学报》2014 年第 3 期。
② 杨吉:《互联网:一部概念史》,清华大学出版社 2016 年版,第 204 页。
③ 〔德〕克里斯托弗·迈内尔、〔德〕哈拉尔德·萨克:《网络技术基础及应用》,季松等译,清华大学出版社 2020 年版,第 22 页。
④ 在该案中,被告人的妻子被发现浮尸于湖上。被告人的网络搜索记录显示,其用谷歌浏览器搜索了"neck""snap""break"等名词,同时亦对湖面的水位、水流以及船用坡道等进行了搜索。参见 Elinor Mills, "Google Searches Become Evidence in Murder Case",https://www.cnet.com/news/google-searches-become-evidence-in-murder-case/(2017 年 2 月 28 日最后访问)。
⑤ 阿里云基础产品委员会:《云网络:数字经济的连接》,电子工业出版社 2021 年版,第 2 页。

互联网中,设备 A 要给设备 B 发送特定的信息,设备 A 必须知道设备 B 的 IP 地址。由于 IP 地址具有唯一性,在互联网刑事犯罪中,可以通过追踪 IP 地址,从而定位犯罪行为的发生地。IP 地址在网络赌博类案件中得到很广泛的适用。Mac 地址是指每个计算机的物理地址,其是由网卡决定的。Mac 地址是互联网上每一个站点的表示符,其采用十六进制数表示,一共有 6 个字节。在侦查互联网犯罪过程中,如果能确定 Mac 地址,就能确定实施犯罪行为的具体计算机。

(8) 计算机病毒。根据《中华人民共和国计算机信息系统安全保护条例》第 28 条的规定,计算机病毒本质上是具有破坏功能,能够实现自我复制的一组程序代码。"计算机病毒是一种计算机程序,它通过修改其他程序把自身或其演化体插入它们中,从而感染它们。"① 在破坏计算机信息系统罪中,计算机病毒的制作和传播,是该罪行的客观要件。其中,判断某种特定程序是否属于计算机病毒,对犯罪事实的认定起到关键的作用。

在了解互联网电子证据的主要形式之后,就涉及对互联网电子证据的分类。"分类是一种把握事物共性同时辨识事物特性的逻辑手段。分类不仅能使人的认识条理化,而且能实现处置上的目的性与有效性。"② 本书对互联网电子证据分类的研究,主要是为了探究不同的分类,对于互联网电子证据收集、保管、出示和验真程序可能造成的影响。

(一) 基于转化方式的分类:言词证据与实物证据

根据其转化方式的不同,可以将互联网电子证据分为言词证据和实物证据。"言词证据是指以人的陈述为表现形式的证据。实物证据是指以物品的性质或外部形态、存在状况以及其内容表现证据价值的证据。"③ 从互联网电子证据的形式来看,电子邮件和聊天记录属于典型的言词证据,其主要是通过语言的表达来完成对特定事实的证明;网页、交易记录、服务器日志、IP 地址等,主要是以其存在的状态来对特定的内容进行表现。一般认为,相比于实物证据,言词证据更为脆弱,因为言词证据更易受到各种因素的影响而出现虚假。在互联网背景下,言词证据与实物证据具有同等的客观性和稳定性。这主要是因为,互联网上的数据,均以二进制的方式进行储存。对互联网电子证据的更改,会在网络的不同层级以及服务器日志上留下痕迹。两者的相对一致性,使得在对互联网电子证据进行验真时,可以采取一致的程序。

---

① 袁载誉:《互联网简史》,中国经济出版社 2020 年版,第 148 页。
② 龙宗智:《证据分类制度及其改革》,载《法学研究》2005 年第 5 期。
③ 孙长永主编:《刑事诉讼法学》(第二版),法律出版社 2013 年版,第 191 页。

此外,在对言词证据进行验真时,还涉及传闻证据规则的适用。

(二) 基于存在形式的分类:公开、半公开与私密的信息

根据互联网电子证据公开性程度的不同,可以将互联网电子证据分为公开、半公开以及私密的信息。在通常情况下,网页等属于公开的互联网电子证据;论坛、百度云等属于半公开的互联网电子证据;电子邮件、交易记录等属于私密的信息。互联网电子证据公开性程度不同,导致个人对其的隐私期待亦会有所差异。在判断特定的互联网电子证据的公开程度时,可以根据特定的互联网电子证据是否进行了加密来判定。"加密方法的核心是这样一个过程:将某种材料(明文或普通文本)转换为不同的表示形式,从而掩盖原始材料的含义。"[①]互联网电子证据是否加密,一方面会对互联网电子证据的收集造成影响,如参与访谈的网警认为,在对特定的互联网电子证据进行提取时,如果犯罪嫌疑人不配合,现有的技术,很难破解秘钥;另一方面,在对互联网电子证据进行收集、保管、出示等过程中,需要采取不同的侵入方式,以便更好地符合比例原则,保护犯罪嫌疑人和第三人的隐私权。

三、互联网电子证据的特点:以互联网特性为切入点

从广义上而言,互联网电子证据是电子证据的一种形式,两者都以二进制的形式对特定的信息加以储存。但是如前所述,互联网电子证据与一般电子证据在收集方式、修改方式以及审查方式上均存在差别。两者之间差别的存在,究其根本,是由于互联网这一元素的加入。互联网的特性,决定了互联网电子证据区别于一般电子证据的特殊性。对于一般电子证据的特性,已经有学者作出了概括:一是原件与复印件的一致性。电子证据可以被精确地复制,电子证据的复印件可以被视为原件用于检验。通过对复印件进行检验,可以避免原件被更改或者损害。二是更改痕迹的易确认性。通过使用合适的工具并与原件进行对比,可以轻易地查明电子证据是否被更改或污染。三是电子证据很难被彻底毁坏。即使特定的文件被删除,相关的电子证据亦可被恢复。四是残件的易保留性。即使罪犯意图消除电子证据,相关的附件以及数据残余仍有可能保留在其未曾意识到的地方。[②]

虽然学者已经对电子证据的特性作出了论述,但对于互联网电子证据的特性,却很少有学者加以解析。在本部分,笔者将以互联网的特性为切入点,

---

① 〔美〕大卫·D.克拉克:《互联网的设计和演化》,朱利译,机械工业出版社 2020 年版,第 142 页。

② Eoghan Casey, *Digital Evidence and Computer Crime*, Academic Press, 2011, p.26.

分析互联网的发展对电子证据收集、保管、出示、验真等程序的影响。互联网的特性很多,本书选取了与电子证据最密切相关的三个互联网特性,即技术性、开放性及透明性,展开论述。其中选取标准主要有两个:其一,该特性是互联网特有的,或者在互联网领域表现较为显著;其二,上述特性,会对互联网电子证据的理论以及司法实践造成一定的影响。

(一) 技术性

在互联网上,要完成网络之间的通信,需要有多层结构,每一层结构都需要有自己的协议,以便各层之间能够实现对话。互联网系统分层,一般有两种模型:TCP/IP 模型和 OSI 模型。

TCP/IP 模型是美国国防部高级研究计划局计算机网和之后的互联网使用的参考模型。其是互联网实际运行中使用的模型,全称为传输控制/网间协议参考模型。"TCP/IP 协议使不同网络间的互通不再依赖于网络本身,而是依靠主机设备。"[1]TCP/IP 模型一共分为四层,从上到下依次为:应用层、传输层、网际层以及网络接口层。以电子邮件的发送过程为例,首先,用户在应用层编辑电子邮件进行发送;其后,电子邮件的应用程序创建自己的报头,将信息传送到传输层,由传输层中的 TCP 和 UDP 协议对数据进行处理;而后,在传输层添加 TCP 报头后,将信息传送给网际层;网际层添加 IP 报头后,将数据传递到网络接口层;网络接口层获得数据之后,创建网络接口层报头,并生成网络传输介质上使用的 1 和 0 两种信号。接受方的计算机,在网络接口层接收该数据包,而后依次去掉报头向网际层、传输层和应用层传递,用户在应用层通过应用程序对该邮件进行阅读。

OSI 模型是国际标准化组织 ISO 于 1979 年创立的,其全称为开放式网络系统互联,但其只是一个理论模型,是为了分析网络通讯方便而引进的一套理论。OSI 模型一共分为七层,从上到下依次为:应用层、表示层、会话层、传输层、网络层、数据链路层以及物理层。在数据链路层、网络层和传输层,为实现层间的数据交换,会依次添加报头信息。在分别接收数据的层中,通过验证是否为自己地址的标签,可以实现各自的功能。在七层的模型中,下面三层主要提供数据传输和交换功能;第四层是整个网络体系结构中最关键的部分;上三层则主要提供用户与应用程序之间的信息和数据处理。

OSI 模型和 TCP/IP 模型之间的区别和联系,如表 1-1 所示:

---

[1] 〔美〕罗伯特·多曼斯基:《谁治理互联网》,华信研究院信息化与信息安全研究所译,电子工业出版社 2018 年版,第 34 页。

表 1-1　OSI 模型与 TCP/IP 模型的区别与联系

OSI 模型	TCP/IP 协议集	TCP/IP 模型	
应用层	Telnet、FTP、SMTP、HTTP、Gopher、DNS 等	应用层	数据段
表示层			
会话层			
传输层	TCP、UDP	传输层	数据包
网络层	IP、ARP、RARP	网际层	数据帧
数据链路层	各种底层网络协议	网络接口层	比特
物理层			

从表 1 的表述中可以看出，OSI 模型实质是对实际运行中的 TCP/IP 模型的一种细化。本书的研究将采用 OSI 模型。其原因在于 OSI 模型的划分更为细致，因此在具体讨论互联网数据的收集、保管、出示、验真过程中，能够对各个部分可以获取的互联网电子证据，作更为详尽和清晰的说明。

有学者认为，网络证据的产生、存储以及再现都必须借助各种高科技的网络系统和计算机设备，乃至各种计算机应用软件技术。正是由于网络证据的技术性，使得对网络证据的收集、审查、判断、认定不仅仅是一个法律问题，而且是一个技术问题。[1] 互联网的技术性特征对互联网电子证据的影响，主要体现在以下几个方面：

首先，就互联网电子证据的收集而言，互联网的技术性对其的影响，主要涉及互联网电子证据收集的完整性。如上所述，用户可以通过应用层来进行大量的网络行为，如浏览网页、聊天等。在这一层，包含了大量的互联网电子数据。表示层和会话层主要是对数据进行解码和转换。这两层并未包含大量的电子数据，但是其包含很多电子数据传输的痕迹。在传输层和网络层中，包含的互联网数据主要有：认证日志、应用程序日志、操作系统日志、网络设备日志、状态表以及随机访问存储器的内容。[2] 数据链路层包含 Mac 地址，Mac 地址与网络适配器相关。系统运行时会在网络路由器上留下运行信息，技术人员可以对特定计算机进行准确地识别。此外，在互联网背景下，电子证据的收集，还涉及网络监控的问题。网络监控通常发生在物理层。网络监控可以对特定用户的网络使用情况进行监控，从而获取特定人员的网络使用信息。在此情况下，如果用户采用了加密的通讯协议，则网络监控只能获

---

[1] 杨正鸣主编：《网络犯罪研究》，上海交通大学出版社 2004 年版，第 151 页。
[2] 〔美〕Eoghan Casey：《数字证据与计算机犯罪》（第二版），陈圣琳等译，电子工业出版社 2004 年版，第 336—346 页。

得相应的流量方面的信息,而无法对内容进行分析。① 网络包含个人大量的隐私信息,但在网络监控问题上,一系列的程序问题仍有待解决。例如何为"严格的审批手续",监控范围应当如何界定。在此背景下,通过网络监控手段获得的互联网电子证据,其合法性存疑。

其次,就互联网电子证据的保管而言,在对互联网电子证据进行保管时,一方面需要遵守原有的证据保管链制度,另一方面,也需要根据互联网电子证据的特性,对互联网电子证据采取技术性的手段,以此保障互联网电子证据在保管过程中的完整性和可靠性。区块链等新型技术的出现,以其去中心化的特点,为互联网电子证据的保管提供了新的路径和可能性,但此类技术在刑事司法中的适用及范围,有待进一步厘清。

最后,互联网的技术性特征,使得在对互联网电子证据进行验真时,需要专业人员的介入。对于互联网电子证据真实性的审查,涉及对互联网电子证据形式真实性的审查和实质真实性的审查。对互联网电子证据形式真实性的审查,主要审查互联网电子证据的收集过程是否符合法律程序的规定、收集技术是否符合行业技术规范。对于收集过程是否符合法律程序的规定,法官可以作出自己的判断;但对于收集技术是否符合行业技术规范,则需要专业的技术人员进行判定。这主要是指,侦查人员在对应用层、传输层、网络层涉及的互联网数据进行收集时,该收集和提取的过程是否可以重现。对互联网电子证据实质真实性的审查,主要是需要审查互联网电子证据的内容是否受到变更,其完整性是否得到保障。这就需要结合网络服务器日志等内容,并且通过对电子数据的完整性校验值进行比对等方式进行综合判断。对此的判定,需要专业人员的介入。在必要的时候,可以要求侦查人员、鉴定人以及专家辅助人出庭,对互联网电子证据的收集过程和保管过程进行说明。

(二) 开放性

互联网的开放性,是指网络作为一个开放的平台,任何人都可以接入网络利用网络资源,并在网络上发表自己的观点。互联网的开放性,对互联网电子证据的影响,主要体现在以下几个方面:

首先,就互联网电子证据的收集而言,互联网的开放性,使得网络远程勘验成为可能,这在一定程度上可以降低办案的成本,同时也意味着在对互联网电子证据进行收集时,全球性的协助成为必要。全球合作的过程中存在的

---

① 杨永川等编著:《计算机取证》,高等教育出版社 2008 年版,第 96 页。

问题是,各个国家和地区之间关于信息保护的法律规范存在不同。互联网的开放性,也使得网络诱惑侦查问题受到公众的关注。网络的公开性,使得网络诱惑侦查的对象具有不特定性;但网络的平等性与个性化,又使得通过网络诱惑侦查所获得的证据,具有一定程度上的真实性。两者之间的冲突和张力,导致有必要对网络背景下的诱惑侦查进行重新规制。互联网上的信息传播与更新速度快,原有的数据极易被新的数据替代,这就要求侦查人员在对互联网上的电子证据进行搜集时,必须遵循及时性的原则。若侦查人员无法对互联网中的电子数据及时进行收集,则会导致证据的灭失。

其次,就互联网电子证据的保管而言,互联网的开放性,一方面使得在对电子证据进行保管时,需要尽可能地将保管的电子证据与网络进行隔离,以避免相关的互联网电子证据在保管过程中被修改。另一方面,网络的开放性特征,也使得探索使用网络在线公证平台对互联网电子证据进行保管成为可能。现有司法实践中探索的区块链存证模式,亦是基于网络上各节点对各自信息的确认,确保了互联网电子证据的完整性。

再次,就互联网电子证据的出示而言,互联网的开放性特点,使得互联网上的信息以二进制的方式,实现零成本全球传播。这对于电子证据出示的影响,主要体现在最佳证据规则上。互联网背景下,信息以二进制的形式加以传播,若对互联网电子证据出示原件,则会导致法官无法对信息进行解读,使得互联网电子证据无法发挥其应有的证明作用;若仅出示打印件,则无法确定互联网电子证据的复印件在传播过程中是否发生了删减与更改。原件的不可解读性以及复印件的不可确认性,使得互联网电子证据的出示目的无法实现。此外,互联网的传播性,还对互联网电子证据的出示范围产生了影响。互联网上包含着海量的信息。相关的统计显示,谷歌每天要处理超过24拍字节的数据;Facebook 每天更新的照片量超过 1000 万张;YouTube 每月接待 8 亿多的访客;Twitter 上的信息量几乎每年翻一番。① 从司法实践来看,应当出示具有相关性的互联网电子证据。但在大数据的背景下,如何界定"相关性",亦是未解之难题。

此外,根据最高人民法院、最高人民检察院《关于办理利用信息网络实施诽谤等刑事案件适用法律若干问题的解释》的规定,利用信息网络诽谤他人,情节严重的,会进行刑事处罚。在该种情况下,若社交媒体上的特定言论,被用于证明案件的事实,则还涉及传闻证据规则。互联网电子证据的出现,对于传闻证据规则,亦会造成一定的影响。

---

① 〔英〕维克托·迈尔-舍恩伯格、〔英〕肯尼思·库克耶:《大数据时代:生活、工作与思维的大变革》,盛杨燕、周涛译,浙江人民出版社 2013 年版,第 11 页。

最后，互联网的开放性，对于电子证据验真的影响，主要体现在两个方面：一方面，互联网的匿名性特点，为电子证据的验真设置了障碍。这就导致在对互联网电子证据进行验真时，需要进行同一性的验真。如在对微信聊天记录、电子邮件、QQ 聊天记录进行认定的过程中，如果无法证明上述账户的使用者就是案件的当事人，就会导致相关的电子证据不具有相关性和真实性。就微信而言，对于同一性的认定，主要有以下几种方式：一是通过被告人的自认，这是司法实践中最常用的方式；二是通过证人的辨认，即通过与该微信有过联系的个人，对微信的"使用者"与现实中的"个人"进行对比，以确定两者是否是同一人；三是通过网络实名制的方式对同一性进行认定，对此，需要第三方软件公司的协助调查。另一方面，互联网的个性化特点，亦为互联网电子证据的验真提供了可能性。在司法实践中，对于互联网电子证据的验真，可以通过审查其典型特征的方式进行。典型特征包括互联网电子证据的内容等。如在对互联网电子证据进行验真时，可以通过分析个人对特定语词的使用等方式来判定同一性。

（三）透明性

互联网的透明性是指，在互联网上所进行的任何行为，都会留下记录。网络隐私是指个人不想被外人知晓的个人网络信息和网络行为。一般而言，网络隐私包含如下几个方面的数据：一是个人的基本数据。这主要是指基本的个人信息，如个人的微博、博客用户名，个人的电子邮件地址、电话，个人的生日信息等。二是个人的使用数据。这主要是指个人对于互联网的使用信息，如个人在特定时间对特定网页的浏览、个人在特定网页的停留时间、个人的交易记录等。通过分析个人的使用数据，可以对个人未来的行为进行预测。三是个人的通信内容。这主要是指个人在互联网上与他人的聊天记录，主要包括电子邮件、微信聊天记录等。

网络的透明性特点，主要体现在技术人员通过各种方式，可以对用户的上述信息进行收集。具体而言，主要包括如下几种方式：利用在线注册收集隐私信息；利用 IP 地址等跟踪用户的位置和行踪；利用 Cookies 文件[①]获得用户的隐私信息；利用 Beacon[②] 等获得用户的隐私信息；利用木马病毒等窃取用户的隐私信息；利用嵌入式软件获取用户的信息；利用篡改网页获取用户的信息；等等。在大数据时代，个人的隐私权面临着更为巨大的挑战。有

[①] Cookies 文件是服务器发送给客户端的文件，可以读取并保存用户访问网站时的行为信息。
[②] Beacon 基于 C 语言和 Java 等语言开发，主要是对服务器运行资源以及系统中关键的应用服务资源进行监控和数据分析。其主要的功能在于实时监控以及对历史数据进行分析。

学者指出,从技术层面而言,大数据具有数据量大、数据类型繁多、数据生成速度快以及价值密度低等特点,加之个人隐私随着诸多因素动态变动的特性,使得保护大数据时代的个人隐私更是难上加难。① 互联网的透明性,对互联网电子证据的影响,主要体现在以下几个方面:

首先,就互联网电子证据的收集而言,侦查人员在对互联网电子证据进行收集时,会涉及对犯罪嫌疑人隐私权的侵犯。如侦查人员在对犯罪嫌疑人特定的聊天记录和电子邮件进行收集时,如何对相关的互联网电子证据进行鉴别;此外,在对网盘中的数据进行收集时,由于网盘的共享特性,如何避免侵犯网盘其他使用者的隐私权,亦是实践中的难题。在刑事诉讼中,打击犯罪和保障人权是其两大目的。对互联网电子证据进行收集,是为了打击犯罪;而在收集过程中,又会侵犯到被告人的人权。这就涉及如何平衡打击犯罪和保障人权之间的矛盾。互联网的透明性特点,使得在对互联网电子证据进行收集时,必须对收集的范围和程度进行界定;在必要的情况下,可以引入事先的司法审查机制,令中立的第三方对收集的范围进行界定。

其次,就互联网电子证据的出示而言,互联网的透明性,使得在对互联网电子证据进行出示时,可以根据互联网电子证据公开程度的不同,选择不同的出示方式。此外,为更好地保障被告人的隐私权,对于互联网电子证据的出示,可以在庭前证据交换阶段进行。从该制度设立的目的来看,"庭前会议承载着公正与效率两大价值,发挥着资讯、确保庭审实质化、程序分流以及防止庭前预断等基本的制度功能"②。从该制度适用的范围来看,"等"字表明审判人员了解情况和听取意见不仅限于《刑事诉讼法》第 187 条第 2 款明确的事项,也包括与审判相关的,对于保证审判顺利进行有意义的其他程序性问题。③ 庭前会议的相对密闭性,在一定程度上可以更好地保障被告人的隐私权。

(四) 小结

从上述分析可以看出,互联网的技术性、开放性以及透明性特点,使得在对互联网电子证据进行收集时,需要保证收集的互联网电子证据的完整性、及时性、真实性和可靠性。但与此同时,由于互联网的透明性特点,在对互联网电子证据进行收集、保管、出示和验真的过程中,需要明确界定互联网电子

---

① 刘雅辉等:《大数据时代的个人隐私保护》,载《计算机研究与发展》2015 年第 1 期。
② 陈卫东、杜磊:《庭前会议制度的规范建构与制度适用——兼评〈刑事诉讼法〉第 182 条第 2 款之规定》,载《浙江社会科学》2012 年第 11 期。
③ 陈光中主编:《〈中华人民共和国刑事诉讼法〉修改条文释义与点评》,人民法院出版社 2012 年版,第 259 页。

证据的相关性,保障犯罪嫌疑人和被告人的隐私权。互联网电子证据收集的全面性与犯罪嫌疑人网络隐私保障之间的冲突,其实质反映的是刑事诉讼的两大目的,即打击犯罪与保障人权之间的冲突。随着经济社会的发展,会越来越强调对犯罪嫌疑人人权的保障。打击犯罪与保障人权之间的均衡点,只能通过利益衡量的方式,在个案中进行判断。

第二节 互联网电子证据的基础理论

一、证据属性之争及本书立场

(一)证据属性:尚未终结的争论

证据的属性是指证据的本质特征。关于证据的属性问题,学界主要有两性说和三性说。两性说认为证据应当包括客观性和关联性[1],三性说认为证据应当包含客观性、关联性和法律性[2]。争论的结果是三性说成为通说。但近年来,开始有学者提出新的三性说,对原有的三性说进行修正。如陈光中认为,新的三性说应当包含真实性、关联性和合法性[3];张保生认为,新的三性说认为证据具有相关性、可采性(证据能力)和证明力[4]。随后,张保生又对证据属性进行了修正,提出了证据的四性说,认为证据应当具有相关性、可采性、证明力以及可信性。[5]

此外,证据能力和证明力也是证据法学的基本概念。证据能力是指特定材料能否作为证据的资格,证明力是指证据证明能力的大小。台湾学者林钰雄认为,证据法可分为证据能力(证据资格)与证明力(证据价值)两大层次来讨论,两者具有逻辑次序上的先后关系,亦即,必先依法取得证据能力者,始生证明力之问题。[6] 学者在论述证据规则时,亦经常以其是对证据能力还是证明力进行调整来分类。如陈光中认为,根据证据规则是规范证据的证据能力还是证明力,可以将证据规则分为规范证据能力的规则和规范证明力的规则。[7] 在此分类背景下,对于特定证据规则的归属问题,学者又争论不休。以最佳证据规则为例,其是属于证据能力规则还是证明力规则,存在争议。

---

[1] 巫宇甦主编:《证据学》,群众出版社1983年版,第67—69页。
[2] 何家弘、张卫平主编:《简明证据法学》,中国人民大学出版社2007年版,第29—34页。
[3] 陈光中主编:《证据法学》(第四版),法律出版社2019年版,第142页。
[4] 张保生主编:《证据法学》,中国政法大学出版社2009年版,第20页。
[5] 张保生主编:《证据法学》(第三版),中国政法大学出版社2018年版,第14页。
[6] 林钰雄:《严格证明与刑事裁判》,法律出版社2008年版,第122页。
[7] 陈光中主编:《证据法学》(第四版),法律出版社2019年版,第229页。

也有学者认为,在我国,最佳证据规则既有证据能力问题,又有证明力大小的问题。①

关于证据属性之争论,在经过二十余年的时光之后,仍未有任何平息的迹象。在此过程中,通过对关联性、合法性、可采性、客观性、证明力等概念的排列组合,对于证据属性问题的探讨呈现出繁荣与混乱并存的局面。学者在处理上述问题时,大多从自己的逻辑框架出发,进行解构和论述。这场争论,揉合了英美法系、大陆法系以及中国本土对于证据制度认识的思维逻辑。英美法系在陪审团的制度背景下,强调法官对于证据相关性的审查;在大陆法系的德国,又强调证据禁止理论(Beweisverbote)②和自由证据评价(freie Beweiswürdigung)的适用;中国学者受实事求是思维模式的影响,对于证据的真实性和客观性又有一种莫名的偏好。各个学者,从自身的学术背景出发,对证据的属性进行裁减,关于证据属性的研究成果也各具特色。

(二) 本书立场:以法条规定为分析原点

本书的写作,无意介入有关证据属性的"两性说""三性说"以及"四性说"之争,为已经稍显混乱的证据属性理论更添困惑。由此,本书在分析过程中,将以法条的规定,作为本书分析的前提和基础。以法条规定为分析的起点,一方面可以规避现有的证据属性之争;另一方面,亦可对现有的司法实践,作出一定的回应。从功能上而言,"法律规定具有强制力乃是法律作为社会和平与正义的捍卫者的实质之所在"③。

从现有法律的规定来看,我国最高人民法院《关于适用〈中华人民共和国民事诉讼法〉的解释》第 104 条规定:"人民法院应当组织当事人围绕证据的真实性、合法性以及与待证事实的关联性进行质证,并针对证据有无证明力和证明力大小进行说明和辩论。"《刑事案件电子数据规定》第 2 条后段规定:"人民检察院、人民法院应当围绕真实性、合法性、关联性审查判断电子数据。"庭审是对证据进行审查的关键所在,其亦决定了相关的证据是否能够最终被采用。由此,本书在对互联网电子证据进行论述的过程中,将集中分析互联网电子证据的真实性、合法性以及关联性三个属性。

---

① 胡铭:《刑事诉讼法学》,法律出版社 2016 年版,第 236 页。
② 证据禁止理论包括举证禁止(Beweiserhebungsverbote)及证据力禁止(Beweisverwertungsverbote)。参见〔德〕克劳思·罗科信:《刑事诉讼法》(第 24 版),吴丽琪译,法律出版社 2003 年版,第 212 页。
③ 〔美〕E. 博登海默:《法理学:法律哲学与法律方法》,邓正来译,中国政法大学出版社 2004 年版,第 347 页。

二、本书理论分析框架的展开

(一)前提性要件:互联网电子证据的相关性

证据的相关性,是指证据所包含的证据事实与所要证明的案件事实之间的联系。① 根据美国《联邦证据规则》第 401 条的规定,证据具有相关性,须符合以下条件:"(a)与没有该证据相比,该证据具有使得某事实更可能存在或者更不可能存在的任何趋向;并且(b)该事实对于确定诉讼具有重要意义。"在司法实践中,不具有相关性的证据不可采,具有相关性的证据一般可采。

对于相关性的认定,目前的立法和司法实践中并无统一的量化规定。在对相关性进行判断时,需要法官结合经验法则、理性等进行自由裁量。关于传统的电子证据的相关性的认定,实务中并无障碍,可以参照对其他证据的相关性的认定。有学者指出,对于电子证据的相关性的认定,可以从三个方面进行考量:(1)所提出的电子证据欲证明什么样的待证事实?(2)该事实是否属于案件中的实质性问题?(3)所提出的电子证据对解决案件中的争议问题有多大的实质性意义?② 举例而言,为查明是谁对教室的电脑实施了盗窃行为,有两份录音材料。其中一份是 A 同学的陈述 1,"很想要教室的电脑";另一份是 A 同学的陈述 2,"我拿了教室的电脑"。这两份陈述,都是为了证明同样的待证事实,该事实属于案件的实质性问题。但就对解决案件争议问题的实质性意义而言,显然陈述 2 的相关性要高于陈述 1。

在互联网时代,网络包含海量的信息。"我们正在进入一个新的世界,在这里,数据可能比软件还要重要。"③ 在大数据的背景下,任何看似无意义的信息,在经过重新组合之后,就可以勾画出另一幅场景。在互联网背景下,应当如何对互联网电子证据的相关性进行认定?若经过大数据分析之后的结论,与案件的事实具有相关性,那么那些看似凌乱的原始互联网记录,是否可以被认为具有相关性?在目前的司法实践中,又该如何鉴别出上述原始数据,以进行相关性的链接?上述问题,就是互联网时代对电子数据的相关性问题提出的挑战。互联网电子证据的相关性理论,贯穿本书的始终。对这一问题的阐述,将在本书的第六章重点展开。

---

① 陈瑞华:《刑事证据法》(第三版),北京大学出版社 2018 年版,第 120 页。
② 何家弘主编:《电子证据法研究》,法律出版社 2002 年版,第 150 页。
③ 涂子沛:《大数据:正在到来的数据革命,以及它如何改变政府、商业与我们的生活》,广西师范大学出版社 2012 年版,第 186 页。

(二) 禁止性要件：互联网电子证据的合法性

证据合法原则，是指法院应当对侦查人员收集证据的行为的合法性进行司法审查，对于违反法律程序的侦查行为，法院可以在宣告违法和无效的前提下，作出排除非法证据的裁决。① 根据麦考密克的观点，证据排除制裁的政策基础主要有四个方面：促进结果的准确性、防止将来的违反、司法尊严方面的考虑以及对违法行为导致的错误的救济。②

互联网电子证据的合法性，主要是指互联网电子证据收集过程中，侦查人员行为的合法性问题。互联网电子证据的合法性主要包括以下几个方面的内容：

(1) 取证主体适格。《刑事案件电子数据规定》第 7 条规定："收集、提取电子数据，应当由二名以上侦查人员进行。"取证主体方面，在互联网背景下，对于互联网电子证据的收集，往往需要第三方互联网公司的介入。在此过程中，对于互联网电子证据的收集，实质上是由第三方互联网公司的工作人员进行操作。互联网公司的工作人员对于互联网电子证据的提取，是否符合取证主体适格的要求，有待实践中的进一步讨论。

(2) 取证手段符合技术标准。具体而言，根据《刑事案件电子数据规定》和《电子数据取证规则》的规定，侦查人员在取证过程中，取证设备和取证流程应当符合相关技术标准，并应当保证所收集、提取的电子数据的完整性、客观性。但关于何为"相关技术标准"，司法实践中并无明确的标准，仍然有待进一步细化。

(3) 取证程序正当。这主要是指对原始储存介质的封存、笔录的制作、侦查人员的签名盖章以及有条件情况下的录像。远程提取电子数据的，应当说明原因，有条件的，应当对相关活动进行录像。取证程序方面，对互联网电子证据而言，大多时候涉及的就是远程提取电子数据。《刑事案件电子数据规定》指出："通过网络在线提取的电子数据，可以作为证据使用。"在线提取互联网电子证据的部分行为，必然具有监控被取证者数据行为的性质。③ 在网络监控的背景下，如何对侦查人员网络监控的行为进行限制和合法性审查，涉及侦查人员互联网电子证据收集权的正当性问题。

在司法实践中，互联网电子证据的合法性问题，还涉及通过网络诱惑侦

---

① 陈瑞华：《刑事证据法》(第三版)，北京大学出版社 2018 年版，第 63—64 页。
② 〔美〕约翰·W. 斯特龙主编：《麦考密克论证据》，汤维建等译，中国政法大学出版社 2004 年版，第 316—318 页。
③ 龙宗智：《寻求有效取证与保证权利的平衡——评"两高一部"电子数据证据规定》，载《法学》2016 年第 11 期。

查获取的互联网电子证据是否合法的问题。这就又涉及法益的权衡问题。对于诱惑侦查问题,现在学界的通说认为,诱惑侦查包括犯意诱惑型和机会提供型。通过犯意诱惑取得的证据不可采,而通过机会提供获取的证据可采。在网络犯罪中,互联网电子证据成为主要的证据形式。犯罪人员反侦查能力较强,很多时候,其没有固定的 IP 地址,侦查人员无法对其犯罪行为进行追踪。在这种情况下,侦查人员利用网络身份虚拟性的特点,对其进行诱惑侦查,借此获得的互联网电子证据是否可采,值得进一步的讨论。

此外,在互联网背景下,互联网电子证据的合法性问题,还涉及侵犯被告人隐私权获取的互联网电子证据是否可采的问题。不同于一般的电子证据,互联网上包含了大量的个人信息。通过对个人在互联网上的行为的分析,可以勾画出一个人生活的全貌。"在数字技术和网络全球化的帮助下,记忆成为常态,遗忘却成为例外,互联网'永久记忆'的时代已经到来。"[1]在刑事诉讼中,侵犯他人合法权益获得的证据,是否可以在之后的诉讼中使用,立法尚未对此作出明确规定。随着互联网的发展,互联网上包含的个人隐私信息也越来越多;随着经济社会的发展,刑事诉讼中对于犯罪嫌疑人的权利保障也越来越完善。在上述背景下,刑事诉讼中侦查人员侵犯犯罪嫌疑人、被告人隐私权获取的证据,是否具有合法性,有待理论的进一步深究。

互联网电子证据的合法性,与互联网电子证据的收集密切相关。对于网络诱惑侦查等问题的分析,将在本书的第三章具体展开。上述问题的解答,有利于更好地划定侦查机关在互联网电子证据收集过程中权力之界限。

(三) 内容性要件:互联网电子证据的真实性

证据的真实性,是指证据是客观存在的,而不是伪造的。"验真"是对证据真实性的检验,鉴定是实现验真的一种手段。由于互联网电子证据以数据作为载体,在收集、保管、出示等环节,更容易被修改,因此对互联网电子证据的验真就显得尤为重要。在美国,证据的真实性意味着证据能够满足法庭的如下要求:(1) 记录内容未曾改动;(2) 记录中的信息的确来自所声称的来源;(3) 记录的具体时间等附加信息是精确的。对证据真实性的鉴定通常包含两个步骤:首先是证据的初始调查,以便确认证据是否是其提出者所声称的那样;其次是对证据进行分析,以便确定其作为证据的价值。[2]

《刑事案件电子数据规定》第 22 条规定,为判定电子证据是否真实,应当

---

[1] 郑志峰:《网络社会的被遗忘权研究》,载《法商研究》2015 年第 6 期。
[2] 〔美〕Eoghan Casey:《数字证据与计算机犯罪》(第二版),陈圣琳等译,电子工业出版社 2004 年版,第 115 页。

着重审查以下五个方面的内容:(1)是否移送原始存储介质;(2)是否具有数字签名等特殊标识;(3)收集和提取过程是否可以重现;(4)如有增加、删除、修改等情形,是否附有说明;(5)电子数据的完整性是否可以保证。从规定可以看出,对于互联网电子证据真实性的审查,大多限于形式性的审查,如是否移送原始介质、是否具有特殊标识等;在涉及对内容的实质性审查时,一方面涉及法官是否具有充分的专业知识对其进行审查;另一方面,涉及侦查人员的出庭问题。在司法实践中,侦查人员出庭比例低,不利于被告人对质权的保障。

此外,在互联网背景下,对于互联网电子证据真实性的认定,还涉及对互联网电子证据同一性的认定。这主要是因为在互联网背景下,社交网络等的账号所有者可以与账号使用者相分离。根据美国《联邦证据规则》第901条(a)的规定,为满足证据验真的需要,证据提出者必须提出充分的证据,用以证明特定的证据是其所宣称的证据。在对社交网络证据进行验真时,不仅需要考虑到账号安全性,还需要考虑到账号的所有者以及发布的有异议的信息内容等方面。对于互联网电子证据同一性的认定,是互联网电子证据真实性认定过程中的难题。

互联网电子证据的真实性,涉及程度的问题。有学者认为,对于电子证据的审查判断,除了审查电子证据的相关性和合法性之外,还需要审查可靠性以及完整性如何。[1] RFC3227[2] 认为计算机信息要作为法律证据,必须符合五个标准:可采性(Admissible)、同一性(Authentic)、完整性(Complete)、可靠性(Reliable)、可理解性(Believable)。其中,可理解性是指该证据足以被法院理解。[3] 本书的观点认为,完整性、可靠性、可理解性,都是真实性的下位概念。可靠性用来描述真实性的程度;完整性和可理解性决定了对真实性进行检验的可能性。此外,考虑到互联网电子证据的高速流转,在对互联网电子证据进行审查判断时,还需要考虑到实时性问题。具体分析如下:

(1)完整性。证据的完整性是指,为了准确地认定事实,应当尽可能全面地向事实认定者提供证据,尽可能充分利用提交的证据。[4] 互联网电子证据的完整性,是指收集的互联网电子证据,必须讲述互联网电子证据本身完整的故事,而非仅特定的一个部分。若互联网电子证据在形成之后,曾被增

---

[1] 何家弘主编:《电子证据法研究》,法律出版社2002年版,第145页。
[2] RFC是Request for Comments的简称,意为"请求评论"。其是一系列以编号排序的文件。RFC3227即编号为3227的文件。RFC由国际互联网协会(Internet Society)发行。RFC文件中几乎收录了与互联网有关的所有标准。
[3] 英文原文是"It must be readily believable and understandable by a court."
[4] 杜国栋:《论证据的完整性》,中国政法大学出版社2012年版,第23页。

加或者删减,则会影响对其完整性的判断。关于互联网电子证据的完整性问题是属于可采性问题抑或是属于证明力问题,美国的司法实务界对此有不同的观点。如在 U. S. v. Lebowitz① 一案中,法院认为在特定的交流中,电子邮件以及聊天记录内容的缺失,仅涉及互联网电子证据的证明力问题而不涉及互联网电子证据的可采性问题;但在 United States v. Jackson② 一案中,内布拉斯加联邦法院将复制粘贴的聊天记录进行排除,认为聊天记录的完整性,涉及互联网电子证据的可采性问题。

一般认为,电子证据的完整性主要包括两个方面的内容:电子证据本身的完整性以及电子证据依赖的系统的完整性。电子系统的完整性包含系统本身的正常运行、系统对业务的完整记录以及该记录制作的时效性。③ 首先是互联网电子证据内容的完整性。互联网上包含着海量的数据,如在特定的网络传播淫秽物品的案件中,往往涉及几百个云盘。在此情况下,如何确保互联网电子证据的完整性,对互联网电子证据的收集技术和保管手段,都提出了新的挑战。其次是互联网电子证据依赖的系统的完整性。不同于对一般电子证据的获取中,侦查人员对电子证据的原始媒介具有控制力。在互联网的背景下,对于互联网电子证据系统完整性的判定,涉及第三方协助的问题。以聊天记录的完整性为例,有学者指出,在收集网络聊天证据时要收集四类证据:一是聊天内容数据;二是系统数据;三是通信数据;四是日志数据。④ 在此背景下,对于系统信息、通信信息和日志信息的获取,必然会涉及网络运营者的协助。

从法律层面来看,根据《刑事案件电子数据规定》的规定,在对电子证据的完整性进行审查时,主要从以下几个方面进行:审查原始存储介质的扣押、封存状态;审查电子数据的收集、提取过程,查看录像;比对电子数据完整性校验值;与备份的电子数据进行比较;审查冻结后的访问操作日志;其他方法。对于互联网电子证据完整性的审查,既包含形式方面的判定,也包括实质方面的判断。互联网电子证据完整性的比对,涉及大量技术性方式的使用。

从技术层面来看,对互联网电子证据完整性的认定,主要有以下几种方法:基于经验的认定方法;基于统计的认定方法;基于推定的认定方法;基于

---

① 647 F. Supp. 2d 133 (N. D. Ga. 2009).
② 2007 WL 1381772 (D. Neb. 2007).
③ 何家弘:《传说、传闻、传真及其他》,载《证据学论坛》2002 年第 1 期。
④ 蒋平、杨莉莉编著:《电子证据》,清华大学出版社、中国人民公安大学出版社 2007 年版,第 92 页。

指标体系的认定方法。① 基于经验的认定方法是指侦查人员基于论理法则和经验法则,对互联网电子证据的完整性进行认定,这是司法实践中运用最广的一种方式。基于推定的认定方法,已经有不少国家的法律对此进行了规定。如《加拿大统一电子证据法》第 5 条规定:"若无相反证据,则推定记录或存储电子记录的那一电子记录系统具有完整性。"基于统计和基于指标体系的认定方法,则需要专业的技术背景。

(2)可靠性。互联网电子证据的可靠性,是指互联网电子证据的真实程度。互联网电子证据的可靠性不同于互联网电子证据的完整性。互联网电子证据的完整性强调互联网电子证据收集过程中的完整程度;互联网电子证据的可靠性强调的是互联网电子证据的保管链条,强调互联网电子证据在保管过程中是否受到恶意的更改。对于互联网电子证据可靠性的认定,主要是从互联网电子证据生成、收集、保管等各个环节进行开展。其一,互联网电子证据的生成。关于互联网电子证据的生成,需要考虑到互联网电子证据的生成环境。即该互联网电子证据是在何种情况之下生成的?该种互联网电子证据的生成环境是否具有可靠性?其二,互联网电子证据的收集。这主要考虑如下问题:互联网电子证据由谁收集?收集程序是否符合法律规定?收集技术是否符合行业的规定?互联网电子证据的收集过程是否可以重现?其三,互联网电子证据的保管。这主要是指,对互联网电子证据的保管技术,是否符合行业的规范?互联网电子证据的保管程序,是否符合法律的规定?互联网电子证据的储存过程中,是否未受到恶意的修改?

有学者指出,在司法实践中,对于电子证据的可靠性的质疑,主要集中在三个方面:第一,当事人可能会对计算机生成记录与存储记录在形成后是否遭到篡改等提出质疑;第二,当事人可能会对计算机程序的可靠性提出质疑;第三,当事人可能会对计算机存储记录制作者的身份提出质疑。② 在互联网背景下,对于互联网电子证据可靠性的强调尤为必要。首先,从互联网电子证据的生成来看,互联网电子证据在互联网背景下生成。互联网具有开放性的特点,任何个人都可以对相关互联网电子证据的内容进行更改。在此过程中,互联网电子证据的可靠性难以得到保障。其次,从互联网电子证据的收集和保管来看,由于互联网的技术性特点,若互联网电子证据所采取的收集和保管方式不当,极易导致互联网电子证据的更改。从司法实践来看,法院认为,随着网络技术的发展,技术上已可以做到虚拟的网页与真实的网页并存。而在此种情况下,通过特定电脑对网络的访问,其指向的就是虚拟的网

---

① 刘志军:《电子证据完整性的几个关键技术研究》,武汉大学 2009 年博士学位论文。
② 龙宗智、夏黎阳主编:《中国刑事证据规则研究》,中国检察出版社 2011 年版,第 427 页。

页,由此会导致网页截屏证据的真实性存疑。对互联网电子证据可靠性的判断,需要借助互联网电子证据的保管和验真制度。这一制度,将在本书的后面章节详细论述。

(3) 实时性。从互联网电子证据的特点可以看出,互联网数据具有高速流转性。"在网络世界中,时间和空间被极大地压缩了,整个世界以飞快的速度呈现在用户眼前"。① 互联网电子证据的实时性,是指从互联网电子证据产生,到互联网电子证据被固定,两者的时间差。一般情况下,两者的时间差越小,互联网电子证据的证明力越强。

互联网电子证据的实时性特征,主要体现在如果不及时收集,互联网电子证据就有可能被删除或者修改。以微信聊天记录为例,微信具有撤回信息的功能。当微信信息撤回之后,微信界面中仅剩余一条提示信息已经被撤回的消息,而无法对原有的信息进行阅读,也无法对消息进行恢复。在毒品犯罪案件中,微信聊天记录常常作为被告人的定罪依据。在这种情况下,如果无法实时地对特定的聊天记录进行截图保存,就会使得证据的证明力大打折扣。网页证据也存在同样的问题。以社交网站为例,在特定的社交网站发布信息后,若将网页信息作为证据使用,则需要尽快截图保留,因为发布者极有可能对信息进行修改。对于特定网页证据的收集,如果侦查人员能够确保证据收集的实时性,则可以通过在线的方式对互联网电子证据进行收集;若无法确保互联网电子证据收集的实时性,则需要通过第三方互联网公司的协助进行收集。

在网络传销犯罪案件中,互联网电子证据是其主要的证据形式。但是在这类犯罪中,互联网电子证据的固定很困难。在完成交易后,犯罪分子会采用各种方法销毁交易记录和资金流向记录,为侦查机关查询资金流向制造障碍。② 在该种类型的案件中,如果侦查机关无法及时对相关的互联网电子证据进行收集,不仅使得特定的互联网电子证据灭失,也会使收集到的互联网电子证据的真实性受到影响。

(4) 可理解性。互联网电子证据的可理解性是指该互联网电子证据是否足以被法院理解。这主要与互联网电子证据的出示方式密切相关。从近些年来看,"法院频频遭遇复杂的科学技术证据,只有那些拥有高度专业化知识或杰出技艺的人才能毫无困难地领会"③。在此背景下,将互联网电子证

---

① 郑毅:《网络犯罪及相关问题研究》,武汉大学出版社2014年版,第3页。
② 刘坤:《网络传销犯罪特点与侦防对策研究》,载《北京警察学院学报》2015年第3期。
③ 〔美〕米尔建·R. 达马斯卡:《漂移的证据法》,李学军等译,中国政法大学出版社2003年版,第201页。

据的可理解性作为互联网电子证据的真实性的构成要素,具有合理性和必要性。从我国的司法实践来看,对于互联网电子证据的出示,大多采用打印件或光盘的方式。互联网电子证据的出示方式,一方面决定了其包含的信息量的大小;另一方面,也影响了法官对于特定互联网电子证据加以理解的可能性。

在本书的分析框架之内,真实性、完整性、可靠性、实时性以及可理解性的关系,如图1-3所示。

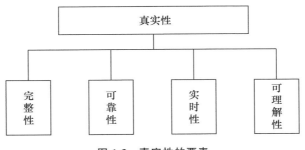

图1-3 真实性的要素

从对互联网电子证据三性的分析可以看出,大数据时代对互联网电子证据的相关性问题提出了新的挑战;在涉及合法性和真实性的问题上,由于互联网电子证据的特殊性,其对合法性和真实性的判定提出了更高的要求,现有的证据规则无法满足司法实践的需要。

(四)反思与说明:亦非"完美"的分析框架

需要指出的是,虽然现有法条规定,对于证据的审查需要从相关性、合法性和真实性的角度展开;本书也以法条的规定,作为本书的理论分析框架。但上述分析框架,仍然存在一定的缺陷。首先,法官在对互联网电子证据进行审查的过程中,不可能严格按照相关性、合法性、真实性三个层次进行展开。在对相关性进行实质性审查的过程中,会不可避免地涉及对互联网电子证据内容真实性的审查。这就使得对三个要素的审查次序,并非如同在证据能力和证明力理论模式之下那般审查层次泾渭分明。其次,具有相关性、合法性和真实性的证据,并非都会被法庭采纳,作为定罪量刑的依据。典型的如基于偏见、庭审效率对证据进行排除。此外,某些不合法的证据,通过一定的补正措施,亦会得到法庭的采纳,典型的如非法证据排除的例外情况。三性的分析框架,在一定程度上忽视了法庭效率等要素。这就使得以上述三性来评价证据,不如运用可采性要素进行评价更为明确和清晰。上述理论困境的存在与三性学说一定程度上解释的乏力,亦是学界形形色色证据属性理论存在的理由。不同的属性学说,都从一定的侧面,对法条规定的三性说的缺陷进行了弥补,并扩宽了理论研究的宽度。

第三节 小结:"静态"与"动态"之联结

电子证据法是指各国用于规范电子证据的可采性与证明力,以及用于规范如何收集、保全、举出、质疑与认定电子证据的一系列法律法规的总和。[①]从上文的分析可以看出,互联网电子证据的相关性、合法性和真实性,都有别于一般电子证据的特性。从诉讼过程来看,互联网电子证据涉及收集、保管、出示和验真四个程序。在上述各个程序中,操作方式的不当,都会对互联网电子证据的三个特性造成影响。此外,互联网电子证据规则也一直都在上述程序中适用。

互联网电子证据的相关性、合法性和真实性以及证据规则,都属于静态的存在。在司法程序中,上述理论需要在互联网电子证据的动态诉讼过程中才能得以显现和适用。本书的以下部分,将结合互联网的特点,对互联网电子证据收集、保管、出示、验真过程中的适用进行分析;并以上述理论为思考的起点,为我国互联网电子证据规则的构建和完善,提供新的思考路径。

---

① 何家弘主编:《电子证据法研究》,法律出版社2002年版,第48页。

第二章 互联网电子证据的收集

第一节 问题的提出

互联网犯罪作为一种新型犯罪形式,随着互联网的不断普及日益为公众所熟知。互联网的特殊性,导致互联网电子证据在司法实践中具有不同于一般电子证据的特性。由此导致的互联网电子证据在收集方式、收集场所、收集技术等方面与一般电子证据的差异,值得理论和司法实务界关注。①

互联网取证,是指以识别、提取、身份验证、检查、解释、保存和证据分析为目的,对网络进行检查的过程。② 互联网取证的目标是基于对网络数据流的提取,从而还原案发经过。取证,是刑事证明活动的前提和基础。在互联网电子证据收集过程中,真相探求与人权保障,是一对永恒的矛盾。互联网电子证据收集过程中可能产生的隐私风险,值得司法从业人员高度警惕。③ 侦查人员很难"在礼遇阿耳忒弥斯的同时做到不冷落阿芙洛狄特"④。

从比较法的角度来看,在美国,已经出现不少因为收集不当而导致相关互联网电子证据被排除的案例。如在 U. S. v. Schlingloff⑤ 一案中,被告人被指控从网络上下载并储存儿童色情资料。被告人请求法院排除侦查人员获取的相关证据,其依据在于侦查人员对上述证据的获取,超出了其先前获得的搜查令状的范围。在该案中,侦查人员为了侦查护照伪造案而对 Schlingloff 的室友的住所进行搜查。在对相关的笔记本进行检验时,侦查人员使用 FTK⑥ 对所有储存在计算机内的文件进行分类,而后 FTK 发出警报,侦查人员由此发现 Schlingloff 从网络上下载的儿童色情资料,并对 Schlingloff 提起诉讼。法院在审查后认为,侦查人员完全可以通过技术的设

---

① Orin S. Kerr, "Searches and Seizures in a Digital World", 119 *Harv. L. Rev.* 531,2005.
② 〔美〕Marjie T. Britz:《计算机取证与网络犯罪导论》(第三版),戴鹏等译,电子工业出版社 2016 年版,第 5 页。
③ U. S. v. Schesso, 730 F. 3d 1040(2013).
④ 该用语引自达玛什卡。具体参见〔美〕米尔伊安·R. 达玛什卡:《司法和国家权力的多种面孔:比较视野中的法律程序》(修订版),郑戈译,中国政法大学出版社 2015 年版,第 132 页。阿耳忒弥斯是古希腊神话中的月神与狩猎女神。阿芙洛狄特是古希腊神话中的爱神和美神。
⑤ 901 F. Supp. 2d 1101(2012).
⑥ Forensic Tool Kit 的简称,意为法庭科学工具包。

置使得FTK的操作模式发生变更,不对相关的网络儿童色情文件进行识别;侦查人员对上述文件的打开,即意味着其已经超过了搜查令的范围。美国《宪法第四修正案》要求搜查令明确界定其所意图搜查的物品,由此对特定物品的搜查不至于演变成对一般物品的搜查。在互联网电子证据收集过程中,收集技术与收集程序的相互交互以及犬牙交错般的融合,使得相关程序构建过程中,对这两方面的共同规制成为必要。

在网络犯罪频发的今天,互联网电子证据的收集,是一个无法回避的话题。在我国,关于互联网电子证据的收集,法律条文究竟作了何种规定?在司法实践中,我国对于互联网电子证据,究竟如何进行收集?现有的收集方式是否存在问题?鉴于互联网的特殊性,是否有必要对互联网电子证据收集权的边界进行重新审视?我国应当建立怎样的互联网电子证据的收集制度?上述问题,既需要理论的思考,也需要实践的探究。本部分将以上述问题为理论思考的起点,对互联网电子证据的收集问题进行探究。从方法论的角度而言,本部分将以北大法宝的相关案例为研究的对象,对互联网电子证据在收集过程中的一些问题进行阐述。

第二节 我国互联网电子证据收集的模糊规定

对于互联网电子证据的收集,2019年《电子数据取证规则》发布之前,我国并无专门的取证规定。2019年之前,规范刑事案件中电子证据收集的相关程序的法律规范主要有两部:2014年5月4日最高人民法院、最高人民检察院、公安部发布的《关于办理网络犯罪案件适用刑事诉讼程序若干问题的意见》(以下简称《网络犯罪案件意见》)[①]以及2016年9月9日最高人民法院、最高人民检察院、公安部印发的《刑事案件电子数据规定》。2022年8月26日,《网络犯罪案件程序意见》发布,对海量电子数据的比例取证问题进行了规范。[②]

《刑事案件电子数据规定》《电子数据取证规则》和《网络犯罪案件程序意见》,对电子证据的收集,作出了如下规定:(1)收集主体。收集、提取电子数据,应当由2名以上侦查人员进行。(2)收集客体。在我国,收集客体遵循原始介质优先的原则;在原始介质无法获取或者不便移动的情况下,对相关的电子证据进行在线提取。(3)收集方法。《电子数据取证规则》和《刑事案件电子数据规定》指出,取证方法应当符合相关的技术标准。(4)收集程序。

---

① 该意见于2022年9月1日失效。
② 参见《网络犯罪案件程序意见》第20条。

《刑事案件电子数据规定》指出,在收集、提取电子证据时,应当制作笔录。笔录的制作,有利于在一定程度上保障涉及网络犯罪的电子证据的收集程序,符合法律的规定。此外,《刑事案件电子数据规定》还对电子数据的冻结、技术侦查、见证人在场等问题作出了说明。

如果对上述法律条文进行仔细解读,就会发现上述规定存在一些问题:

一、冲突:对收集主体条件的不同规定

《网络犯罪案件意见》(已失效)曾规定,对于电子数据的提取,需要由2名以上具备相关专业知识的侦查人员进行。但是《刑事案件电子数据规定》和《电子数据取证规则》却删除了"相关专业知识"这一限制条件。根据新法优于旧法的原则,现有的收集主体就是2名以上的侦查人员。作出这一改变,其可能的原因有两点:第一,侦查机关内部具有相关专业知识的侦查人员不足。若明确规定对于所有互联网电子证据的收集均需要由2名以上具有相关专业知识的侦查人员进行,则易导致其形式性要件难以得到满足。第二,在司法实践中,越来越多的案件涉及第三方机构(如支付宝)对互联网电子证据的提供。在此背景下,侦查人员只需提供调取证据通知书,具体的操作由第三方公司的技术人员完成。侦查人员是否具备相关专业知识,显得无足轻重。《刑事案件电子数据规定》和《电子数据取证规则》的条文,为上述的情况,留下了可供操作的可能性。

二、缺失:观念、后果与技术性要件的缺失

上述条文还存在一些缺失之处,主要体现在以下三个方面:

首先,上述条文规定缺乏程序性制裁后果。《刑事案件电子数据规定》和《电子数据取证规则》虽然对收集主体、收集客体以及制作笔录等程序作出了一些规定,但是并未对侦查人员违反上述程序的后果,作出明确的制裁性规定。此外,《刑事案件电子数据规定》明确指出"电子数据的收集、提取程序有下列瑕疵,经补正或者作出合理解释的,可以采用"。对程序性瑕疵行为的过度宽容以及允许事后补正的存在,在一定程度上是对程序违法行为的默认和纵容。

其次,《刑事案件电子数据规定》和《电子数据取证规则》虽然对电子证据的收集作出了一些程序性的规定,但是这些程序性的规定较少涉及技术性层面。《刑事案件电子数据规定》第14条规定:"收集、提取电子数据,应当制作笔录,记录案由、对象、内容、收集、提取电子数据的时间、地点、方法、过程,并附电子数据清单,注明类别、文件格式、完整性校验值等……"收集互联网电

子证据的过程,是否应当有一个标准化的程序？提取互联网电子证据的标准化程序,对于互联网电子证据最终的可采性,起着关键的作用。

最后,对相关权利人权利保障的缺失。侦查人员在对互联网电子证据进行收集的过程中,很容易侵犯到相关权利人的隐私权。对于在这种情况下,如何尽可能地保障被害人及其他相关权利人的权利不受到侵害,《刑事案件电子数据规定》和《电子数据取证规则》并未作出明确的规定。如根据《刑事案件电子数据规定》第 1 条的规定,电子数据包括四大类。但是在这四大类中,既包括网页、博客等公开的互联网电子数据,又包括朋友圈、贴吧等半公开的互联网电子数据,还包括电子邮件等完全私密的互联网电子数据。一视同仁地对待公开性程度不同的互联网电子证据,在一定程度上折射出侦查人员对相关权利人合法权益保障观念的缺失。

三、模糊:悬而未决的疑问

上述条文中,个别用词显得过于模糊。《刑事案件电子数据规定》第 9 条第 3 款规定:"为进一步查明有关情况,必要时,可以对远程计算机信息系统进行网络远程勘验。进行网络远程勘验,需要采取技术侦查措施的,应当依法经过严格的批准手续。"根据《公安机关办理刑事案件程序规定》(以下简称《公安机关刑事程序规定》),可以采取技术侦查措施的案件一共包括五大类。那么,网络远程勘验是否完全归置于技术侦查的概念范畴之下？若不是,那就意味着对"必要"内涵的解读,完全取决于侦查机关的自由裁量。此外,即使网络远程勘验需要受到技术侦查的前置性条件约束,但《刑事案件电子数据规定》第 9 条第 2 款后段规定"远程计算机信息系统上的电子数据,可以通过网络在线提取",从条文的结构上来看,其必然不受到技术侦查的程序性限制。这就意味着,对犯罪嫌疑人网络信息的提取,完全等同于对一般证据的提取。有意或无意留下的漏洞,在一定程度上,会为侦查机关对于互联网电子证据的提取,打开绿色通道。

四、搬用:对现有刑事诉讼规定的简单重复

我国《刑事诉讼法》规定了见证人制度。从见证制度设立的目的来看,"使参与或莅视该文件内所载行为之人署名或捺指纹,如扣押或搜索笔录,应由在场之人署名或捺指纹,即由该在场之人确保其证据力之用意"[①]。由符合条件的公民担任见证人,其目的在于确保证据的合法性与真实性。在互联

---

① 陈瑾昆:《刑事诉讼法通义》,法律出版社 2007 年版,第 91 页。

网背景下,由于存在客观的技术性瓶颈,电子证据收集过程中见证人制度能否实现其预期的目的,保障互联网电子证据的完整性、可靠性,亦不无疑问。

从上述对《刑事案件电子数据规定》《电子数据取证规则》和《网络犯罪案件程序意见》的分析可以看出,虽然它们对电子证据的收集主体、收集客体、收集方法、收集程序等问题作出了一些规定,但对这些规定进行仔细探究时,就会发现《刑事案件电子数据规定》对上述问题的规定,仅限于框架式的宣示性规定,对于细节性的内容,或者一笔带过,或者用模糊性的语词对其加以界定。法律规定的模糊性,容易导致司法实践中适用的混乱。

2019 年,《电子数据取证规则》发布,对收集提取电子数据、电子数据的检查和侦查实验、电子数据委托检验与鉴定等问题作出了规定。相比于之前的规范性文件,《电子数据取证规则》有其进步之处,比如对电子数据取证过程中公民个人信息保护的关注[1];对网络远程勘验的适用情形进行了细化,进一步体现了程序法治的理念[2];对见证人应当在场和无法在场时的替代举措进行了明确[3]。但从总体上来看,《电子数据取证规则》对于权利保障的规定,仍然过于原则性和宣示性,细化的制度规范较为缺失,并未对现有侦查审批程序进行突破;《电子数据取证规则》坚持扣押、封存原始存储介质优先的原则,一方面无法应对网络犯罪取证的客观需要,另一方面也容易造成对公民财产权的不当干预。[4]

《网络犯罪案件程序意见》用较大篇幅处理管辖和信息调查核实等内容。此前,公安部已发布了《电子数据取证规则》,故《网络犯罪案件程序意见》涉及取证部分的内容极为有限。

第三节 我国互联网电子证据收集的实践梳理

一、统计样本:样本来源及样本数量的确定

在本部分,笔者以北大法宝数据库收录的判决书为基础,并结合对网警的访谈,对司法实践中互联网电子证据收集的模式进行梳理。从地域上看,笔者选取了北大法宝收录的发生在浙江省的涉及互联网电子数据的刑事案

---

[1] 《电子数据取证规则》第 52 条第 4 项规定:"禁止可能泄露公民信息或者影响非实验环境计算机信息系统正常运行的行为。"
[2] 参见《电子数据取证规则》第 27 条。
[3] 参见《电子数据取证规则》第 13 条。
[4] 《电子数据取证规则》第 10 条第 1 款规定:"在侦查活动中发现的可以证明犯罪嫌疑人有罪或者无罪、罪轻或者罪重的电子数据,能够扣押原始存储介质的,应当扣押、封存原始存储介质,并制作笔录,记录原始存储介质的封存状态。"

件。之所以将浙江省作为研究的对象,一方面是因为浙江省地处发达地区,其对互联网电子证据的提取程序和提取技术相对完善。这些案件在收集程序中体现出来的问题,具有一定的典型性。另一方面是因为阿里巴巴等互联网企业位于浙江,互联网时代很多的网络犯罪,与网络平台密切相关。对浙江省的相关互联网电子证据收集的实践进行分析,可以更好地应对网络时代对互联网电子证据提取的需求。具体而言,笔者先在北大法宝搜索框中输入"电子数据",而后选择"刑事案件""浙江省"。[①]

二、互联网电子证据收集的四种模式

通过对判决书的分析可以发现,司法实践中,对于互联网电子证据的收集,主要有四种模式,即远程收集、电子证物检验、第三方调取以及当事人提供。

1. 远程收集

从操作模式来看,远程收集主要是通过网络在线的方式,对相关的互联网电子证据进行提取。其主要适用于对网页证据和网盘证据等的收集。如在张某某等诈骗、伪造居民身份证案[②]中,金华市网络警察大队出具的网络远程勘查记录证明,公安机关对涉案的网络及其链接进行勘查,并获取相关证据;在王某某等人诈骗案[③]中,侦查人员对被告人王某某百度网盘帐号"18×××56"在互联网上保存的相关电子数据进行远程勘验,进而确定交易成功的订单总额。

2. 电子证物检验

电子证物检验,主要是通过对相关的计算机以及手机等进行扣押,从而对储存在上述物证中的互联网电子证据进行提取。如在暨某某贩卖淫秽物品牟利案[④]中,侦查人员通过对其手机进行检验,提取到了手机 QQ 聊天记录以及相关的百度云网盘账号信息,进而对其贩卖淫秽物品的行为加以认定;在吴某某等诈骗案[⑤]中,侦查机关对吴某某等人的手机进行检查,形成手

[①] 搜索日期截至 2022 年 9 月 16 日。通过此种方式查询到的案件数量,并不全面。如某些判决书中不会出现"电子数据"一词,但会代之以"电子证据"一词。某些判决书中,甚至不会出现"电子数据""电子证据"等词,而只会出现特定的证据形式。如涉及网络传播淫秽物品等案件中,云盘中的数据,是定罪的关键。但是判决书中最终只出现"云盘",而不出现"电子数据""电子证据"等概念。但"电子数据"是《刑事诉讼法》中明确规定的证据种类之一,通过上述方式收集的判决书,可以在一定程度上对相关的司法实践进行反映。
[②] (2016)浙 07 刑初 26 号。
[③] (2019)浙 0921 刑初 137 号。
[④] (2016)浙 03 刑终 01527 号。
[⑤] (2020)浙 01 刑初 65 号。

机取证报告,提取电子数据形成光盘,用于证明其实施诈骗的犯罪事实。

3. 第三方调取

向第三方调取互联网电子证据,是指向第三方互联网公司调取电子邮件、微信记录以及交易记录等。如在王某某等走私普通货物案①中,侦查人员向网易公司调取相关的邮件,用以证明王某某参与走私进口苗木的行为。

4. 当事人提供

在鲁某某盗窃、诈骗案②中,相关的微信记录,由被害人提供,用于证明被害人与被告人之间的借款纠纷。由被害人提供互联网电子证据,是由于互联网的传播性,导致互联网电子证据多份原件并存的局面。

值得注意的是,上述四种证据收集模式并非孤立地存在于个案中。在不少案件中,两种以上的证据收集模式同时并存。如在方某某复制、贩卖、传播淫秽物品牟利案③中,存在远程收集、电子证物检验以及向第三方调取证据三种方式。

在上述四种证据收集模式中,向第三方互联网公司调取相关的交易信息,是近年来随着电子商务的开展逐渐发展起来的新模式。在向第三方调取证据的过程中,阿里巴巴公司构成了其中的重要组成部分。这主要有以下几个方面的原因:首先,随着网络的发展,淘宝等网络平台日益成为犯罪活动的管道。这主要体现在网络侵犯知识产权类案件、网络淫秽物品传播案件、网络毒品交易案件以及网络枪支交易类案件中。如在统计的案例中,不少案件涉及销售假冒注册商标的商品,在这过程中,对于交易数额的认定,是定罪量刑的重要要素。如在郑某销售假冒注册商标的商品案④中,从支付宝公司调取的相关互联网电子证据,可以用于证明被告人开设的淘宝店铺的注册、经营销售等情况。其次,随着支付宝的普及,支付宝本身成为犯罪活动的对象。如在郭某某等盗窃、掩饰、隐瞒犯罪所得案⑤中,被告人通过网络非法取得被害人的支付宝账户的密码及验证码,而后将其伪造的中国建设银行卡绑定至被害人的支付宝账户。被告人通过对该支付宝账户的提现操作,窃取了被害人支付宝账户内人民币共计147490元。在这过程中,支付宝提供的数据,是犯罪活动成立与否的关键。最后,随着支付宝的发展,被告人日益将支付宝作为支付的一种手段。如在崔某某敲诈勒索案⑥中,支付宝作为被告人获取

---

① (2015)浙甬刑一初字第 37 号。
② (2015)杭淳刑初字第 183 号。
③ (2015)杭萧刑初字第 2589 号。
④ (2016)浙 0104 刑初 550 号。
⑤ (2012)杭江刑初字第 1229 号。
⑥ (2014)杭滨刑初字第 38 号。

敲诈勒索钱款的方式;在黄某某、冯某某非法经营案①中,支付宝转账记录用于证明被告人提供有偿删帖服务的事实。在这个意义上,支付宝替代了之前的银行卡以及现金交易。

通过与网络警察的访谈,笔者了解到,一般情况下,只要出具证据调取通知书,国内的互联网公司往往在互联网电子证据收集过程中积极配合,但是国际互联网公司往往不愿意进行配合。国内的互联网公司积极配合,主要源于其协助义务和报告义务。② 但与此同时,《电信和互联网用户个人信息保护规定》又对个人信息的保护作出了明确的规定。③ 从法理的角度而言,上位法优先于下位法。但近年来,个人隐私保障的观念日益勃兴。在此情况下,互联网信息服务提供者的协助报告义务及其对客户的相关隐私保护义务之间,就存在利益的冲突。在两种相反的利益存在冲突时,需要对两种利益进行权衡。"利益衡量以价值相对主义为基础,注重甲、乙双方具体利益的比较。"④在目前的司法实践中,互联网公司通常倾向于履行其报告义务,而忽视其隐私保护义务。不同于苹果公司态度强硬、要求法院撤回 FBI⑤ 的解锁要求⑥,中国的互联网公司,对于侦查机关的证据调取要求几乎有求必应。在隐私权日益得到重视以及互联网公司的配合义务难以得到转变的情况下,对于侦查机关的证据调取行为进行进一步的规制,是现行司法环境下较为可行的选择。

此外,在司法实践中,为了更好地收集互联网电子证据,也出现了网络诱惑侦查的行为。在陈某某等生产、销售有毒、有害食品案⑦中,公安民警通过"XXXXX"淘宝账号并以吴某为收货人向被告人开设的淘宝商铺"××小筑2010"购买四种减肥药产品。在该案中,侦查人员以普通网络消费者的身份,向被告人购买减肥药产品,其目的在于获得相关的产品进行检验。通过上述机会提供型的诱惑侦查获取的证据,在本案中被作为证据使用,被告人亦未

---

① (2021)浙 07 刑终 95 号。
② 我国《刑事诉讼法》第 137 条对单位和个人对侦查机关的协助义务进行了明确规定;《互联网信息服务管理办法》第 15 条和第 16 条对互联网信息服务提供者的报告和监管义务进行了规定。
③ 《电信和互联网用户个人信息保护规定》第 10 条规定:"电信业务经营者、互联网信息服务提供者及其工作人员对在提供服务过程中收集、使用的用户个人信息应当严格保密,不得泄露、篡改或者毁损,不得出售或者非法向他人提供。"
④ 梁上上:《利益的层次结构与利益衡量的展开——兼评加藤一郎的利益衡量论》,载《法学研究》2002 年第 1 期。
⑤ FBI 全称为 Federal Bureau of Investigation,中文译为美国联邦调查局。
⑥ Eric Lichtblau and Katie Benner, "Apple Fights Order to Unlock San Bernardino Gunman's Iphone", *New York Times*,2016.2.17.
⑦ (2014)温瑞刑初字第 1850 号。

提出异议。网络背景下的诱惑侦查,涉及互联网电子证据收集权的界限,这将在本书的后一章节展开讨论。

三、法院对被告人异议的应对:结果导向思维模式下的五种方式

通过对案例的研读,笔者发现,在一些案件中,被告人对互联网电子证据收集的程序问题提出异议。法院对被告人异议的处理,一般包括如下几种方式:(1)法院对相关的互联网电子证据直接排除,不将其作为定案的根据。如在叶某赌博案①中,法院认为微信聊天记录系由一个侦查人员提取,不符合法定程序;公安机关无法提供原始存储手机中的聊天记录,故该聊天记录不作为定案的根据。(2)法院认为电子证据的提取过程有瑕疵,但仍然予以采纳。如在陈某某、徐某某等开设赌场案②中,法院认为侦查机关虽未获得腾讯公司说明,但该电子数据通过密封邮件寄送,侦查机关经核实,相关数据亦经被告人确认,该瑕疵不影响采信;在楼某某、柯某某、胡某等敲诈勒索案③中,法院认为侦查人员对涉案硬盘的拆取封存程序存在一定瑕疵,缺乏拆取的相关记录材料,但侦查机关已经对此出具了情况说明,该程序瑕疵尚不足以否定证据效力。(3)通过侦查人员补正,法院对电子证据予以采纳。在苏某某诈骗案④中,辩护方认为公诉机关出示的电子证据检查工作记录及远程勘验工作记录等存在瑕疵,但法院认为,笔录中的形式瑕疵,侦查机关已作出补正,故最终采纳了该份电子证据。(4)辩护方提出了质疑,但法官最终确认收集程序合法。如在任某等开设赌场案⑤中,辩护方认为远程勘验笔录上无被告人、见证人签字,对电子数据的收集存在严重程序违法;但法院认为,勘验人员收集电子证据符合法律程序,内容客观真实,且部分能与记账单及被告人供述相互印证,予以采纳。在张某某、吕某、赵某等诈骗案⑥中,法院认为扣押、勘验电子数据时存在的瑕疵问题,侦查机关已经作出合理解释。无论是基于刑事诉讼的证据采信标准,还是基于电子数据独有的技术标准,均应当认可涉案电子证据的效力。(5)法院对辩护方提出的质疑不回应。如在余某诈骗案⑦中,辩护方认为侦查机关未获取原始记录、取证程序不合法、书面的聊天记录无法确定真伪。但法院在判决书中未对该问题加以回

---

① (2016)浙 0302 刑初 42 号。
② (2016)浙 1002 刑初 185 号。
③ (2020)浙 06 刑终 58-3 号。
④ (2015)舟岱刑初字第 106 号。
⑤ (2014)舟定刑初字第 240 号。
⑥ (2021)浙 04 刑终 33 号。
⑦ (2016)浙 0723 刑初 178 号。

应,最终结合其他证据对诈骗数额进行认定。

从法院的态度可以看出,程序性制裁措施已经得到了一定程度上的确立,如前述的叶某赌博案中的微信证据,因收集程序不符合法定程序而被排除。程序性制裁针对侦查人员违反法律程序的行为,以宣告诉讼行为无效作为基本制裁方式。通过上述制裁,程序正义价值得到现实的保障。① 但在强调程序性制裁的同时,也可以明显地看出法院对于案件真相的关注。如在前述的陈某某、徐某某等开设赌场案中,法官对于辩护方关于收集程序的质疑,通过证据的实质性内容加以回应。在此类案件的办理过程中,法官一方面承认公安机关提取电子证据的程序存在瑕疵,但另一方面又因其内容与其他证据可以印证,对其加以采纳。程序与实体的过度纠缠,以及结果导向的思维模式,事实上给侦查机关的侦查行为留下了更大的恣意空间,由此导致程序正义价值贬损。互联网的透明性,一方面给侦查人员提供了更大的获得证据的可能性;另一方面亦使得侦查人员在面对网络隐私时需背负更多的谨慎义务。

此外,法院在审查侦查人员收集互联网电子证据合法性时,依据的是侦查人员在收集过程中形成的笔录,主要包括远程勘验笔录以及电子证物检查笔录等。电子数据提取笔录就是对电子证据提取过程的见证和记载,其实质是以主观化形式将电子数据的提取、流转过程客观化,以佐证电子数据获取方式的规范性和合法性。② 从司法实践来看,不少案件存在笔录缺失的情况。从司法实践来看,笔录的缺失,会导致相关互联网电子证据的不可采。如在福州金色阳光水产贸易有限公司、黄某某走私普通货物、物品案③中,被告人及其辩护人提出5份电子邮件作为电子证据,缺少收集制作过程的具体记录,在证据资格上存在一定欠缺。法官最终对相关证据进行了排除。提取笔录的缺失,使得对于互联网电子证据收集过程的回溯以及对互联网电子证据证明力的补强,成为不能。

四、技术性缺陷:基于数量和时效的技术不能

互联网电子证据收集的技术性缺陷,主要有两个方面的原因:首先,目前虽然已经形成互联网电子证据收集的初步技术规范,但相关规范主要通过对网络警察的培训落实,且基层网络警察的数量极为不足;其次,受目前互联网技术发展水平所限,对于特定证据,在提取过程中仍存在一些技术层面的现

---

① 陈瑞华:《程序性制裁制度的法理学分析》,载《中国法学》2005年第6期。
② 王志刚:《论电子数据提取笔录的属性与适用》,载《证据科学》2014年第6期。
③ (2016)津02刑初00012号。

实性制约。

具体而言,互联网电子证据收集过程中的技术性问题,主要表现在以下几个方面:(1)对特定的互联网电子证据难以获取。目前的司法实践中,云盘已经成为淫秽物品储存的重灾区。云盘具有相对的封闭性,在此种背景下,如果被告人不对相关的账号密码进行供述,侦查人员利用现有的技术很难进行破解。此外,其他技术性难题的存在,也使得侦查人员无法获取相关的互联网电子证据。如在洪某某等开设赌场案[1]中,腾讯公司出具情况说明,证实无法调取洪某某和林某微信转账交易信息。(2)互联网电子证据收集的完整性问题。网盘等包含海量的互联网电子证据,因此若要对所有的互联网电子证据进行获取,则会显得有些天方夜谭。如在邓某贩卖淫秽物品牟利案[2]中,被告人成功贩卖云盘账号245个。但是考虑相关百度云盘数量众多,公安机关仅选取其中一个已贩售账号进行电子提取,经鉴定该账号内含淫秽视频441个,判决据此认定邓某贩卖淫秽视频数量为441个。此外,在对聊天记录进行提取的过程中,还存在聊天记录因删减而无法完整提取的技术性瓶颈。如在白某某诈骗案[3]中,徐某某对于微信聊天记录内容进行部分删减,而后由于客观原因无法全面提取到完整的聊天过程,引发控辩双方对于聊天记录真实性的争议。(3)互联网电子证据收集的实时性问题。互联网电子证据具有高速流转性,若侦查人员无法及时地对相关的互联网电子证据进行获取,会造成相关的互联网电子证据的灭失。如在杭州世纪联线网络技术有限公司等侵犯著作权案[4]中,法院认为因涉案公司从2006年成立之初就通过BT[5]、电驴[6]等途径非法下载侵权影视作品,且下载后不保留相关电子数据等证明材料,故关于非法下载的相关证据已无法取得;在祝某某等虚报注册资本、流氓、寻衅滋事、赌博、开设赌场案[7]中,涉案人员为逃避打击,实施了封停赌博网站账号、删除电子数据等行为,致使该案相关电子数据未收集到案。而后法院基于一审对相关互联网电子证据的认定作出了判决。互联网电子证据收集过程中的技术性缺陷,已经成为制约互联网电子证据收集实践的瓶颈。

---

[1] (2016)浙1004刑初200号。
[2] (2015)浙温刑终字第1753号。
[3] (2020)浙03刑终600号。
[4] (2011)杭滨刑初字第145号。
[5] BT,全称为BitTorret,是一个用于下载的P2P文件共享软件。
[6] 电驴,英文名为eDonkey Network,是一种文件分享网络。
[7] (2014)浙嘉刑终字第144号。

第四节　我国互联网电子证据收集程序的构建和完善

通过上文对互联网电子证据本身存在的特点的分析,可以发现我国在对互联网电子证据进行收集的过程中,仍然存在一系列的问题。"一方面,电子取证须迈向取证技术综合化、取证范围扩大化、取证工具专业化、取证过程标准化;另一方面,电子取证本质上属于主权国家的证据调查活动,需要纳入法治轨道,接受法律规制。"①我国互联网电子证据收集程序的构建和完善,可以从如下几个方面进行:

一、原则性规定:人权保障的理念

对人权的保障是现代文明社会的重要标志之一。2004年的《中华人民共和国宪法修正案》,将"国家尊重和保障人权"写入宪法。人权入宪,被视为中国人权发展的重要里程碑。"个人隐私又称私人生活秘密或私生活秘密,是指私人生活安宁不受他人非法干扰,私人信息保密不受他人非法搜集、刺探和公开。隐私包括私生活安宁和私生活秘密两个方面。"②隐私权是人权的重要组成部分。刑事诉讼,从本质上而言,是公权力和个人权利之间的对抗。在刑事侦查过程中,会不断地发生公权力侵入个人权利的情况。"刑事诉讼中的人权保障主要依靠司法机关来实现,但在追究惩罚犯罪的司法活动中,它又有可能因执法不当而侵害公民的权利。"③在司法实践中,侦查人员为了收集案件的证据,侵害犯罪嫌疑人权利的现象,比比皆是。

互联网电子证据的收集不同于一般证据的收集。互联网包含很多的个人信息和个人隐私。在网络背景下,网络隐私权一般包含三个部分的内容:个人数据信息,如个人的姓名、年龄、性别等;个人网络活动踪迹,如浏览的网页地址以及IP地址等;个人生活安宁,如个人电子邮箱、个人的网络空间不受他人非法侵入等。④ 有学者指出,在互联网时代,个人的网络行为不受非法阻断、个人的网络交流不受非法监视、个人的网络数据不被非法公开的权利,应当得到司法部门的保障。⑤

---

① 刘品新:《电子证据法》,中国人民大学出版社2021年版,第172页。
② 张新宝:《隐私权的法律保护》(第二版),群众出版社2004年版,第7页。
③ 徐益初:《刑事诉讼与人权保障》,载《法学研究》1996年第2期。
④ 韩鹏鑫、白开荣:《论网络时代个人隐私权的保护》,http://www.chinacourt.org/article/detail/2013/04/id/948537.shtml(2016年9月27日最后访问)。
⑤ Suzan Dionne Balz and Olivier Hance, "Privacy and the Internet: Intrusion, Surveillance and Personal Data", 10 *Int'l Rev. L. Computers & Tech.* 219, 1996.

对互联网电子证据收集权边界的确定,实质是对侦查权的一种限制。与其他国家对互联网电子证据的处理程序对比可以发现,在权力的制约方面,英美法系国家强调对权力的事先制约;而中国强调对权力的事后制约审查,即在审判阶段,通过审判权的实施,对互联网电子证据在收集、保管过程中所存在的问题进行检视,其体现的是审判权对于侦查权和检察权的制约。事先审查机制与事后救济机制,虽均体现了对权力的制约,但从具体的运作来看,事先审查机制要优于事后救济机制。首先,从司法成本的角度来看,事先审查机制强调预防,通过事先的审查,可以确定特定司法成本的投入是否是必要的;事后救济机制强调救济,特定的司法行为,就算最终得到了救济,但是司法成本的投入已经不可挽回。其次,从正当程序的角度来看,事先审查机制可以对侦查人员在互联网电子证据的收集、保管等过程中可能存在的违反程序的行为进行防范;在事后救济机制的运作模式下,侦查人员对于程序正当性价值的侵害已经形成。这一侵害,往往是不可磨灭的。事后救济机制虽然存在一系列的问题,但是这并不意味着事后救济机制没有存在的必要。事后救济机制作为兜底的保障条款,虽然对特定行为造成的损害无法弥补,但是其对未来可能发生的违法行为,具有一定的威慑作用。

在对互联网电子证据进行收集的过程中,为更好地保障犯罪嫌疑人的隐私权,至少可以采取以下两种方式:

(1)事先的审查机制。根据《刑事诉讼法》的规定,侦查人员进行搜查,必须向被搜查人出示搜查证。侦查人员认为需要扣押犯罪嫌疑人的邮件、电报的时候,经公安机关或者人民检察院批准,即可通知邮电机关将有关的邮件、电报检交扣押。从上述的规定可以看出,侦查人员如果需要对犯罪嫌疑人的互联网信息进行收集,仅需要获得侦查机关内部人员的批准。在申请程序中,缺乏独立的第三方的审查和制约。这就极易导致侦查人员对犯罪嫌疑人权利的侵害。比较合适的做法,一方面是通过中立的第三方机构对收集的必要性进行审查(如治安法官制度、检察官审批制度等),另一方面是适当提升审批的层级(如由办案部门负责人审批转向公安机关负责人审批)。"技术理性与人权观念是司法审查的双轮,也是法院权威的两根支柱。"[①]事先审查机制的存在,有利于防范之后程序中的违法行为。

(2)符合比例原则。比例原则是宪法和行政法上的概念。比例原则主要包括适当性原则、必要性原则和均衡性原则。[②] 必要性原则,是指立法机关或行政机关在能够相同有效地实现目标的诸多手段中,应该选择对个人权

---

① 季卫东:《通往法治的道路:社会的多元化与权威体系》,法律出版社2014年版,第37页。
② 刘权:《目的正当性与比例原则的重构》,载《中国法学》2014年第4期。

利侵害最小的措施。

在比例原则的指导之下,对互联网电子证据的收集,需要根据侦查的目的,确定需要收集到的互联网电子证据的层次。以电子邮件为例,根据涉及的隐私程度,可以分为三个层次:基本的用户信息(如用户名)、往来信息(如联系人列表)以及内容信息。从比较法的角度来看,在美国,对于三种不同层次的信息收集,需要不同的令状。侦查人员在对邮件证据进行收集的过程中,需要考虑到具体所需要的邮件信息,确保对权利人隐私的侵害符合最小损害原则。如若只有通过对电子邮件的内容信息的收集,方可对待证事实起到一定的证明作用。在此前提之下,侦查人员对电子邮件内容信息的收集,亦不属违反比例原则。此外,对特定互联网电子证据的收集,亦需考虑到互联网电子证据与案件的重大性成适当的比例。如德国《刑事诉讼法》第 100 条 g 项规定,仅当查清案情或侦查被指控人所在地采用其他方式可能无望,且提取数据与案件的重大性成适当比例时,才允许措施的实施。[①]

二、程序性规定:标准化程序的构建

互联网电子证据收集过程中,标准化程序的建立,一方面有利于加强对侦查人员在互联网电子证据收集过程中的指导,另一方面也可以减少对收集到的互联网电子证据可采性问题的争议。从美国的司法实践来看,美国司法部发布的《涉因特网和计算机网络的调查》对收集互联网电子证据的技术和法律争议进行了阐述,并且分章对不同的互联网电子证据的获取程序,如电子邮件、网页、即时通讯、文件共享、网页入侵、网络贴吧等,进行了细致地阐述。[②]

对互联网电子证据收集的标准化程序的构建,主要是指从《刑事诉讼法》的角度,对于侦查人员收集互联网电子证据的行为作出规定。现有的法律条文已经对互联网电子证据的收集主体、收集客体以及收集程序等方面作出了一些规定,但是如上所述,上述规定在特定方面仍然有待加强,侦查人员的资质、电子证物检查笔录的记录等都存在一定程度的问题。程序法方面的标准化程序,至少需要包含以下几个要素:(1)获得搜查证;(2)两个及以上具有特定资质的侦查人员;(3)利益相关人在场;(4)对收集程序进行记录和录像。

从比较法的角度来看,从 1984 年开始,美国有不少的机构和学者已经陆

[①] 宗玉琨译注:《德国刑事诉讼法典》,知识产权出版社 2013 年版,第 73 页。
[②] 参见美国司法部网站:"Investigations Involving the Internet and Computer Networks", https://www.ncjrs.gov/pdffiles1/nij/210798.pdf(2016 年 12 月 5 日最后访问)。

续提出了互联网电子证据收集的程序,如 Todd 在 2014 年提出的收集程序。① 从美国的司法实践来看,收集互联网电子证据的程序性规定主要包括:准备、鉴别、决定协议、收集方式、定位、保存和出示。

我国对于互联网电子证据收集程序的构建,可以从以下几个方面进行:一是准备阶段,该阶段明确需要收集的互联网电子证据的范围;二是鉴别阶段,该阶段明确需要采取的互联网电子证据的收集手段;三是决定阶段,该阶段根据采用方式的不同,实行不同的程序性规定;四是收集阶段,该阶段运用特定的标准化技术对互联网电子证据进行收集;五是保存阶段,该阶段对所有的程序性事项进行记录,以便查询。

从程序性规范的角度而言,需要尽可能地对收集的程序进行录像。对互联网电子证据收集程序全程录像是否必要,涉及成本效益的分析。对互联网电子证据收集程序全程录像,其潜在的成本是相应的录像设备费用的支出。但从收益的角度来看,对互联网电子证据收集程序进行全程录像,有利于规范侦查人员在收集过程中的行为,确保其行为符合相应的法律规定,保障相关权利人的隐私权;同时,在发生争议之时,可以增加证据的可采性,避免因证据不足导致的程序倒流。司法程序的倒流指的是公安司法机关将案件倒回到前一个诉讼阶段并进行相应的诉讼行为。② 司法程序一旦倒流,司法成本就会加倍。在互联网电子证据收集过程中,对收集过程进行全程录像,是为了确保互联网电子证据的合法性,不得不付出的代价。

三、技术性规范:标准化收集技术的确立

关于互联网电子证据收集在技术层面的标准化程序,我国现有规定仍然较为分散。互联网时代,大数据的出现给互联网电子证据的收集技术提出了更多的难题。首先,大数据的数据量巨大,如何从海量的数据中挑选出有价值的数据,给收集工作带来了极大的挑战;其次,大数据时代数据之间的关联性较低,如何通过这些关联性极低的数据,提炼出真正有价值的互联网电子证据,则对数据挖掘技术的发展提出了考验;最后,大数据背景下,数据类型极为复杂。"由于大量结构化、非结构化数据并存,传统取证工具的数据处理能力难以适应。"③标准化收集技术的确立,一方面有利于确保互联网电子证据的合法性,另一方面有利于确保互联网电子证据的真实性。

---

① Todd G. Shipley, *Investigating Internet Crimes: An Introduction to Solving Crimes in Cyberspace*, Elsevier, 2014, pp. 99-105.
② 汪海燕:《论刑事程序倒流》,载《法学研究》2008 年第 5 期。
③ 金波等:《电子数据取证与鉴定发展概述》,载《中国司法鉴定》2016 年第 1 期。

借鉴美国的相关经验,技术层面的标准化程序可以包含如下内容:(1)收集互联网电子证据的原则性规定。这主要是指侦查人员收集的互联网电子证据不应当改变其原有的内容,以及侦查人员对互联网电子证据的收集具有可重复性以及一致性。即不同的侦查人员根据相同的技术,可以获取到相同的互联网电子证据。(2)收集不同互联网电子证据的技术性规定。在美国,有学者对互联网电子证据的收集技术作出了概括。其指出,关于互联网电子证据的收集,主要包括五种不同层次的收集技术:手工析取、逻辑析取、物理析取、芯片关闭和微阅读。[1] 这五种技术,依次更为技术性、需要更长的分析时间、需要更多的技术训练以及更具有侵入性。虽然同属于互联网电子证据,但是不同形式的互联网电子证据的收集,仍然具有差异性。如对网页信息的获取,一方面可以通过查看网页的 HTML 信息的方式,另一方面也可以通过网页截屏、储存命令等方式对网页数据进行获取;如对共享文件信息的获取,需要对代理服务器以及网络服务提供商的相关信息进行获取。根据互联网电子证据种类对特定技术进行细化规定,有利于更精确地获得相应的互联网电子证据。(3)大数据背景下互联网电子证据的收集技术。在大数据背景下,有学者提出了针对大数据的取证技术。这些技术主要包括映射-归约(Map-Reduce)、决策树(Decision Trees)、盲源分流(Blind Signal Separation)、类神经网络模型(Neural Networks)、自然语言处理技术(Natural Language Processing)等大数据技术。[2]

我国互联网电子证据取证的技术主要包括五种:(1) IP 地址和 Mac 地址识别和获取技术;(2)电子邮件取证技术;(3)网络入侵追踪技术;(4)网络输入输出系统取证技术;(5)人工智能和数据挖掘技术。[3] 在大数据的背景下,任何无关信息的组合都可能构成新的重要信息。对于数据挖掘技术的研究,是大数据时代互联网电子证据收集过程中的趋势。

在标准化技术性规定构建过程中,还涉及互联网电子证据的实时性和完整性问题。从互联网电子证据收集的实时性角度而言,从犯罪事实的发生到侦查机关的介入,存在不可避免的时间差。首先,侦查机关的介入,不是瞬时完成的。侦查机关要介入刑事侦查,需要被害人或者相关人员进行报告,侦查机关对其审查,符合立案条件的,侦查机关介入。程序要件的完成,需要耗费大量的时间。其次,侦查机关与犯罪嫌疑人之间,存在信息的不对称。犯

---

[1] Sean E. Goodison, Robert C. Davis, and Brian A. Jackson, *Digital Evidence and the U. S. Criminal Justice System*, Rand Corporation, 2015, pp. 5-6.
[2] Alessandro Guarino, "Digital Forensics as a Big Data Challenge", The Information Security Solutionns Europe 2013 Conference.
[3] 杜春鹏:《电子证据取证和鉴定》,中国政法大学出版社 2014 年版,第 164—166 页。

罪嫌疑人实施犯罪行为,其对特定的证据存于何地,都有一定程度的了解;而侦查机关刚介入时,对于犯罪情形通常一无所知。侦查机关要介入侦查,需要获取一定的信息。特定的信息,可能来自被害人的陈述,也可能来自一定的物证。特定信息的获取,需要一定的时间成本。从互联网电子证据收集的完整性角度而言,对互联网电子证据进行全面收集,一方面,可以缓解侦查机关与被告人之间信息不对称的情形;另一方面,还有助于侦查机关对于案件事实进行最大程度的重构,使得侦查机关最后构建的犯罪事实能够最大限度地接近原本的犯罪事实。在对互联网电子证据进行收集的过程中,对于互联网电子证据完整性的判断,主要包括两个层面:内容信息的完整性以及附加信息的完整性。以电子邮件为例,内容信息的完整性是指所有相关的电子邮件都已经进行了收集,而不存在特定电子邮件的遗漏,从而导致证据链条无法充分形成。附加信息,是指位于网络层中的 IP 地址、数据链路层中的 Mac 地址以及服务器日志等信息。如在一起案件中,侦查人员通过追踪发送到 Berkeley 大学图书馆电脑上的邮件,锁定了一个名为 Troy 的在逃犯。① 互联网电子证据收集过程中对附加信息的关注,有利于获得更多与案件有关的细节性信息。

<h3 style="text-align:center">四、程序性制裁:非法证据排除规则</h3>

缺乏制裁性后果的刑事程序,犹如没有爪牙的猛虎,看似虎虎生威,实则脆弱不堪。在我国,在非法证据排除规则确立之前,司法实践中的刑讯逼供现象屡禁不止。这是因为司法工作人员违法的成本太低,与获得数量可观的证据相比较,这一风险值得一冒。人是理性的动物,在作出特定的行为之前,往往会对行为的得失进行权衡。若特定行为的成本过大,理性的个体往往会放弃实施特定的行为。"经济决策主体所面临的选择机会在不同程度上给他带来他所想要的。理性中的一个思想是,理性人根据所带来的不同满足程度将各种选择进行依次排序。"②在收集互联网电子证据的过程中,如果设立了收集互联网电子证据的标准化程序,但是程序缺乏制裁性后果,相关的程序规定,仍然只是一纸空文。

如上所述,互联网电子证据收集的标准化程序包括程序法层面的标准化

---

① 〔美〕Eoghan Casey:《数字证据与计算机犯罪》(第二版),陈圣琳等译,电子工业出版社 2004 年版,第 372 页。
② 〔美〕罗伯特·D. 考特、〔美〕托马斯·S. 尤伦:《法和经济学》(第三版),施少华等译,上海财经大学出版社 2002 年版,第 11 页。

程序以及技术层面的标准化程序。在被告人对互联网电子证据的收集提出异议后,在判断互联网电子证据的收集是否违反标准化程序时,首先要关注互联网电子证据的收集是否违反了程序法层面的标准化程序。从程序法层面的几个要素来看,如果在对互联网电子证据进行收集时,出现缺少搜查证、搜查程序并非由两名侦查人员完成、利益相关人不在场、没有完整的证据保管链条等情况,这属于严重的程序违法,该证据不可采;如果侦查人员在收集证据过程中,对于收集程序的记录有瑕疵但是已经对收集程序进行全程录像,这属于程序瑕疵,可以进行相应的补正。补正亦属于程序性制裁的一种方式。① 从其功能来看,"法院责令办案人员进行程序补正,一方面要对原来的程序瑕疵进行消除,重新按照规范的法律程序制作证据笔录;另一方面,更是要通过这种补正程序,消除可能的证据错误,避免那些不真实、不可靠的证据转化为法院定案的根据"②。与此同时,对于不合比例地侵犯犯罪嫌疑人、被告人隐私权的证据,亦需进行裁量排除。

其次要判断互联网电子证据的收集是否违反技术层面的标准化程序。在此过程中,需要由侦查人员提出证据,证明其收集互联网电子证据符合技术层面的标准化程序。如果其无法提出证据对此加以说明,则需要由独立的第三方机构加以判定。对此的判断,可以借鉴美国对于科学证据采纳的决定方式。在 Frye v. U. S. ③一案中,法院决定当特定的测试尚未得到行业的普遍接受时,专家证人关于该测试结果的证言不可采。而后,在 Daubert v. Merrell Dow Pharmaceuticals④ 一案中,法院判定专家证言是可采的,如果该证言能够证明特定结论的得出是遵循已经被认可的研究方法。具体而言,为判断技术人员收集的互联网电子证据是否具有可采性,主要有三个层次的判断标准:(1) 判断侦查人员收集互联网电子证据的方式,是否符合标准化的技术规范。(2) 判断该技术是否被行业所认可。如果该侦查人员收集证据的方式,不符合规定的标准化程序,但是仍然属于行业认可的方式,则该证据仍可采。(3) 在上述两步审查均不合格的情况下,应以真实性为其底线。如通过瑕疵软件获取的互联网电子证据,若不影响获取的互联网电子证据的真实性,则该证据仍然可采。这主要是因为,对于取证方面的瑕疵只影响到

---

① 如陈瑞华教授认为,"责令补正"本身具有程序性制裁的性质。对于侦查机关违反法律程序的行为,法院宣告其存在程序瑕疵,并责令其补正,这属于对非法侦查行为的一种权威谴责。参见陈瑞华:《论瑕疵证据补正规则》,载《法学家》2012 年第 2 期。
② 陈瑞华:《论瑕疵证据补正规则》,载《法学家》2012 年第 2 期。
③ 293 F. 1013 (D. C. Cir. 1923).
④ 509 U. S. 579,113 S. Ct. 2786,125 L. Ed. 2d 469(1993).

合法性而未影响到真实性的证据,"如果一概予以排除,则不利于案件事实的准确认定"①。

第五节　小结:在"真相构建"与"人权保障"之间

有学者曾言:"为了崇高的目的而诉诸恶的手段是一种浮士德式的妥协,它经常是带来更多的恶而不是善。"②互联网电子证据在收集过程中的问题,一方面是由于存在客观性的技术性缺陷;另一方面,现有法律的模糊规定,亦为侦查机关的程序性违法埋下了隐患。此外,犯罪嫌疑人人权保障观念的缺失,亦是刑事司法的应然状态与实然状态之间尚未弥合之鸿沟。

通过对特定情境下侦查权所伸触角的检视,可以发现我国的互联网电子证据收集程序仍需进一步地细化。人权保障理念,是互联网电子证据收集程序的原则性规定;标准化收集程序和收集技术的规定,是从立法的角度减轻侦查机关证明责任的途径;程序性制裁措施的确立,是对理性人在价值抉择过程中施加的外部性影响。

网络失去了遗忘的技能,每个人的过去都像纹身一样,镌刻在我们的数字皮肤上。③ 徘徊于"真相构建"与"人权保障"之间,对于侦查权均衡点的设置,在一定程度上,折射出司法制度的文明程度。

---

① 张军主编:《刑事证据规则理解与适用》,法律出版社 2010 年版,第 149 页。
② 〔美〕罗伊·F. 鲍迈斯特尔:《恶——在人类暴力与残酷之中》,崔洪建等译,东方出版社 1998 年版,第 267 页。
③ J. D. Lasica, "The Net Never Forgets", https://www.salon.com/1998/11/25/feature_253/ (2017 年 1 月 1 日最后访问)。

第三章 互联网电子证据收集的典型模式分析

互联网电子证据收集边界的界定,与我国刑事诉讼追求的目的密切相关。"刑事诉讼目的的确立及其实现,决定着刑事诉讼活动的方向。"[①]但在司法实践中,刑事诉讼的两大目的之间,往往存在着不平衡。刑事诉讼目的之间的取舍,往往与经济社会的发展水平密切相关。[②] 在目前中国的司法实践中,由于经济发展水平以及司法资源的限制,侦查人员往往倾向于打击犯罪这一刑事诉讼目的,而忽视了保障人权这一目的。随着经济社会的发展,人权保障日益彰显。界定互联网电子证据收集之界限,有利于更好地对刑事诉讼的目的进行回应。本章承接上文互联网电子证据取证实证研究的结果,对互联网电子证据取证的典型模式进行理论层面的梳理和分析。从司法实践来看,互联网电子证据收集的典型模式包括网络监控、网络运营者提供、网络诱惑侦查、云环境取证等。

第一节 网络监控:技术侦查的程序性规制

网络监控作为获取电子证据的一种常用方式,因其对公民的隐私具有天然的入侵性,故亟需对其适用予以审视。"监控呈现出对个人隐私的侵害风险,任何国家都需要处理因该问题引发的个人权利保护和法治理念的紧张关系。"[③]本节将首先分析网络监控的法律定位,进而分析其可能存在的争议及程序性规制的不足,而后基于比较法的研究视角,分析我国网络监控可能的完善路径。

一、网络监控的法律定位

网络监控法律定位的明确,系决定对其适用何种规制手段的前提。从界

---

① 宋英辉:《刑事诉讼目的论》,载《政法论坛》1992年第2期。
② 冯姣等:《放大镜下的无罪推定原则》,载《社会科学战线》2014年第4期。
③ Dylan Cors, "National Security Data Access and Global Legitimacy", 67 *DOJ J. Fed. L. & Prac.* 257,2019.

定上来看,网络监控是对网络传输或者网络通讯进行的监控。① 我国现有的刑事诉讼立法,并未采取网络监控这一用语,而仅仅对技术侦查作出了相应的程序性规定。故此,本部分将先对网络监控与技术侦查之间的位属关系予以厘清。

在我国现有立法体系中,技术侦查属于特殊侦查措施的下位概念。技术侦查,"是指利用现代科学知识、方法和技术的各种侦查手段的总称"②。根据《公安机关刑事程序规定》,技术侦查包括记录监控、行踪监控、通信监控、场所监控等措施。故此,从文义解释上来看,网络监控是技术侦查的一种方式,其主要是利用计算机的网络接口截获目的地为其他计算机的数据报文。通过使用网络监听器,可以监视网络的状态、数据流动情况以及网络上传出的消息等。③ 从这一角度进行理解,网络监控属于技术侦查的下位概念。

《刑事案件电子数据规定》第 9 条第 3 款规定:"为进一步查明有关情况,必要时,可以对远程计算机信息系统进行网络远程勘验。进行网络远程勘验,需要采取技术侦查措施的,应当依法经过严格的批准手续。"此外,《刑事案件电子数据规定》对网络监控获得的电子证据的效力作出了规定,其明确提出,通过网络在线提取的电子数据,可以作为证据使用。根据该条的立法意图,网络监控行为需要分为两种不同的情形,并规定有不同的规制模式。一种是将其作为技术侦查的下位概念,在此种情况下,对其的规制参照技术侦查的模式;另一种则将其归属于普通的侦查行为,对其的适用不需要经过严格的审批手续即可进行。2019 年,《电子数据取证规则》对这一"双轨制"的立法模式进行了确认。

从本质上来看,有必要将网络监控纳入技术侦查的范畴。首先,从实质性内涵来看,网络监控需要适用现代科学技术,符合技术侦查的基本属性。将其列入技术侦查的范畴,不会存在基本概念上的混淆与冲突。其次,从立法目的来看,对技术侦查施加特别的程序性规制,其目的在于更好地实现对权利的保障。网络监控的实施,涉及对公民网络通信的干涉和对公民通信内容的获取,对公民的隐私权具有极大的侵入性。在公民的个人信息权和隐私权日益受到关注的当下,有必要对其予以特殊保障,以更好地实现刑事司法与《中华人民共和国民法典》和《中华人民共和国个人信息保护法》(以下简称《个人信息保护法》)等的衔接。复次,从操作性层面来看,将网络监控纳入技术侦查的范畴,有利于减轻侦查机关不得不基于个案进行权衡的压力,且从

---

① 梁坤:《论网络监控取证的法律规制》,载《中国刑事法杂志》2009 年第 10 期。
② 《刑事诉讼法学》编写组:《刑事诉讼法学》(第四版),高等教育出版社 2022 年版,第 253 页。
③ 王威伟、郑雪峰:《局域网中网络监听与防范技术》,载《计算机工程与设计》2005 年第 11 期。

另一层面强化侦查人员的权利保障观念。

二、通过网络监控手段获取证据的合法性争议

通过网络监控手段获得的互联网电子证据,具有相关性和真实性,对其的质疑,主要在于合法性。对其合法性争议的回应,需要对现有法律程序性规定进行解读。

首先,从网络监控适用的案件范围来看,根据《公安机关刑事程序规定》,侦查机关在立案之后,根据侦查犯罪的需要,可以对五类严重危害社会的犯罪案件采取技术侦查措施,包括利用电信、计算机网络、寄递渠道等实施的重大犯罪案件,以及针对计算机网络实施的重大犯罪案件等。此外,根据《公安机关刑事程序规定》第 263 条第 5 项的规定,适用技术侦查的案件一般为严重危害社会的犯罪案件,依法可能判处 7 年以上有期徒刑。从实体法的角度出发,技术侦查仅限于在上述第 263 条规定的五类重大犯罪案件中使用。故此,如果将网络监控定为技术侦查的下位概念,则其适用范围极为有限;但若根据《刑事案件电子数据规定》和《电子数据取证规则》的立法模式,则网络监控的适用范围,几乎不受限制。从比较法角度而言,由于网络监控手段天然地具有入侵性,很多国家均对其适用范围作出了限定。如在大陆法系的代表性国家德国,网络在线搜查(Online-Durchsuchung)的使用极具争议性。仅当重大的法益有实在的危险时,才可适用网络在线搜查,并且该措施亦有时限。其中,重大的法益包括人的身体、生命和自由,以及国家安全和公共利益。[①] 对适用范围的限定,实则是对法益进行权衡后作出的选择。

其次,从网络监控适用的时间来看,应当是在"立案之后"。根据我国《刑事诉讼法》的规定,立案需要满足证明要件、责任要件及管辖要件。在立案之前的初查阶段,公安机关能够采取的措施极为有限,主要手段是对案件材料进行审查和核实。网络监控作为对公民权利干预性极强的措施,不得在初查阶段适用。若侦查机关在尚未进入立案程序时,冒然对可能的犯罪嫌疑人的网络予以监控,则有侦查手段违法之虞。从《刑事案件电子数据规定》的内容来看,其第 6 条明确规定:"初查过程中收集、提取的电子数据,以及通过网络在线提取的电子数据,可以作为证据使用。"这一条的规定,与《刑事诉讼法》对技术侦查适用时间的规定存在明显的冲突。

复次,从通过网络监控手段获取的电子证据的证据能力来看,根据《公安机关刑事程序规定》,采取技术侦查措施收集的材料在刑事诉讼中可以作为

---

① 宗玉琨译注:《德国刑事诉讼法典》,知识产权出版社 2013 年版,第 57 页。

证据使用。但需要注意的是,"采取技术侦查措施收集的材料在刑事诉讼中可以作为证据使用",仅仅是规定了其作为证据的可能性。在具体个案中,特定证据最终能否被采纳,仍然需要采取传统的证据三性审查模式,对网络监控的程序性问题进行审查。

三、网络监控手段的程序性规制及其不足

关于网络监控的程序性规制手段及其缺失,龙宗智认为,按照文义理解,通过网络在线提取电子数据的其他取证行为,即使包含记录监控等措施,并未要求按照技术侦查进行管理。如不明确设置技术侦查程序规制,其法律规制也不被列为证据合法性审查判断的内容,可能引发实践中的一系列乱象。① 事实上,在我国现有的立法框架下,即便将网络监控列入技术侦查的范畴,仍可能面临一系列的困境。

从程序的角度出发,对于技术侦查措施的限制主要有以下几点:

首先,是批准人员。根据《公安机关刑事程序规定》,采取技术侦查措施需要报设区的市一级以上公安机关负责人批准;人民检察院等部门决定采取技术侦查措施,交公安机关执行的,由设区的市一级以上公安机关按照规定办理相关手续。这意味着,在审查过程中,没有第三方主体的介入,公安机关可以自行决定是否采取相应的措施。侦查机关基于侦查效率的考量,难以有效兼顾相关主体权利保障的客观需求。

其次,技术侦查措施必须严格按照批准的措施种类、适用对象和期限执行。根据现有规定,批准采取技术侦查措施的决定自签发之日起3个月以内有效。但如果案件属于疑难、复杂案件,有效期限可以批准延长,但每次不得超过3个月。需要注意的是,但书的存在,事实上可以架空技术侦查措施的时间限制。从批准适用的措施种类来看,在个案中,仅能适用一种或同时适用多种措施,立法层面亦缺乏相应的规制。

再次,是适用对象。根据现有规定,技术侦查措施的适用对象是犯罪嫌疑人、被告人以及与犯罪活动直接关联的人员。该条规定的立法意图,是基于对适用人员范围的限制以防止技术侦查措施的滥用。但对于何为"直接关联人员",立法层面则语焉不详。从逻辑层面来看,只要是与犯罪活动有关联的人员,事实上均可被认定为技术侦查措施的适用对象。从实践层面来看,对此的判定,存在扩张之虞。

最后,是对技术侦查材料的销毁。《公安机关刑事程序规定》第269条规

---

① 龙宗智:《寻求有效取证与保证权利的平衡——评"两高二部"电子数据证据规定》,载《法学》2016年第11期。

定:"采取技术侦查措施收集的材料,应当严格依照有关规定存放,只能用于对犯罪的侦查、起诉和审判,不得用于其他用途。采取技术侦查措施收集的与案件无关的材料,必须及时销毁,并制作销毁记录。"对通过技术侦查措施获得的证据材料销毁的规定,有助于尽可能地减少因信息泄露而导致的对公民个人生活的影响。在网络时代,对数据的销毁尤显重要。

从上述分析可以看出,在我国现有的规定下,通过网络监控手段获取的互联网电子证据,只要符合技术侦查措施的限制,就具有合法性。关于应当如何报批、公安机关负责人依据何种标准作出决定,法律并未作出明确的规定。这就意味着,在我国,网络监控的采取与否,很大程度上取决于公安机关负责人的自由裁量。简而言之,看似严格的技术侦查的审批手续,实际并不周延。此外,我国对于相应的救济措施,亦未明确规定。

四、网络监控规制的比较法审视

从比较法的角度来看,不少国家对于网络监控,已经形成了相对较为完善的规制措施。比较法视角的分析,可为我国相关制度的构建和完善,提供相应的参照路径。本部分选取两个主要的代表性国家(美国和德国),分析其对网络监控采取的规制性措施。

美国网络监控手段的实施,主要遵循如下的程序要求[①]:(1) 侦查人员需要向检察机关提出申请,以获得授权向法院申请命令进行监控。只有检察长、特定指派的助理检察官或者副助理检察官才有权力决定是否准许这一申请。(2) 申请被批准之后,上交到法院由法院决定是否授予特定的命令。通常情况下,申请中需要注明如下信息:① 申请者以及授权者;② 指控的罪行的陈述;③ 被监控的设备;④ 被监控的特定交流;⑤ 被监控者的个人信息;⑥ 是否已经采取其他侦查措施以及措施的成效;⑦ 监控将要持续的时间。

法院在决定过程中,如果有合理的根据相信如下事项,就会签发相关的命令:(1) 个人实施了特定的犯罪[②];(2) 有关犯罪的信息可以通过监控获得;(3) 在犯罪实施过程中,被监控的设备作为犯意联络的工具;(4) 一般的侦查手段已经失败或者过于危险。在此过程中,如果被告人能够基于优势证明标准证明侦查人员有意或过失地使用了错误的信息以获取监控令,那么通过监控手段获取的证据将被排除。

在德国,1998年修改的《基本法》,对于网络监控问题作出了规定,即如果执法机构怀疑严重的犯罪活动可能危害个人或公共的安全,则其可以使用

---

① Notes:"Electronic Surveillance", 32 Ann. Rev. Crim. Proc. 54, 2003.
② 18 U. S. C. 2518(3)(a).

网络监控措施。① 德国对于网络监控的程序性规制，主要体现在德国《刑事诉讼法》第 100a 条和第 100b 条。首先，须符合一定的证明标准。侦查机关要采取网络监控这一措施，必须符合特定的证明标准，并且网络监控只能适用于特定的案件。从证明标准来看，网络监控的实施，必须有特定依据（particular grounds）证明特定人员实施了犯罪或即将实施相应的犯罪。从案件范围来看，必须是严重的犯罪，不仅包括人身性的犯罪，还包括经济类犯罪案件。② 其次，须符合最后手段性这一要件。在德国刑事诉讼中，采取网络监控措施的前提之一是为了查明案件事实，或是定位犯罪嫌疑人的行踪，穷尽其他手段都无法实现目的。再次，适用人员有严格的限制。实施网络监控的主体，仅限于犯罪嫌疑人，或是与犯罪嫌疑人曾经有过交流的人员，或者使用相同设备的人员。任何其他的个人，都不得对其适用网络监控。复次，第三方审批主体的介入。根据德国《刑事诉讼法》的规定，网络监控的审批一般由法官决定，但紧急情况下，也可以由检察机关审批，但需要由法官在 3 日内确认。命令在 3 个月内有效，视情况可以延长。最后，是对特殊领域个人数据的保护。为了保护个人隐私的核心领域，现有立法对此作出了特殊规定。核心领域主要包括内心的思想活动，如情绪、理念、观点以及具备高度个人属性的经历等。对核心领域的特殊规定不仅涉及数据的收集，还适用于后续对数据的分析和使用。如在德国的实践中，通常设置独立的数据检验人员，在数据提交给侦查人员以前，对核心领域的数据进行审查和筛选。③

五、我国网络监控程序性规制的完善

通过美国、德国两国的实践对比可以发现，从程序上而言，涉及监控措施的使用的，一方面，美国和德国均有中立的第三方的介入，且在法官介入之前，侦查人员首先需要进行内部的审批；另一方面，被告人在此过程中，对于程序有提出异议的权利，若特定的异议成立，则侦查人员获得的相关证据将作为非法证据被排除。通过上述两种手段的规制，能够最大程度上减少网络监控可能造成的对犯罪嫌疑人隐私权的侵犯。德国的规定更为细化，对核心领域的个人数据设置了更为特殊的保护。

互联网具有透明性，网络上包含着大量的个人隐私。通过网络监控手段

---

① Donald P. Kommers,"the Basic Law: A Fifty Year Assessment", 20 *German L. J.* 571, 2019.
② 在德国，严重犯罪行为是指最低刑罚是 5 年自由刑的犯罪行为。具体罪名包括叛国罪、盗窃罪、计算机诈骗罪、受贿罪等。
③ Ivan Skorvánek et. al.,"'My Computer Is My Castle': New Privacy Frameworks to Regulate Police Hacking", 2019 *B.Y.U. L. Rev.* 997, 2019.

对相关的互联网电子证据进行获取,会对公民的通信权和隐私权造成侵害。在此背景下,对于网络监控审批手段的细化,是发展的趋势。就我国现有的规定来看,我国对于网络监控的程序性规制,可从如下几个方面展开:

第一,中立的第三方的设置。有学者指出,从法理上而言,引入法院进行司法审查是最佳选择。但是,考虑到我国法官的整体状况以及法官的提前介入可能会导致之后纠错更为困难的司法现状,引入法官的司法审查制度仍需慎重。① 在我国的司法实践中,在尚无可能有独立的第三方完全介入的情况下,由检察官对技术侦查措施进行制约②,是较为可行的措施。首先,根据《刑事诉讼法》的规定,检察机关是我国的法律监督机关,通过检察机关对侦查机关的行为进行监督和审批,符合我国现行的法律框架;其次,在案件侦查阶段,检察机关对于案件证据的固定和收集并无直接的利害关系。作为相对独立的第三方,其更能以相对中立的视角,决定是否实施网络监控。

第二,最后手段性的明确。在我国现有的立法框架下,网络监控仅作为一种常规的侦查手段,其启动目的为"为进一步查明有关情况",启动要求为"必要时"。即便将其归为技术侦查,其启动要件仍是"根据侦查犯罪的需要"。网络监控的效率性已经得到世界各国的公认,主要争议点集中于均衡点的设定。从我国的立法表述来看,"最后手段性"的要素并不明显。强调"需要"而忽视"最后性",实质上仍然是侦查中心主义思维的体现。从美德的立法来看,美国将"一般的侦查手段已经失败或者过于危险"作为许可网络监控的一个必备要件;德国则直接强调"最后手段性"。上述要件的设置,其实质是为了限制网络监控的适用,将其作为最终的侦查手段。

第三,适用对象范围的厘定。我国对于"直接关联人员"的立法表述过于宽泛,缺乏统一的认定标准。"关联"意味着最小可能性,判定过程极具裁量性。从操作性的角度来看,德国的相应规制具有借鉴价值,除却犯罪嫌疑人外,其将人员范围限于与犯罪嫌疑人曾经有过交流的人员,或者使用相同设备的人员。在法国,涉及电话监听时,亦需明确需要截听的是哪些通话联系,同时确定截听的时间。③ 相较于"关联性"的模糊限定,"交流可能性"的认定

---

① 胡铭:《技术侦查:模糊授权抑或严格规制——以〈人民检察院刑事诉讼规则〉第 263 条为中心》,载《清华法学》2013 年第 6 期。

② 由检察官介入审批,属于一种准司法性质的授权。从比较法的角度而言,荷兰法的授权主体中强调检察官的核心作用,除进入私人住宅安装录制秘密联络与通讯仪器的行为需要得到预审法官的书面授权之外,其他秘密监控手段全部由检察官负责审核与授权。参见程雷:《秘密侦查比较研究——以美、德、荷、英四国为样本的分析》,中国人民公安大学出版社 2008 年版,第 508 页。

③ 〔法〕贝尔纳·布洛克:《法国刑事诉讼法》(原书第 21 版),罗结珍译,中国政法大学出版社 2009 年版,第 75 页。

更为客观。

第四,对敏感个人信息的特殊保护。《刑事案件电子数据规定》第1条对电子数据的实然样态作了列举性的规定。但从具体的规制举措来看,其并未对不同的信息作出不同的保护。《个人信息保护法》对敏感个人信息的保护作出了特殊的规制。根据《个人信息保护法》的规定,敏感个人信息是一旦泄露或者非法使用,容易导致自然人的人格尊严受到侵害或者人身、财产安全受到危害的个人信息,包括生物识别、宗教信仰、特定身份、医疗健康、金融账户、行踪轨迹等信息,以及不满14周岁未成年人的个人信息。在后续的修改中,为更好地实现刑事立法与《个人信息保护法》的衔接,有必要对网络监控获得的个人信息予以分类,在侦查阶段,尤其是初查阶段,对个人核心领域的信息进行特殊保护,设置专人对相应的信息进行筛选。

第二节 网络运营者的义务边界:义务冲突之下的进退维谷

网络运营者已经成为网络社会不可忽视的一个主体。"在'互联网+'的催化之下,传统刑事司法运行中的'国家——个人'关系之间出现了诸如网络服务提供商等的多个中间层。网络世界是信息世界,信息世界的核心是信息,当经过各种中间层渲染或变形之后,精准获取原始信息的难度大为提升,网络犯罪变得更加难以追踪和侦破。"[①]本部分将首先分析立法层面对网络运营者的义务的规定,而后描述网络运营者在司法实践中的立场态度,基于比较法的立场,对我国网络运营者的义务边界予以刻画。

一、网络运营者义务的法教义学分析

根据《中华人民共和国网络安全法》(以下简称《网络安全法》)的规定,网络运营者,是指网络的所有者、管理者和网络服务提供者。根据该法及其他法律条文的规定,在现有的法律框架内,网络运营者需要承担如下义务:

一是网络安全维护义务。网络安全已经成为困扰全球的难题。"随着技术进步和能力提升,新的隐患也不断涌现。"[②]就网络运营者的义务而言,这主要是指网络运营者应当按照网络安全等级保护制度的要求,采取特定的技

---

① 裴炜:《犯罪侦查中网络服务提供商的信息披露义务——以比例原则为指导》,载《比较法研究》2016年第4期。
② Mark Lanterman, "The Dark Web, Cybersecurity and the Legal Community", 46 *No. 4 Law Prac.* 44, 2010.

术措施,保障网络免受不当干扰和篡改。从具体的措施来看,主要包括内部规章制度的设置、技术措施的采取以及相关记录的留存等。从世界各国来看,基于各地的立法规定,除了确保网络安全的基本措施之外,各网络运营者承载越来越重的法定义务,以提供安全的网络环境。①

二是网络信息保护义务。具体而言,网络信息保护义务包括如下几个层面:首先,从前提上来看,网络运营者对个人信息的收集,应当遵循合法、必要等原则,并征得被收集者的同意;其次,从过程性来看,对个人信息的利用,要遵循知情同意原则,且网络运营者应当采取必要措施,对个人信息予以保护,防止其被篡改和泄露;最后,从救济性措施来看,若网络运营者未履行信息保护义务,则相关个人有权要求其对相关信息予以删除。此外,根据《中华人民共和国刑法》(以下简称《刑法》)第 286 条之一的规定,网络服务提供者不履行法律、行政法规规定的信息网络安全管理义务,经监管部门责令采取改正措施而拒不改正的,需承担刑事责任。基于民法和刑法的双重规制,网络运营者的网络信息保护义务的框架已经初步形成。

三是配合协作义务。我国《刑事诉讼法》第 54 条第 1 款对单位和个人如实提供证据的义务进行了规范。《网络安全法》第 28 条规定:"网络运营者应当为公安机关、国家安全机关依法维护国家安全和侦查犯罪的活动提供技术支持和协助。"《刑事案件电子数据规定》第 13 条亦对此作出了明确的规制,该条规定:"调取电子数据,应当制作调取证据通知书,注明需要调取电子数据的相关信息,通知电子数据持有人、网络服务提供者或者有关部门执行。"从规范层面来看,网络运营者向公安司法机关提供证据属于其应尽的义务。在司法实践中,当需要获取相关的互联网电子证据时,侦查人员通过出具证据调取通知书的方式,要求网络运营者提供证据(如淘宝公司、网易公司等)。

需要注意的是,看似完备的立法,事实上仍然存在缺失和有待改进之处。

第一,对配合义务的规定过于模糊。为侦查犯罪活动的需要,网络运营者应当提供协助,但提供协助的程度和范围,现有规定并未明确。从现有立法来看,侦查机关在调取相关证据时,需要注明调取的电子数据的相关信息。但对于"相关信息"的外延,规则并未予以明确。此外,侦查机关在要求提供相应的证据时,是否应该满足一定的证明标准,其是否需要对网络信息涉及的人员作出限定,立法层面亦未加以规范。

第二,新兴技术与现有规则之间衔接不畅。笔者根据访谈了解到,不少互联网公司利用自身开发的犯罪预测模型,向公安司法机关移送相应的犯罪

---

① Stefan Hessel and Andreas Rebmann, "IT Security Regulation in Germany—Current State and Outlook on Legal Obligations for Companies", 24 No. 4 J. Internet L. 1, 2020.

线索,以更好地打击网络黑灰产业链。但如此超前的技术与公安司法机关现用的技术之间,存在天然的鸿沟。立法规定亦未对基于数据模型分析得出的结论的证据能力予以规范,导致相应线索信息在司法实践中面临尴尬的境地。此外,"协助"具有消极的内涵,在犯罪侦查过程中,公安机关处于绝对的主导地位,亦决定了侦查程序的流程。但犯罪预测等模型的使用,有可能造成立案程序中主客体关系的越位,从而导致技术和资本绑架刑事程序的运行。

二、网络运营者义务的实践面向及其张力

立法层面对网络运营者的义务作出了大致的规划。从实践层面来看,网络运营者义务存在异化的倾向,由此会导致一系列不利的后果。具体而言,网络运营者义务的异化主要体现在如下几个方面:

一是平台自由与平台义务之间的张力。在网络时代,平台法律义务的扩张已经成为既定的事实。在协同共治的理念下,网络平台甚至已经成为"同政府相分庭的网络'共治主体'和'无形之手'"①。传统社会大量需要由政府行使的职能,开始转嫁于平台。然而,平台作为一个商业主体,具有逐利的内在动机。平台自治过程中,存在对个人隐私的僭越等方面的乱象。② 对此,需要对平台自治、平台监管、平台义务作出相对明确的界分。平台自治涉及平台自身对事务性事项的处理,平台监管涉及政府部门对平台本身运行情况的监控,平台义务则涉及在整体社会治理进程中,平台应当承担的社会职责。

二是平台过度配合导致的隐患。网络运营者基于各自目的,收集了海量的个人信息。在网络犯罪发生时,平台中的记录成为案件处理的重要线索。"公众向网络运营商披露了大量的个人信息,包括其所访问的网站,其所交流的人员,其所发送的邮件,其所储存的文件等,这导致执法机关更频繁地去获取上述数据。"③司法实践中网络服务商积极配合的态度,有可能导致两个层面的不利后果。第一,会导致用户的隐私权无法得到充分保障。平台有求必应的态度,是对其配合义务的充分履行,但不加区分地提供个人信息,会致使执法机关过度收集公民的个人信息,引发合法性质疑。第二,亦会使得平台自身不堪其累。网络运营者向侦查人员提供证据的过程中,亟需明确特定的界限,以使侦查机关、网络运营者以及网络用户之间的权利和义务达到平衡。

---

① 于冲:《网络平台刑事合规的基础、功能与路径》,载《中国刑事法杂志》2019 年第 6 期。
② 张兆曙、段君:《网络平台的治理困境与数据使用权创新——走向基于网络公民权的数据权益共享机制》,载《浙江学刊》2020 年第 6 期。
③ Michael C. Pollack, "Taking Data", 86 $U.\ Chi.\ L.\ Rev.$ 77, 2019.

三是平台共建引发的争议。从实践来看,各地纷纷出现公安司法机关与网络运营商共建数据平台,开展警企合作的情况。① 从合作的内容来看,包括犯罪线索的推送、数据的研判、联席会议的召开等。在数据平台的运营和操作过程中,网络运营者基于数据掌控和技术研发的双重优势,在犯罪线索初查环节,占据事实上的主导地位,与其"协助"的功能定位有所背离。从《网络安全法》的规定来看,对个人数据的利用,需要遵循知情同意原则。不同于侦查机关锁定犯罪嫌疑人后,对特定人员信息的调取属于网络运营者的应尽义务。网络运营者对公众个人信息的研判,事实上构成对个人信息的过度使用;向公安司法机关无偿提供个人信息,更是模糊了公权与私权之间的界限,使得公众权利的保障陷于飘摇的境地。

三、网络运营者义务的比较法审视

从不少典型国家的规定来看,网络运营者的司法协助义务已经得到确立。但在规定的细化程度、规制的重点等方面,各国则显示出不同的立场和态度。

(一)网络运营者电子数据提供义务的规制

以美国为例,从网络运营者的态度来看,美国的网络运营者极为注重对被告人隐私的保障。如在 San Bernardino 一案中,苹果公司拒绝与 FBI 合作,为犯罪嫌疑人的手机解锁。而后,Facebook 和 Twitter 相继表态,支持苹果公司的决定。②

从网络运营者的态度来看,以美国的 Comcast 公司③为例,其制定了侦查人员获取证据需要遵循的规则:(1)侦查人员必须确认特定的 IP 地址属于 Comcast 公司所有。(2)侦查人员必须确定其所需要的数据属于订阅者信息、交易往来数据抑或是内容信息。根据需要的信息不同,侦查人员需要提供不同的令状,如法庭传票、法庭命令或搜查令。(3)侦查人员的要求必须包括 IP 地址、电子邮件地址、电话以及相关的信息,以便 Comcast 公司作出回应。(4)侦查人员必须提供其所需要的所有事件发生的时间和日期。(5)侦查人员必须确保,根据现有的法律和规定,所有的程序性以及实质性

---

① 2018 年,浙江省杭州市公安局余杭区分局与阿里巴巴集团安全部签署警企战略合作协议,在智慧警务、数据警务等方面开展合作。
② 参见"Facebook and Twitter' stand with Apple in phone encryption battle with FBI",http://www.telegraph.co.uk/news/worldnews/northamerica/usa/12164312/Apple-ordered-to-help-FBI-into-San-Bernardino-gunmans-phone.html(2016 年 9 月 27 日最后访问)。
③ Comcast 是美国一家网络服务提供商。

要件都已经得到了满足。(6)在紧急要求的情况之下,侦查人员必须确保有足够的理由以确保紧急获取的正当性。(7)侦查人员必须确保所有的联系信息都是正确的。①

相较于美国和其他欧洲国家,从总体上来看,德国对个人隐私而非公共安全赋予了更多的权重。② 根据德国《基本法》第 10 条的规定,公民个人的通信、通讯自由不可侵犯。对其的限制只能诉诸法律规定。如果该限制是用于保护德国的民主制度,或保证联邦的存续,或国土的安全,法律可以规定受影响的个人应该被告知该限制,且其不得向法院起诉,而只能由立法机构或立法机构的附属机构基于个案进行审查。就网络运营者的义务而言,德国立法允许平台在 24 小时内删除违反法律及被用户举报的内容,在事实内容需要进一步厘清的情况下,则给予平台 7 天时间。③

另外,德国《刑事诉讼法》对提取基本数据信息和提取电信通讯数据的程序作出了区分。若仅涉及提取基本数据(个人姓名、出生日期、住址、手机密码等),则所受的程序性规制相对较少,在犯罪情节轻微的情况下侦查人员就可以要求网络运营者提供上述信息。若提取的信息属于电信通讯数据,则需要根据犯罪的严重性采取不同的措施。犯罪嫌疑人实施了重大的犯罪行为的,为查清案情,即允许提取电信数据;犯罪嫌疑人若是借助电信通讯实施犯罪行为,则仅当其他方式无望,且提取数据与案件的重大性成适当比例时,才准许采取措施。④ 从上述规定可以看出,德国对于公民个人信息的保护,出台了阶梯性的规制举措。立法中衡量的因素,涉及公民信息的种类、犯罪行为本身的严重程度以及其他措施的可替代性。基于对上述各个因素的评估,从而实现对公民个人信息的保护,以及对网络运营者义务的施加。

此外,从德国网络运营者的态度及可能面临的后果来看,在不少情形下,网络运营者并不愿意向侦查机关提供相应的证据。根据德国《通信法案》的规定,在没有成文法明确授权的情况下,向政府机关披露用户的内容信息,系对其通信秘密保护义务的违背。此外,在没有成文法,如德国《通信法案》、德

---

① Tommy Umberg and Cherrie Warden, "The 2013 Salzburg Workshop on Cyber Investigations: Digital Evidence and Investigatory Protocols", 11 *Digital Evidence & Elec. Signature L. Rev.* 128, 2014.
② Sophia Dastagir Vogt, "The Digital Underworld: Combating Crime on the Dark Web in the Modern Era", 15 *Santa Clara J. Int'l L.* 104, 2017.
③ Samantha Greenfield, "Social Media Platforms: Preserving Evidence of International Crimes", 2 *Int'l Comp. Pol'y & Ethics L. Rev.* 821, 2019.
④ 宗玉琨译注:《德国刑事诉讼法典》,知识产权出版社 2013 年版,第 73—76 页。

国《数据保护法》明确授权的情形下,网络运营者也不得披露个人数据。①

各国对于隐私权保障态度的不同,有其历史背景和经济发展程度的影响。以中美两国为例,二者存在差异的原因可从如下几个层面展开:首先,从隐私权这一概念产生的时间来看,美国首次出现这一概念,是在 1890 年的《哈佛法律评论》,当时 Warren 和 Brandeis 发表了《论隐私权》("The Right to Privacy")一文;反观中国,对隐私权有所涉及的法律,最早是 1982 年《中华人民共和国宪法》的规定。② 从起源上来说,中国比美国相关制度的设置晚。其次,从公众的态度来看,美国历来强调个性的张扬,对自身的隐私权方面极为看重;而在中国,很长一段时间内,强调的是集体利益,推崇个性的趋同。两种不同理念之下培育出的公众,其对于隐私权的态度极为不同。最后,从经济发展的水平来看,通过对历史的梳理可以发现,隐私权这一概念的发展,与经济社会的发展水平密切相关。经济越发展,隐私权的保障就越高。在原始社会,鸡犬相闻,人与人之间,没有隐私可言。隐私权是现代社会的产物。而从经济发展的水平而言,不同国家之间,存在较大的差异。

(二) 公私平台共建与数据共享

为更好地应对复杂网络犯罪对现有法律体系的挑战,公私平台共建在不少国家出现,成为全球性的趋势。在美国,2012 年,白宫网络安全办公室、美国国土安全部与私人合作以更好地打击僵尸网络犯罪;2013 年,FBI 与微软公司合作,成功消解堡垒僵尸网络。③ 2018 年,世界经济论坛网络安全中心成立,以更好地推进网络犯罪领域的公私合作。

不同于一般领域的公私合作中,政府部门占据绝对的主导地位;公私平台的运营过程中,网络运营者基于技术和数据的垄断,存在功能越位之嫌。从各国的实践来看,公私平台的建立也引发了一系列的争议。首先,是对公权力和私权利的限制不一。从美国的实践来看,通过正当程序原则和非法证据排除等救济制度的设置,立法对公权力机关施加了一系列的程序性规制。公权力机关的违法取证存在较大的机会成本。但上述限制并不适用于私主体。在公私平台共建和具体运营的过程中,可能导致的一个结果是,公权力

---

① Winston Maxwell & Christopher Wolf, "A Global Reality: Governmental Access to Data in the Cloud", https://www.hoganlovells.com/-/media/hogan-lovells/pdf/publication/revised-government-access-to-cloud-data-paper-18-july-12_pdf.pdf(2022 年 9 月 22 日最后访问)。
② 1982 年的《中华人民共和国宪法》并无直接关于隐私权的界定。但其中的三个条款,被认为是包含隐私权的内涵,主要条文包括第 38 条、第 39 条以及第 40 条。
③ Catherine Pelker et. al., "Computer Crimes", 52 *Am. Crim. L. Rev.* 793, 2015.

机关借助网络运营者实现对其法定义务的规避。①

其次,公权力机关难以实现对网络运营者的有效监控。以往的公私合作模式中,政府有能力掌控合作的全过程,决定合作的时间和限度等。但在公私平台共建的背景下,由于技术能力的缺失,公权力机关事实上无法对合作的模式、持续的时间、网络运营者在平台中的准确定位等进行有效的管理。网络运营者作为逐利的市场主体,监管的不足加剧了其失范的可能性。在平台运营中,网络运营者自行决定其定位、履职的方式、对公法价值的融入,以及对不同竞争性价值的考量等。② 算法黑箱的客观存在、商业秘密保护的合法外衣,以及正当程序等诸多价值本身的模糊性,导致公私平台共建中信息的鸿沟难以逾越。

(三) 长臂管辖原则及其适用

基于跨境向网络运营者调取证据的现实需求,美国等国家开始发展出长臂管辖原则。2018 年,美国发布《澄清域外合法使用数据法案》(以下简称美国《云法案》)③,对美国向境外公司调取证据的权力作出了规制。该法案在微软案的背景下出台。在微软案④中,根据美国《储存通信法案》签发的搜查令,授权了对特定邮箱账号中信息的搜查和扣押。但网络运营者不认可搜查令的效力,因为其要求微软出示其储存于爱尔兰的服务器上的信息。该案的争议点在于,当政府基于美国法律获得搜查令后,美国的网络运营者是否必须向政府出示在其控制下但储存于国外的信息。在该案中,法院最终认定,基于美国《云法案》的实施及其对美国《储存通信法案》的内容的修改,双方当事人之间已经没有事实上的争议。

从美国《云法案》的立法背景来看⑤,其是为了解决司法实践中的现实难题而设立。美国《云法案》的立法背景主要包括如下几个方面:首先,从前提上来看,及时获得相应的由网络运营者储存的数据,对于共同打击严重犯罪和保护公共安全是极为必要的;其次,从现实情况来看,当网络运营者掌握的相关数据储存于美国的司法管辖范围之外时,美国政府机构的相关努力经常受阻;再次,从互惠的角度来看,其他外国政府也面临相应的困境,其为打击犯罪需要寻求的数据由美国政府掌握;最后,从网络运营者的视角来看,当美

---

① Dominique Custos & John Reitz, "Public-Private Partnerships", 58 *Am. J. Comp. L.* (*Supp.*) 555, 2010.
② Kristen E. Eichensehr, "Public-Private Cybersecurity", 95 *Tex. L. Rev.* 467, 2017.
③ Clarifying Lawful Overseas Use of Data Act.
④ United States v. Microsoft Corp., 138 S. Ct. 1186, 200 L. Ed. 2d 610 (2018).
⑤ 参见美国《云法案》第 102 条。

国与其他国家关于电子证据出示的规定不一致时,其经常面临冲突性的义务。

从具体内容来看,长臂管辖原则主要有以下几个方面的内容:首先,是适用范围。美国《云法案》不仅仅适用于在美国注册成立的公司,只要该公司在经营活动中与美国有足够的联系,即可引发美国对其的管辖权。其次,是具体标准的认定。美国《云法案》采用数据控制者的标准。根据美国《云法案》第103条的规定,网络运营者必须按照该法的规定保存或披露相关的信息与交流的内容,只要该信息处于网络运营者的控制或保管之下,不管上述记录或信息是否位于美国境内。最后,外国公司可以调取位于美国的数据,但前提是符合特定的资格。根据美国《云法案》第105条的规定,认定的标准主要在于,外国政府的国内法,包括该法的实施,是否赋予对该国公民隐私和自由足够的实体性和程序性保护。

从美国司法部对该法的评论来看,其认为该法案的出台是为了确保对信息的合法获取,具体而言:该法案确保其内容与长期以来公众对美国法治的理解相一致;绝大多数国家要求对数据的披露,无论其位于何地,这与《布达佩斯公约》(Budapest Convestion)的内容相吻合;确立美国向位于境外的网络运营者获取数据的权力,可以使得美国更有能力基于司法互助协定履行来自别国的请求;此外,该法案并未扩张美国的侦查权限,亦不会导致美国对其他新主体的管辖权扩张。①

美国《云法案》为向境外的网络运营者获取证据的权限厘定和程序规制,提供了一种可供参照的范式。从美国司法部的立场和态度来看,其希望美国主导的数据跨境流动模式,能够得到其他国家的认可和加入。如在确定何国可以作为美国《云法案》协议缔约国时,美国会考量一系列的因素,包括该国对网络犯罪和电子证据的实体法和程序法规定;该国对法治原则和非歧视原则的落实程度;该国对国际人权义务的遵守程度;该国对电子证据收集、保管、使用和分享的法定程序;该国收集和使用电子证据的透明程度等。② 但单个国家制定的法律,不可避免地显示出其在该事项中的国家利益。以美国《云法案》为例,全球的数据,只要其处于美国的网络运营者的控制之下,则在刑事案件侦查过程中,美国政府即可对上述数据进行获取,这导致美国政府

---

① See Promoting Public Safety, Privacy, and the Rule of Law Around the World: The Purpose and Impact of the CLOUD Act, available at https://www.justice.gov/dag/page/file/1153436/download(2021年1月15日最后访问)。
② See Promoting Public Safety, Privacy, and the Rule of Law Around the World: The Purpose and Impact of the CLOUD Act, available at https://www.justice.gov/dag/page/file/1153436/download(2021年1月15日最后访问)。

事实上对全球范围内的绝大多数数据享有控制权,突破了以往司法实践中的数据属地原则。网络新秩序的构建中,涉及各国对网络领域主权的宣示和价值观的输出,需要综合各种要素后予以决策和考量。

四、网络运营者义务的程序性规制

在现代社会,没有任何事项像网络运营者这样,对公众的隐私造成如此巨大的威胁。网络运营者承载着用户的对话、秘密、关系、行为等信息。① 故此,有必要对网络运营者的程序性义务予以厘清。

首先,从技术与规制的视角而言,应当赋予网络运营者一定的灵活性。"有效的网络安全规制,可以促使平台持续更新其网络安全的举措。与此同时,其并不对网络平台施加过度或过于繁琐的要求,为网络平台灵活与个性化措施的出台提供空间,由此促进其灵活性,并促进其可适用性。"②一方面,在现有立法原则框架下,尽可能尊重平台的自治权限,激发其创造力,以更好地履行其法定义务;另一方面,对于平台对个人信息的不当处置,则应予以规制。从世界各国来看,企业合规问题越来越受到关注。"我国大数据公司应当在配合监管调查和积极进行自我披露的基础上,在大数据运营方式和个人信息保护方面开展合规体系的建设。"③通过激励和惩罚双重机制的设置,实现对公民个人信息的充分保护。

其次,从互联网电子证据提供的视角来看,有必要赋予侦查机关更多的程序性义务。在我国现有的司法实践中,侦查人员仅需要明确其所需要收集的特定账号的名称,而不需要明确所涉信息的时间。由于现有规定较为粗糙,对被告人的隐私权以及通信自由权造成了极大的侵害。为更好地处理侦查人员收集证据、网络运营者提供证据以及犯罪嫌疑人隐私保护三者之间的关系,现有的法律规定至少可以从以下几个方面进行细化:(1)侦查人员必须明确指出其所需要调取的互联网电子证据的时间和范围。以电子邮件为例,侦查人员在向互联网公司调取电子邮件时,不仅需要明确其所需要调取的邮件账号,亦需要指出特定账号在特定时间内的邮件信息。上述信息,需要在证据调取通知单中予以明确。(2)根据可能牵涉到的被告人隐私权的不同,设置不同的审批程序。根据现有的规定,公安机关向有关单位和个人

---

① Paul Ohm, "The Rise and Fall of Invasive Isp Surveillance", 2009 *U. Ill. L. Rev.* 1417, 2009.
② Christian Calliess and Ansgar Baumgarten, "Cybersecurity in the EU the Example of the Financial Sector: A Legal Perspective", 21 *German L. J.* 1149, 2020.
③ 陈瑞华:《企业合规基本理论》,法律出版社 2020 年版,第 139 页。

调取证据,需要经过办案部门负责人批准。① 但在某些可能严重侵犯被告人隐私权的情况下,公安机关向有关单位和个人调取证据时,需要经过公安机关负责人批准。以电子邮件为例,若仅需要特定邮件账号的往来记录,办案部门负责人批准即可;若需要查看特定邮件账号的具体内容,则需要更上一级的负责人批准。与此同时,当证据调取通知书存在程序上的瑕疵时,需赋予网络运营者一定程度上的拒绝权。

再次,从公私共建平台的功能定位和职责区分来看,需要进一步落实知情同意的原则要求。"数字社会的架构,无论是横向的场景分布或纵向的分层维度,平台搭建、数据利用、算法设计等整个数字社会的运行都需要依靠科技规则与契约规则予以保障。"②根据《世界人权宣言》的规定,任何人的私生活、家庭、住宅或通信不受干涉。公私共建平台对任何人个人信息的不当获取,属于对公民私权的不当侵入;公私共建平台针对的主体属于普通公众,对其信息的获取限度尤其应当予以规制。从我国现有的立法框架来看,知情同意原则要求对于公民个人信息的处置,公民个人知情且同意。在公私共建平台的运营过程中,首先应当确保公权力机关的主导地位,明确公私共建平台的功能是基于对个人信息的获取以实现犯罪预防及犯罪侦查等目的。与此同时,"国家行为原则确保国家不得藏匿于私主体的背后以实现其目的,人权法则阻止对权力的宽泛委托"③。其次,私主体的助力主要体现在两个方面:一是技术性的协助,即提供共建平台所需的算法和模型;二是未涉密信息的共享。对算法和模型中数据的使用,应当征得数据所有权人的同意,防止平台基于技术的鸿沟实现对公民个人信息的过度收集和不当利用。

最后,从网络运营者的涉外义务来看,需要分情形予以处理。第一种情形是外国政府请求我国的网络运营者提供相应的电子证据。第二种情形是我国请求外国的网络运营者提供电子证据。从立法层面来看,《中华人民共和国国际刑事司法协助法》(以下简称《国际刑事司法协助法》)对该问题进行了规制。就具体的程序而言,我国请求外国网络运营者提供相应电子数据时,主要是制作刑事司法协助请求书并附相关材料,经所属主管机关审核同意后,由对外联系机关及时向外国提出请求。与此同时,请求外国协助调查取证时,办案机关可以同时请求在执行请求时派员到场。外国政府请求我国网络运营者提供相应的电子证据时,遵循类似的逻辑。在我国现有的司法协

---

① 参见《公安机关刑事程序规定》第62条规定。
② 〔荷兰〕玛农·奥斯特芬:《数据的边界:隐私与个人数据保护》,曹博译,上海人民出版社2020年版,第13页。
③ Molly K. Land, "Against Privatized Censorship: Proposals for Responsible Delegation", 60 *Va. J. Int'l L.* 363, 2020.

助模式下,数据权属遵循属地原则。① 但各国都基于自身的主权立场,对网络运营者的义务作出了规制。从全球范围来看,网络空间的规制和治理,尚缺乏统一的框架。在互联网电子证据取证领域,对于中国的网络运营者而言,其应当贯彻落实数据属地原则,严格遵从《国际刑事司法协助法》及中国签署的国际条约的规定。

第三节 网络诱惑侦查:个体特定化的前置性约束

一、问题的提出

21世纪是互联网的世纪。然而,互联网在便利公众生活的同时,亦成为滋生犯罪的土壤。事实上,"每个科技都有潜在的犯罪条件,提供操纵和允许违法犯罪的机会"②。网络的匿名性以及网络犯罪活动的高危害性,使得侦查机关不得不采取一系列的技术手段加以应对。在陈小春等生产、销售有毒、有害食品案中,侦查人员为获得相关的产品进行检验,通过其淘宝账号向被告人开设的淘宝商铺购买减肥药产品。③ 从比较法的角度来看,在美国网络儿童色情犯罪案件中,时常有侦查人员通过设立儿童色情网站、伪装成未成年人以鉴别潜在的犯罪者并进行起诉。④借由诱惑侦查的实施,美国甚至钓出了全球最大的网络黑市。⑤ 网络技术的发展,使得诱惑侦查的成本急剧下降,亦使得诱惑侦查出现了一些新的形式,亟需现有立法加以应对。那么,对于网络诱惑侦查,应当如何进行判定?传统的诱惑侦查的判断标准,在网络时代是否仍然适用?对于网络诱惑侦查的实施,又该进行怎样的规制?本部分拟对上述问题进行探究。

---

① 我国《网络安全法》第37条规定:"关键信息基础设施的运营者在中华人民共和国境内运营中收集和产生的个人信息和重要数据应当在境内存储。因业务需要,确需向境外提供的,应当按照国家网信部门会同国务院有关部门制定的办法进行安全评估;法律、行政法规另有规定的,依照其规定。"从该条的规定可以看出,我国立法层面对于数据权属问题,遵循属地原则。
② 〔瑞士〕索朗热·戈尔纳奥提:《网络的力量:网络空间中的犯罪、冲突与安全》,王标等译,北京大学出版社2018年版,第31页。
③ (2014)温瑞刑初字第1850号。侦查人员通过上述手段获取的产品,在本案中被作为证据使用,被告人亦未提出异议。
④ 如在U. S. v. Rutgerson案中,侦查人员Mauro在backpage.com这一网址上发布广告,并使用特定的语词,如"petite""young"以暗示其未成年人的身份。而后,被告人Rutgerson对广告进行回复,并与侦查人员伪装的未成年人进行交流。在赴约途中,被告人被逮捕。其后,被告人提出诱惑侦查的辩护。See 822 F. 3d 1223(2016)。
⑤ 参见新华网:《揭全球最大网络黑市:提供雇凶等服务 设互评机制》,http://www.xinhuanet.com/world/2015-02/14/c_127495224.htm(2019年2月28日最后访问)。

二、网络诱惑侦查的概念与体系界定

对于传统诱惑侦查的界定,理论上已无过多的争议。一般认为,传统的诱惑侦查是指侦查人员设下圈套诱使犯罪嫌疑人实施犯罪行为,然后将其抓获。① 从该界定中可以看到,在传统诱惑侦查中,实施主体为隐匿身份的侦查人员,特定情形下,侦查人员指派的有关人员,亦可成为诱惑侦查的实施主体;行为要素是圈套设置,其实施基本通过面对面交流的方式进行;目的指向是抓获"可能的"犯罪嫌疑人,因侦查机关尚未知晓特定人员是否已实施某种犯罪行为。事实上,"多数国家的立法结果表明,尽管对诱惑侦查在法理上的正当性并未给予充分的回应与证成,但都基于功利主义策略,本着保障人身权与维系社会安全的需要,通过容许运用欺骗手段来弥补由于强制侦查手段受到愈发严厉的程序控制而引发的警察权效能下降"②。诱惑侦查这一制度自其产生之时起,就带有强烈的功利主义色彩,故对其的规制,成为逻辑上的必然结果。

从概念层面来看,相比于传统的诱惑侦查,网络诱惑侦查具有两种典型样态:其一,侦查活动指向的对象是网络犯罪。在该类型的犯罪下,因为犯罪主体活动在网络上实施,故侦查人员基于网络这一犯罪载体对犯罪嫌疑人进行"引诱",典型如暗网交易、网络著作权犯罪行为以及网络层面的非法经营行为等。其二,网络成为侦查人员实施诱惑行为的手段。在此种类型中,网络并非实施犯罪的载体,而仅作为侦查人员隐匿身份进行交流的手段。该种犯罪侦查行为,具有显著的"线上交流+线下抓获"的特性,典型如侦查人员利用网络对恋童癖人员进行鉴别与抓捕。此外,传统的诱惑侦查行为,如对于毒品犯罪案件的诱惑侦查,亦可借由互联网这一平台实施和完成。在本书的语境下,网络诱惑侦查采取较为广义的界定,其是指侦查人员借由网络这一载体隐匿身份并设置圈套,诱使相关人员实施线上或线下的犯罪活动,而后将其抓获的行为。

从诱惑侦查的体系性定位来看,理论界与实务界发生了不小的分歧。以《刑事诉讼法》文本为例,其在第二编第二章第八节规定了技术侦查措施,具体条文包括第 150 条到第 154 条。其中,第 153 条是对诱惑侦查的规制。从对文本的解读可以明确看到,至少在立法者看来,诱惑侦查从属于技术侦查措施的范畴。然而可惜的是,在对诱惑侦查进行具体解读时,不少代表性观

---

① 陈光中主编:《刑事诉讼法》(第七版),北京大学出版社 2021 年版,第 325 页。
② 程雷:《诱惑侦查的程序控制》,载《法学研究》2015 年第 1 期。

点对该条规定持保留意见,如权威学者认为技术侦查的外延无法囊括秘密侦查①;全国人大常委会法制工作委员会在对该条款进行解读时,亦认为"这些侦查手段虽在本节中规定,但不属于技术侦查措施,而是一种特殊的侦查措施"②。两种截然不同的解说,其关键在于对"技术侦查"一词的外延的具体认知。现有《刑事诉讼法》并未对技术侦查的内涵进行明确界定,立法层面的回避导致实务中的混乱。从理论层面来看,一般认为,技术侦查是采取一定的科学技术手段获取案件信息、证据和缉拿犯罪嫌疑人等侦查行为的总称。③ 从该界定可以看出,对"技术侦查"这一概念的限定,其核心在于运用科学技术手段。在传统的司法实践中,诱惑侦查大都适用于毒品犯罪、走私犯罪等类型的犯罪活动中。与此同时,在诱惑侦查的具体操作过程中,"技术性"色彩极为淡化,更多的是强调"策略性"和"秘密性",技术侦查和秘密侦查并列的学术观点,由此生成。

从本质上来看,网络诱惑侦查是秘密侦查的一个下位概念,但其本身又具备"技术性"要素,在具体适用过程中,网络诱惑侦查与技术侦查有时存在交错的关系。一方面,将网络诱惑侦查定位为秘密侦查的一种形式,是对法律体系的遵守。"所有的法律都主张正当的权威,只有它是能够拥有权威的事物时,才能够一贯地主张拥有正当的权威。"④在现有的刑事诉讼立法模式之下,将网络诱惑侦查界定为秘密侦查的下位概念,属于对法律的体系性解释和对立法原意的遵从,亦无涉于对法条目的的背离。另一方面,网络诱惑侦查本身的特性使得其与技术侦查存在交互的可能性。根据《公安机关刑事程序规定》第 264 条第 1 款的规定,技术侦查措施主要包括记录监控、行踪监控、通信监控和场所监控等措施。网络诱惑侦查的实施过程,不同于传统诱惑侦查的实施,侦查机关设置圈套的行为在网上完成,而后经由对通信的监控实现对场所和行踪的监控,故此其可落于技术侦查措施的范畴之内。此外,《公安机关刑事程序规定》第 263 条对可以采取技术侦查措施的案件范围进行了列举,其第 1 款第 4 项为"利用电信、计算机网络、寄递渠道等实施的重大犯罪案件,以及针对计算机网络实施的重大犯罪案件",这一项规定,将本书所指的网络诱惑侦查的第一种典型样态,完全囊括在内。无论从立法论,还是功利主义的视角出发,将网络诱惑侦查的定位予以明确,有助于为后

---

① 陈光中主编:《刑事诉讼法》(第七版),北京大学出版社 2021 年版,第 325 页。
② 郎胜主编:《中华人民共和国刑事诉讼法释义》(最新修正版),法律出版社 2012 年版,第 334 页。
③ 陈光中主编:《〈中华人民共和国刑事诉讼法〉修改条文释义与点评》,人民法院出版社 2012 年版,第 212 页。
④ 〔英〕哈特:《法律的概念》(第三版),许家馨、李冠宜译,法律出版社 2018 年版,第 33 页。

续规范的适用提供前提性依据。

三、传统诱惑侦查的规制模式及其不足

我国《刑事诉讼法》第153条对侦查人员实施诱惑侦查的底线进行了界定,即"不得诱使他人犯罪,不得采用可能危害公共安全或者发生重大人身危险的方法"。基于该条的规定,传统上对于诱惑侦查的判断,采用"机会提供型"和"犯意诱发型"两分法的模式。对于"犯意诱发"和"机会提供"的具体厘定,则存在主观审查和客观审查路径之争。在网络时代,主客观的审查路径,正面临越来越多的争议。

(一)传统诱惑侦查的规制模式:主观与客观的双重审查路径

在美国,诱惑侦查辩护最先起源于19世纪末的系列案件。在Price v. United State(1897)[1], Rosen v. United State(1896)[2], Goode v. United State(1895)[3], Grimm v. United State(1895)[4]等案件中,被告人对其传播淫秽物品罪的定罪进行上诉。上诉者认为政府诱使其进行犯罪,若无政府的诱惑行为,上述罪行不会发生。最终,法院对上述罪行进行了确认。在判决中,法院虽未明确指出诱惑侦查辩护,但其却为之后诱惑侦查辩护的发展奠定了基础。

现代真正意义上的诱惑侦查辩护,起源于1932年的Sorrells v. United States[5]一案。在该案中,卧底警察与Sorrells在其家里会面并要求购买威士忌酒。在Sorrells回复其并无威士忌酒后,两人开始回忆"一战"情形。之后不久,卧底警察再次提出购买威士忌,Sorrells取出一些样品。其后,Sorrells因持有威士忌被逮捕和起诉。也正是在该案中,诱惑侦查的主观性审查和客观性审查路径得以确立。确立诱惑侦查辩护的目的,主要有两个:其一,是为了避免守法公民因侦查机关使用欺骗性侦查技术而导致的犯罪;其二,是为了确保侦查机关在使用欺骗性侦查技术时,能够合理地分配资源。[6] 主观和客观审查路径的确立,是为了防止警察权力的滥用,并且避免无辜的公民因侦查人员行为而导致犯罪。

---

[1] 165 U. S. 311 (1897).
[2] 161 U. S. 29 (1896).
[3] 159 U. S. 663 (1895).
[4] 156 U. S. 604 (1895).
[5] 287 U. S. 435 (1932).
[6] Jennifer Gregg, "Caught in the Web: Entrapment in Cyberspace", 19 *Hastings Comm. & Eny. L. J.* 157, 1996.

主观审查路径，又称为"联邦审查路径"或"Sherman-Sorrells 原则"，其在 Sherman v. United States①以及 Sorrells v. United States②案中为绝大多数美国联邦最高院法官所支持。在主观审查路径之下，主要采取"两步走"的测试：首先，法官需要判定特定的罪行是否由侦查人员诱发③；其次，法官需要判断被告人是否倾向于实施起诉的罪行。若被告人在侦查人员提供相应的机会时，已经准备好实施被起诉的罪行，则会被视为有倾向。④ 具体而言，法官在进行判断时，通常会考虑到如下的因素：(1) 被告人的名声或个性⑤；(2) 犯罪活动的建议是否首先由侦查人员提起⑥；(3) 被告人参与犯罪活动是否有利益因素⑦；(4) 被告人对参与犯罪活动是否不情愿；(5) 侦查人员诱导的性质。倾向性测试，从其本质而言，是为了区别对"不知情无辜者的陷阱"及对"不知情犯罪者的陷阱"。"两步走"的测试通常是紧密相连的，若侦查人员需要施加极大的诱惑，则意味着被告人并无意图实施特定的犯罪；反之，对于侦查人员仅施加极小程度的诱惑，被告人即予以回应，则意味着被告人已经意图实施特定的犯罪。⑧ 主观审查路径重点关注被告人实施犯罪活动的倾向，而非侦查人员的非法行为。

不同于主观审查路径，客观审查路径关注的重点在于侦查人员的诱惑行为本身，其又称为"假定人路径"或"Roberts-Frankfurter 路径"，系目前美国《模范刑法典》采用的路径。客观审查路径最先在 1969 年阿拉斯加州的 Grossman v. State⑨一案中被接受，而后不少州通过成文法或司法判决的方式予以采纳。⑩ 根据美国《模范刑法典》的规定，如果侦查人员或与侦查机关有合作关系的个人，为获取犯罪活动的证据，有意进行虚假陈述误导个人认

---

① 356 U. S. 368 (1958).
② 287 U. S. 435 (1932).
③ 如在 Sorrells 和 Sherman 案中，法官明确指出，侦查机关仅提供犯罪机会并不构成诱惑侦查。
④ 如在 United States v. Havlik 案中，法官认为，在儿童色情犯罪案件中，如果被告人已经从非官方的渠道下载了儿童色情文件，则其可被视为有犯罪的倾向。See 710 F. 3d 818(2013).
⑤ 如在 United States v. Sumlin 案中，被告人因其之前的毒品交易被视为有犯罪实施的倾向。See 271 F. 3d 274(2001).
⑥ 如在 United States v. Lakhani 案中，虽然非法武器交易首先由侦查人员提起，但是被告人立即对此回复，且自费去乌克兰寻访导弹，由此被告人被视为有犯罪的倾向。See 480 F. 3d 171(2007).
⑦ 如在 United States v. Stallworth 案中，被告人被视为有犯罪的倾向，因其未拒绝参加交易，且其从交易中获利。See 656 F. 3d 721(2011).
⑧ United States v. Myers, 575 F. 3d 801(2009).
⑨ 457 P. 2d 226(1969).
⑩ 如科罗拉多州的《刑法典》认为，如果侦查人员的行为创设了实质的危险，即如果没有上述行为，个人不会参与特定的犯罪活动，那么侦查人员的行为被视为构成诱惑侦查。参见 Colo. Rev. Stat. Ann. § 18-1-709.

为特定的行为合法,或采用诱导性的方式以至于创设一般人(已准备从事犯罪活动的个人除外)进行犯罪活动的实质性危险,那么侦查人员的行为构成诱惑侦查。① 在适用客观性审查路径之时,法官有必要考虑到周围的环境因素,如无限的收益诱惑以及诱惑的持续时间等要素。但是法院在审查之时,并未设定确定性的标准。更多时候,法官需要依据个案进行裁判。②

从更深层次的角度来看,在客观性审查路径之下,法官对侦查机关行为的合法性审查,实则反映了法院对侦查机关侦查权滥用的司法控制。"侦查权的行使大多与公民的各种权益有关,如果缺乏必要的程序保障措施,侦查权就可能被滥用而侵犯公民的权利。"③作为正当程序原理的延伸,司法控制亦属于司法最终裁决原则在刑事诉讼程序中的体现。从这个角度来看,诱惑侦查辩护实则为程序性的装置,其目的在于防止政府机关对公民个人生活施加不必要和无限制的干预。

(二) 网络诱惑侦查的新特点及传统规制模式的不足

与物理世界相比,网络世界显示出一系列新的特征。首先,网络具有匿名性。在网络实名制实行之前,网络的匿名性特点很容易理解。但即便是在网络实名制实施之后,网络仍然具有一定程度的匿名性。这主要体现在两个方面:第一,即便需要在社交网络进行实名制验证,但验证仍然是遵循"前台自愿,后台实名"的原则。这就意味着,对于普通网民而言,其仍然无法知晓与其进行交流的个人的身份,网络仍属于匿名的范畴。第二,即便不得不进行实名制验证,但是整个验证过程,遵循的是"网上信息填报—实名验证完成"这一简单的操作模式。在该模式下,很容易出现人、证不合一的情况,在实质上规避实名制的要求。此外,Tor 网④、VPN 代理⑤等模式的出现,亦表明网络匿名性的实现并无技术层面的桎梏。⑥ 其次,网络上具有海量的信息。网络用户,可以通过各种途径,获取以往难以获取的信息。警方亦可通过对个人网络轨迹的大数据分析,对个人进行细致的画像。"在大数据画像技术下,嫌疑人无疑会成为大数据底下的透明人。"⑦最后,网络的匿名性,使

---

① Model Penal Code § 2.13.
② 如在 People v. Jamieson 一案中,警察一方面向被告人提供尼古丁,一方面又从被告人处获取尼古丁。See 436 Mich. 61,461 N. W. 2d 884(1990)。
③ 陈卫东、李奋飞:《论侦查权的司法控制》,载《政法论坛》2000 年第 6 期。
④ Tor 全称为 The Onion Router,用户通过 Tor 可以在互联网上实现匿名交流。
⑤ VPN 全称为 Virtual Private Network,是一种加密并保护用户在线身份的服务。
⑥ 〔德〕匿名者:《深网:Google 搜不到的世界》,张雯婧译,中国友谊出版公司 2016 年版,第 103 页。
⑦ 王燃:《大数据侦查》,清华大学出版社 2017 年版,第 139 页。

得网民可以在网络上畅所欲言,探讨以往所不感兴趣的话题。由于网络层面并非面对面的交流,声音、性别、外形等因素难以被感知,因此,在网络层面进行欺骗显得格外容易。

与传统诱惑侦查相比,网络诱惑侦查呈现出一些新的特点。首先,从成本的角度来看,网络诱惑侦查的成本更为低廉。在传统的诱惑侦查的背景下,无论是毒品犯罪案件中的诱惑侦查,抑或是黑车打击运动中的钓鱼式执法,侦查人员采用的都是"一对一"的模式。在上述模式之下,侦查人员在决定是否采用诱惑侦查时,必须考虑到诱惑侦查成本的支出。但在网络诱惑侦查下,侦查人员面对的是"一对多"的模式。借由单一成本的投入,侦查人员可以获得无限的回报。网络诱惑侦查中的低投入与高产出,对于以效率为导向的侦查人员而言,是一种现实的诱惑。其次,从范围的角度来看,传统诱惑侦查的范围是极其有限的,诱惑侦查的主体具有单一性和特定性的特征。但是在网络诱惑侦查中,其范围具有无限的扩张性和不特定性。从诱惑侦查辩护设立的目的来看,其是为了防止无辜的公民因政府的引诱行为而犯罪。而网络诱惑侦查的不特定性,使得大量公民的权益变得摇摇欲坠。最后,从方式来看,网络的出现为诱惑侦查的实施提供了更为多样化的手段。基于网络的匿名性,侦查人员通过网站的设立、身份和性别的伪装、网络聊天的发起,诱惑潜在的犯罪嫌疑人实施犯罪。而上述性别、外形等的伪装,是传统时代的诱惑侦查无法进行的。

网络诱惑侦查的新特点,使得主观审查路径和客观审查路径均在网络时代遭遇现实瓶颈。① 就主观审查路径而言,被告人的倾向性是以往审查重点之所在。但这一审查路径,正面临越来越多的质疑。有学者明确指出:"倾向性通常是主观性审查过程中最为关键性的要素,然而在几乎所有的网络诱惑侦查案件中,其是一个可以几乎忽略不计的因素。因为被告人积极地登录特定的聊天室,并且与'所谓的'被害人展开反复的对话。"②事实上,在互联网的背景下,被告人与潜在被害人的交流也很难作为倾向性的一个依据。心理学的研究显示,当个人在自己的房间,以非面对面的方式,通过社交网站进行交流,会导致其比现实生活中更为大胆。③ 这就意味着,个人在社交网络上的发言,可能并不必然反映其在现实世界中的思维、情感和动作。网络诱惑侦查背景下,在对"倾向性"这一要素作出判定时,较之于传统模式,法官对此

---

① 在此需要说明的是,主观审查路径和客观审查路径并非属于可以截然分离的两种模式,其主要的区分在于侧重点的不同。故此,本书在具体分析之时,以其最主要的特性为切入点。
② Dru Stevenson, "Entrapment by Numbers", 16 U. Fla. J. L. &Pub. Pol'Y 1, 2005.
③ J. Preece and D. Maloney-Krichmar, Online Communities: Focusing on Sociability and Usability, L. Eribaum Associates Inc., 2002, p. 605.

作出不利于被告人的判定的几率上升。

就客观审查路径而言,其无法有效控制侦查人员在网络世界中的行为。一方面,大数据等的出现为侦查人员对特定人员进行画像提供了技术可能性。在网络时代,侦查机关通常通过发放问卷、设立网站等方式来锁定目标群体。通过问卷等的填写,无辜的个人无意识地向侦查机关披露大量的个人信息,如个人的兴趣爱好、职业经历等。在传统的审查路径下,法官基于审查侦查机关与个人之间的接触,以决定上述接触行为是否是导致个人实施犯罪的行为。通过上述方式,司法权对侦查权进行了有效的控制。但如果侦查人员在接触发生之前,已经能够证明个人实施特定行为的倾向性,那么法院将无任何理由检验侦查机关行为的性质,由此则减弱了对侦查权的司法控制。另一方面,网络时代下侦查人员行为审查规范有缺失。即便将现实世界中规制诱惑侦查的规范进行转移,在网络诱惑侦查的背景下,其仍会遭遇到一系列的瓶颈。在客观世界中,如果侦查人员雇用女性与潜在的犯罪嫌疑人亲吻并引诱其犯罪,则法官会支持被告人的诱惑侦查辩护①;但在网络世界的诱惑侦查中,网络性关系却极为常见。当侦查人员伪装成未成年人,并且使用暗示性的用户名,一再与被告人进行联系,此时就创设了一个在现实世界里不可能存在的"非人造环境"。② 此种情形下,侦查人员的行为,是否违反相应的伦理规范,是否挑战普通个人的道德底线,不无疑问。这导致的结果是,基于现有的行为框架,侦查人员具有更多的规避可能性,互联网客观上赋予了侦查人员更大的行为选择恣意性。

四、程序层面:我国网络诱惑侦查规定的短缺

在网络时代的背景下,主客观审查路径遇到了巨大的瓶颈,因此有必要从程序层面对网络诱惑侦查进行更为严格的规制。从法条层面来看,在2016年以前,我国并无对网络诱惑侦查进行规制的特别规定。随着2016年《刑事案件电子数据规定》和2019年《电子数据取证规则》的发布,关于网络诱惑侦查的实施开始具有特别法上的根据,但同时也开始出现新的争议。从现有的规定来看,对于网络诱惑侦查的规定,仍然存在以下缺陷与不足之处。

(一)规范之模糊

首先,何种类型的案件可以适用网络诱惑侦查。《刑事诉讼法》第153条

---

① Commonwealth v. Thompson, 484 A. 2d 159(1984).
② Jennifer Gregg, "Caught in the Web: Entrapment in Cyberspace", 19 *Hastings Com. & Ent. L. J.* 157, 1996.

并未对诱惑侦查措施的适用范围作出限制,但《刑事诉讼法》第 150 条对适用技术侦查措施的案件范围作出了限定。从立法技术上来看,该条采用的是"列举＋兜底"的立法方式。《公安机关刑事程序规定》第 263 条第 1 款对《刑事诉讼法》第 150 条第 1 款规定的"其他严重危害社会的犯罪案件"进行了具化,将严重暴力犯罪案件、集团性重大犯罪案件、针对计算机网络实施的重大犯罪案件以及依法可能判处 7 年以上有期徒刑的严重危害社会的犯罪案件囊括在内。简而言之,适用技术侦查的案件,必须符合"严重危害社会"这一要件,在不符合《公安机关刑事程序规定》第 263 条第 1 款规定的具体罪名的情形下,则以是否可能判处 7 年以上有期徒刑为考量基准。《电子数据取证规则》第 33 条第 2 款规定"采取技术侦查措施收集电子数据的,应当严格依照有关规定办理批准手续",这一规定事实上将对网络诱惑侦查的规制,完全让渡于《刑事诉讼法》及《公安机关刑事程序规定》。

其次,在什么样的情形下,可以启动网络诱惑侦查。从诱惑侦查的启动条件来看,根据《刑事诉讼法》第 153 条第 1 款的规定,要件主要有三个:(1) 为了查明案情;(2) 在必要的时候;(3) 经公安机关负责人批准。三者分别对应目的要件、手段要件和程序要件。在此存在的问题是如何对"必要"进行解读。回归规范本身,《公安机关刑事程序规定》第 271 条对实施诱惑侦查的条件和底线进行了规定,然而可惜的是,在规定"必要"这一要件之时,该条完全照搬《刑事诉讼法》第 153 条第 1 款的规定,致使部门规章的功能未得以发挥。从文义解释的层面来看,"必要"意味着"不可缺少;非这样不行"[①],其本身包含最后救济性这一要素。从学者的解读来看,有学者认为这一条款本身就意味着"在没有其他更好的可替代性方法的情况下,才能实施秘密侦查"[②]。与此同时,也有学者认为过于笼统的规定不符合现代法治国家侦查措施法治化的基本要求。[③] 事实上,最后手段原则在立法层面的缺失,不利于实践中对被追诉人权利的保障,从其他国家的规定来看,一些国家对"必要性"要件作出了明确的规定,如德国《刑事诉讼法》第 110 条 a 规定:"仅当该查明采用其他方式可能无望或十分困难时,才能派遣卧底侦查员。此外,如果犯罪行为特别重大有必要派遣,且采用其他措施可能无望,亦允许为查明重罪派遣卧底侦查员。"[④]

[①] 中国社会科学院语言研究所词典编辑室编:《现代汉语词典》(第 7 版),商务印书馆 2016 年版,第 70 页。
[②] 张建伟:《特殊侦查权力的授予与限制——新〈刑事诉讼法〉相关规定的得失分析》,载《华东政法大学学报》2012 年第 5 期。
[③] 兰跃军:《比较法视野中的技术侦查措施》,载《中国刑事法杂志》2013 年第 1 期。
[④] 宗玉琨译注:《德国刑事诉讼法典》,知识产权出版社 2013 年版,第 84 页。

(二) 规范之缺失

首先,立法未对适用网络诱惑侦查的期限和人员作出规定。从适用期限来看,《刑事诉讼法》第 151 条对采取技术侦查措施的期限作出了规定,一般情况下,批准决定自签发之日起 3 个月以内有效,但对于复杂、疑难案件,有效期可以延长,且每次不得超过 3 个月。但《刑事诉讼法》第 153 条并未对网络诱惑侦查的适用期限作出明确限制,意味着侦查人员可以长时间不间断地对特定人员的网络行为实施监控,并通过隐匿身份、性别、外形、声音等方式对其进行诱惑侦查。此外,现有立法亦未对诱惑侦查的适用对象作出明确限制,即并未明确网络诱惑侦查是仅可针对犯罪嫌疑人本人实施抑或是可以针对关联人员实施。上述规定的缺失,在网络时代进一步加剧了网络诱惑侦查滥用的风险与可能性。

其次,是后果性要件的缺乏。从一般国家的规定来看,其对于网络诱惑侦查所获证据的效力,大都从消极层面加以规范。如在德国,这涉及"非独立性的证据使用禁止",强调国家不得利用从不合法的侵害中所得的证据[①];在美国刑事诉讼中,则涉及美国《宪法第四修正案》和美国《宪法第十四修正案》的适用。反观我国,立法层面对于网络诱惑侦查所获证据效力的规范,则是从肯定性方面加以明确。《刑事诉讼法》第 154 条明确规定"依照本节规定采取侦查措施收集的材料在刑事诉讼中可以作为证据使用"。当然,这一条规定并不与《刑事诉讼法》第 50 条第 2 款的规定相冲突,后者规定"证据必须经过查证属实,才能作为定案的根据"。从法规范的意图来看,《刑事诉讼法》第 50 条第 2 款的规定实际上更多是从证据的真实性角度出发进行的考量,相关性和合法性的色彩极为淡化;而《刑事诉讼法》第 154 条后半部分的规定"如果使用该证据可能危及有关人员的人身安全,或者可能产生其他严重后果的,应当采取不暴露有关人员身份、技术方法等保护措施,必要的时候,可以由审判人员在庭外对证据进行核实",事实上是对被告人对质权的适度剥夺,是基于法政策的考量对证据真实性的减损。结合这两条的规定,可以看出立法者希望对该种类型证据尽可能采纳的司法立场。对于侦查人员在实施网络诱惑侦查过程中违反程序性规定获得的证据应当如何处置,立法层面语焉不详。

最后,是救济手段的缺乏。对于被错误实施网络诱惑侦查的个人,能否对侦查人员的行为进行起诉,在法律层面其享有何种救济权,现有规范并未

---

① 〔德〕克劳思·罗科信:《刑事诉讼法》(第 24 版),吴丽琪译,法律出版社 2003 年版,第 218—219 页。

作出明确规定。从规范层面来看，对诱惑侦查行为的救济措施，主要存在于毒品类案件的诱惑侦查中，如《全国部分法院审理毒品犯罪案件工作座谈会纪要》明确规定对存在数量引诱的被告人的量刑予以优惠。从实践层面来看，被实施网络诱惑侦查的个人，其诉求主要在于两个方面：第一，对于侦查人员数量引诱的行为，要求法官给予量刑优惠，如在张某某、吕某非法制造、买卖、运输、邮寄、储存枪支、弹药、爆炸物案①中，被告人通过微信等网络通道发布售卖枪支的广告，而后在特情诱惑作用下增加了枪支贩卖的数量，该案最终被认定为数量引诱，并对被告人酌情从轻处罚；第二，要求法官排除因侦查人员诱惑侦查获得的证据，如在刘某买卖国家机关证件案②和林某生产、销售假药案③中，均存在侦查人员隐匿身份伪装成网络消费者购买涉案物品的情形，被告人及其辩护人要求法院排除因诱惑侦查所获得的证据，但均被驳回。事实上，从实践层面来看，法院最终排除诱惑侦查所得证据的案件，数量寥寥。

此外，司法实践中还存在的一个争议是，法院能否采纳个人设置网络圈套而获得的证据。在陈某非法买卖枪支案④中，熊某为获取举报仿真枪的奖金，在网上发布消息寻找贩卖仿真枪的人，被告人因熊某的诱惑行为实施了贩卖仿真枪的行为，之后公安人员根据熊某提供的线索抓获被告人。在该案中，被告人提出诱惑侦查的辩护，并要求对被告人从轻处罚，法院最终并未采纳这一辩护意见，因某并非侦查人员，且无证据表明侦查人员知晓熊某虚构购买玩具枪的线索，侦查人员亦未同熊某一同实施抓捕行为。该案的运作模式，事实上给侦查人员规避相应的程序规定提供了新的可能性，亦使得相关的救济手段无从谈起。

(三) 规范之冲突

从我国《刑事诉讼法》的立法体例上来看，诱惑侦查属于侦查行为的一种，而侦查发生在立案之后。根据《刑事诉讼法》第 112 条的规定，人民法院、人民检察院或公安机关"认为有犯罪事实需要追究刑事责任的时候，应当立案"。简而言之，在此阶段，判断是否有犯罪事实发生，须借助于客观存在的证据材料。基于体系解释的路径，可以在《刑事诉讼法》的立法框架内基本厘清实施网络诱惑侦查的前提要件。

---

① (2016)浙 0303 刑初 489 号。
② (2014)一中刑终字第 2896 号。
③ (2018)浙 02 刑终 184 号。
④ (2014)西刑初字第 496 号。

但与此同时,《刑事案件电子数据规定》第 6 条明确规定:"初查过程中收集、提取的电子数据,以及通过网络在线提取的电子数据,可以作为证据使用。"在网络诱惑侦查中,撒网诱惑是指"诱惑者针对的被诱惑对象是潜在而又广泛的,诱惑对象不特定"①。就网络诱惑侦查的实施而言,这一条的存在,某种程度上架空了《刑事诉讼法》对其启动要件的规定。从初查的界定上来看,根据《公安机关刑事程序规定》第 174 条的规定,初查是指侦查机关在审查中发现案件事实或者线索不明时,经过办案部门负责人批准采取的措施。从实现的手段来看,侦查机关可以采取询问、查询、勘验、鉴定和调取证据材料等措施,其底线在于不限制被调查对象人身、财产权利。结合这两条规定,网络诱惑侦查的实施过程可以落入《公安机关刑事程序规定》第 174 条规定的范畴内,且经由该过程提取的电子数据亦具备证据能力。故此,网络诱惑侦查既可在立案程序启动前,亦可在侦查过程中实施。"有证据证明"或"线索不明"均可作为其启动要件。规定的冲突事实上为网络诱惑侦查措施的滥用埋下了伏笔。

此外,在涉及实施网络诱惑侦查需经何种级别公安机关负责人批准的问题上,现有规范存在一些抵牾之处。根据《公安机关刑事程序规定》第 271 条第 1 款的规定,实施诱惑侦查需经县级以上公安机关负责人决定。这一条规定,似乎对网络诱惑侦查的批准主体作出了明确的规定。然而,根据上文所述,网络诱惑侦查与技术侦查措施在不少情况下存在交互之情形,若此,则应适用《公安机关刑事程序规定》第 265 条的规定,即技术侦查措施由设区的市一级以上公安机关负责实施。吊诡的是,《电子数据取证规则》在对网络远程勘验进行规制时,明确规定"网络远程勘验由办理案件的县级公安机关负责"②。这一条规定,至少透露出两个信息:第一,在立法者看来,网络远程勘验并不属于技术侦查的范畴。事实上,根据《刑事案件电子数据规定》第 29 条第 3 项的规定,网络远程勘验指"通过网络对远程计算机信息系统实施勘验,发现、提取与犯罪有关的电子数据,记录计算机信息系统状态,判断案件性质,分析犯罪过程,确定侦查方向和范围,为侦查破案、刑事诉讼提供线索和证据的侦查活动"。在此过程中,对远程计算机的勘验,必然涉及对其通信的监控。将网络远程勘验置于技术侦查的范畴之下,完全契合立法的目的。第二,在网络犯罪频发,电子数据日趋重要的当下,出于实用主义的考量,立法者倾向于"放权"而非"限权"。总体来看,隐私分为身体隐私、通信隐私、信

---

① 李明:《秘密侦查法律问题研究》,中国政法大学出版社 2016 年版,第 166 页。
② 参见《电子数据取证规则》第 28 条。

息隐私和地域隐私。① 作为一种相对新型的证据形态,电子数据承载的个人隐私非一般证据形式所能比拟。在不少国家通过司法令状的方式对电子数据的收集进行规制的背景下,我国在立法层面却作出与其他国家截然不同的价值选择,通过宽松的程序限制实现对案件真实的发现,体现了实用主义的倾向。

五、借鉴:我国网络诱惑侦查规制路径的完善

正如学者所言,"立法上的种种模糊性、原则性规定,最终都会导致或者加剧实践中的混乱"②。网络诱惑侦查这一新形态的出现,虽客观上为获取证据提供了便利,是特定案件侦查的必要手段,但其亦极易导致公权力的滥用及对私权利肆无忌惮的侵害。结合域外经验及我国的司法实践,我国网络诱惑侦查规制的完善,可从如下几个方面着手。

(一) 厘清网络诱惑侦查规制的启动要件

在网络诱惑侦查的适用情形和启动要件上,我国法律规范存在不尽完备之处,有待进一步厘清。

首先,是明确界定适用网络诱惑侦查的案件范围。考虑到技术侦查可能对私权造成的侵害,《公安机关刑事程序规定》第263条对技术侦查措施的适用范围作出了相对明确的限定。但其对"严重社会危害性"这一要件的限制,事实上排除了大量刑事案件适用技术侦查手段的可能性。有学者指出,在特定案件,如网络儿童色情犯罪案件中,互联网赋予特定人员更多的犯罪机会,故也有必要赋予侦查人员在网络上实施诱惑侦查的权力。③ 网络犯罪的隐蔽性及其危害性亟需新的应对手段。从比较法的角度来看,在德国,为了维护公民个人的信息自决权(das Grundrecht auf informationelle Selbstbestimmung),在决定是否要对个人进行计算机排查侦缉时,需要考虑特定人员涉及的犯罪行为是否包括职业犯或由团伙成员或以其他方式有组织实施的犯罪。④ 考虑到网络诱惑侦查的特殊性及其可能给适用对象带来的隐私侵犯,在涉及是否适用网络诱惑侦查时,除符合必要性要件外,还应以

---

① 〔美〕Marjie T. Britz:《计算机取证与网络犯罪导论》(第三版),戴鹏等译,电子工业出版社2016年版,第235页。
② 陈卫东主编:《2018刑事诉讼法修改条文理解与适用》,中国法制出版社2019年版,第115页。
③ Audrey Rogers, "New Technology, Old Defenses: Internet Sting Operations and Attempt Liability", 38 U. Rich. L. Rev. 477, 2004.
④ stpo § 98a Rasterfahndung.

行为的可能危害程度作为启动网络诱惑侦查的前提,参照技术侦查的相关规定,对其适用案件范围作出明确限定。

其次,是规范网络诱惑侦查启动阶段的程序。刑事司法根据侦查措施对公民权利侵犯的严重程度,将侦查措施分为任意性侦查措施和强制性侦查措施。一般认为,初查阶段只能采取任意性侦查方式,且在该阶段初查对象的通信自由和秘密权不应被妨碍。① 将网络诱惑侦查的实施设置在侦查阶段,一方面,可以确保启动的前提是"有犯罪事实发生",由此可以规避侦查人员通过设立网站对不特定人进行诱惑的可能性;另一方面,网络诱惑侦查的实施必然涉及对特定主体通信自由的妨碍,故将其归于强制性侦查措施的范畴,在侦查阶段而非初查阶段实施,更能契合基本的诉讼法原理,实现对普通公众通信自由的有限保障。

最后,是具化批准实施网络诱惑侦查的考量因素。以美国 FBI 实施诱惑侦查的启动要件为例②,特定的官员若决定批准特定的诱惑侦查的申请,其必须考虑如下因素:(1) 该犯罪行为可能对个人造成的人身性伤害;(2) 政府承担责任的风险;(3) 对隐私以及特定的优先权造成侵害的风险;(4) 个人可能实施诱惑侦查行为的风险;(5) 政府参与诱惑侦查的合适程度。若合理怀疑特定人员实施了犯罪,侦查部门的主任、副主任可以对诱惑侦查进行审批。对上述考量因素进行分析,可以发现"依据"和"权衡"构成其主导性要素。

在考量是否批准实施诱惑侦查时,自由裁量贯穿始终,此系法的不明确性所致。对自由裁量进行控制,需要出台相应的标准。但标准并非是对自由裁量空间的褫夺。规则是实现形式正义的一种手段;标准则给了审理事实者更多的裁量权,因为依据标准就必须发现、权衡和比较更多的事实,其是实现实质正义的一种手段。③ 事实上,在考量是否实施网络诱惑侦查时,在符合最终性这一基础要件后,还涉及行为的相称性(Verhältnismäßigkeit)和最小化(Minimization)问题,即如何在"授权"和"限权"之间找到均衡点。具体而言,在决定是否实施诱惑侦查之时,需要权衡如下几个标准:犯罪的严重性、实施诱惑侦查涉及的权利侵害、实施诱惑侦查所能获得证据的可能性。比例原则中的最小侵害性,尤其是对被实施诱惑侦查的个人的网络隐私权的最小

---

① 龙宗智:《寻求有效取证与保证权利的平衡——评"两高一部"电子数据证据规定》,载《法学》2016 年第 11 期。
② 参见 Attorney General's Guidelines on FBI Undercover Operations, https://www.justice.gov/archives/ag/undercover-and-sensitive-operations-unit-attorney-generals-guidelines-fbi-undercover-operations(2019 年 3 月 26 日最后访问)。
③ 〔美〕理查德·A. 波斯纳:《法理学问题》,苏力译,中国政法大学出版社 2002 年版,第 56—57 页。

侵犯,系批准实施网络诱惑侦查不可或缺之要件。此外,就实施网络诱惑侦查的前提依据而言,须考虑侦查行为针对的个人先前的交流、发帖、访问的网页、交易记录等情况,这些要素事实上决定了个人在没有政府机关介入的情况下,实施犯罪的可能性程度。

(二) 完善网络诱惑侦查的程序性审批规则

审批制度的存在,一方面体现了权力的制约机制,另一方面也在客观上对案件的质量进行了把关。在美国,以 FBI 为例,其关于诱惑侦查的批准,主要有如下几个方面的规则:(1) 批准的人员。实施诱惑侦查,必须由部门中负责的特殊官员予以审批。审批必须以书面的方式进行,并陈述支持性的事实和情形。如侦查行为根据现有的部门法律已经被授权;实施诱惑侦查是获取证据的有效手段;诱惑侦查会以最小侵害的方式进行。在特定情形下,诱惑侦查行为必须由 FBI 的总部进行批准。(2) 诱惑侦查评审委员会进行审核。评审委员会由 FBI 的雇员以及一些资深的刑辩律师构成。评审委员会审核之后,给出同意或者不同意诱惑侦查的建议。(3) 若合理怀疑存在,则侦查部门的主任、副主任可以对诱惑侦查进行审批。在一般情形之下,诱惑侦查的期限不得长于 6 个月。在德国,若要实施卧底侦查,需经检察院同意,若检察院未在 3 个工作日内同意,则应停止该措施。在特定情形下,即针对特定被指控人,或卧底侦查员进入不可公共进入的住宅的,则需法院同意。①

通过中国、美国、德国关于诱惑侦查审批程序的对比,我国网络诱惑侦查的程序性规制,至少可以从以下几个方面进行细化:(1) 建立层次化的批准程序。在我国的司法实践中,在独立的第三方尚无可能完全介入的情况下,由检察官对网络诱惑侦查进行制约②,是较为可行的措施。一方面,根据《刑事诉讼法》的规定,检察机关是我国的法律监督机关,由检察机关对侦查机关的行为进行监督,符合我国现行的法律框架;另一方面,在案件侦查阶段,尤其是在检察机关大部分案件侦查权被转隶的背景下,检察机关对于案件证据的固定和收集并无直接的利害关系。作为相对独立的第三方,检察机关更能以相对中立的视角,决定是否实施网络诱惑侦查。而后,在时机成熟之时,由法院介入,对网络诱惑侦查的实施进行审批,以真正实现司法权对侦查权的程序控制。这一方面符合法院作为最后裁决者的功能定位,法官的提前审查和介入可防止之后因程序不合法导致的程序倒流或证据排除,另一方面亦契

---

① stpo § 110b.
② 由检察官介入审批,属于一种准司法性质的授权。参见程雷:《秘密侦查比较研究——以美、德、荷、英四国为样本的分析》,中国人民公安大学出版社 2008 年版,第 508 页。

合我国以审判为中心的诉讼制度改革的大背景,防止侦查权的一家独大。(2) 多元化主体介入。在我国,法律职业一体化的观念尚未形成,刑事辩护律师与公检法系统之间,仍然处于一种天然对立的状态,"死磕派律师"的存在更是放大了此种对立样态。在决定是否实施诱惑侦查时,若吸收特定的资深律师参与其中,似乎无异于天方夜谭,亦有违侦查秘密性原则。但多元主体的介入可从不同视角对问题进行考量,最大限度防止权力滥用。因此,可吸收公检法系统的人员共同参与论证,必要时,可邀请资深学者参与讨论并签署保密协议。(3) 规定实施网络诱惑侦查的期限。网络犯罪案件事实上并不具备毒品类案件长期性、潜伏性的特点,且无期限地对个人的网络通信进行监控无疑是对公民基本权利的严重侵犯。故此,在实施网络诱惑侦查时,有必要对其实施期限作出明确规制,可以在《刑事诉讼法》第153条加上"实施网络诱惑侦查时,延长次数以两次为限,且期限不得超过六个月"的限制。

(三) 细化监督和审查规则

首先,是对网络诱惑侦查行为的监督。在具体实施过程中,美国FBI强调对诱惑侦查行为的监督和控制。在诱惑侦查行为执行过程中,若负责诱惑侦查的特殊官员发现任何不当的执行行为,其必须与执行的个人取得联系,并将该行为向评审委员会或侦查部门的主任进行汇报。在我国,对网络诱惑侦查行为实施过程的监督,立法层面仍然空白,且实践层面存在缺位。根据我国《刑事诉讼法》的规定,检察机关依法对侦查机关的侦查活动是否合法进行监督,主要包括不批捕、不起诉、追加逮捕、追加起诉以及纠正违法几种情形。[①] 故此,由检察机关对网络诱惑侦查的实施过程进行监督是其应有之责。网络远程勘验笔录及因实施网络诱惑侦查而形成的电子数据,事实上记录了网络诱惑侦查的实施过程,为审查网络诱惑侦查行为的合法性提供了客观性依据。但在该监督模式之下,存在的一个主要问题是检察机关进行的是事后监督。即人民检察院在对案件审查起诉的时候,必须查明侦查活动是否合法。这就意味着,在网络诱惑侦查实施过程中,外部监督缺失。此外,还存在的问题是检察机关的监督线索来源不畅和检察监督缺乏刚性。在侦查机关自行审批的模式下,检察机关无从获知侦查机关的策略,而被网络诱惑侦查的个人即便个人权益受损,亦无从获知相应的救济渠道。在检察机关职务犯罪案件侦查权转隶的背景下,检察监督的柔性面向更为突出。故此,如何强化检察机关的过程性监督和刚性监督,在过程性监督中若发现侦查人员的

---

① 刘计划:《侦查监督制度的中国模式及其改革》,载《中国法学》2014年第1期。

行为不当,如何进行富有成效的中止,仍需配套规范的完善。

其次,是对网络诱惑侦查成立与否的审查判断。网络时代放大了主观审查路径和客观审查路径在诱惑侦查司法审查过程中的缺陷,且现有的审查路径事实上更加倾向于对侦查人员的"赋权"。在此过程中,涉及侦查机关举证责任的问题。从客观审查路径来看,在网络犯罪中,侦查人员在判断侦查策略是否具有合理性时,需要满足更高层次的要求,以使事实审判者裁决在特定情况下,在区别于现实世界的网络世界中,侦查人员的行为是否合法。从主观审查路径来看,合理性的判断还涉及侦查人员在申请令状时,是否合理怀疑犯罪嫌疑人已经实施,或者将要实施特定的犯罪。在此过程中,对特定人员主观倾向性的判断,须基于其先前自发性的网络行为,而非侦查人员的设陷行为。

(四) 补充后果性要件

我国《刑事诉讼法》第 52 条对非法证据排除作出了原则性的规定,即"严禁刑讯逼供和以威胁、引诱、欺骗以及其他非法方法收集证据,不得强迫任何人证实自己有罪"。对于何为"引诱"和"欺骗",存在法条层面的空缺。从学理层面来看,有观点认为威胁、引诱、欺骗取供行为构造的核心是对被讯问人供述自愿性的破坏,且行为达到特定严重程度或可能导致虚假口供。[①] 事实上,从立法体例上来看,该条位于我国《刑事诉讼法》第一编总则部分,故该条适用于刑事诉讼的各个阶段,亦可适用于对网络诱惑侦查取证活动的规制。从解释上来看,"引诱"一词内在包含"诱惑"的意蕴,故此,基于立法文本和立法体系,将非法证据排除规则适用于网络诱惑侦查,符合立法的目的。可惜的是,现有的理论研究和实践操作,对这一条作出了极为限缩性的解释,将其局限于对犯罪嫌疑人口供的获取行为。从比较法的视域来看,在美国,证据排除规则有很大机会被适用于通信监控案件中,被非法拦截电子通信的受害人可以要求将非法获得的用于证明其犯罪的证据排除不用;在德国,在不符合明确的实质要件和暗含的形式要件时,通过监控活动获得的信息无法在法庭上使用。[②] 将非法证据排除规则适用于网络诱惑侦查及其伴随的网络监控与通信监控,已经成为不少国家的司法共识。

此外,还涉及对非侦查人员授意或参与的网络圈套行为的定性和救济问

---

① 孔令勇:《从排除原则到排除规则——以威胁、引诱、欺骗方法获取口供排除规则的教义学构建》,载《法律科学(西北政法大学学报)》2019 年第 2 期。
② 〔西〕布兰卡·R.瑞兹:《电子通信中的隐私权——欧洲法与美国法的比较视角》,林喜芬等译,上海交通大学出版社 2017 年版,第 330—332 页。

题。"由于能动型国家希望所有的人都参与到共同的事业当中去,它也要求公民在司法过程中同官方合作。"①依靠群众作为我国《刑事诉讼法》的一项基本原则,亦在不少具体制度设置中有所体现,因此也引发关于网络诱惑侦查救济的新问题。从比较法来看,在 United States v. Manzella② 一案中,美国法院明确指出诱惑侦查辩护不可在私人设圈套的背景下适用,但争议点在于特定社会组织实施的网络圈套行为,是否受现有程序性规则的制约。③ 现有学说一般认为,应当以私人组织能否被视为政府的代理人从而决定是否可以用诱惑侦查辩护。④ 我国台湾地区的见解亦认为,线民的挑唆行为是否可认定为国家机关行为,应视国家机关对犯罪挑唆之支配程度而定,包括国家机关对线民的委托、指使关系及控制强弱。⑤ 在前文提到的陈某非法买卖枪支案中,熊某为获得侦查机关的奖金而设置网络圈套,其与侦查机关存在事实上的合意,从这一意义上而言,熊某可被视为政府的代理人。故此,在评判私人组织能否被视为政府的代理人时,应以侦查机关与私人组织的事先合意为基础,即侦查机关是否存在事实上的"邀约"和指使行为。

六、结　语

"不幸的是,追诉手段的法治性往往与其有效性成反比。"⑥诱惑侦查制度自其产生以来,就争议不断。我国《刑事诉讼法》规定了"技术侦查措施",对秘密侦查和控制下交付等问题作出了粗疏的规定。但不论是诱惑侦查程序性规范的设立,抑或是学界对于诱惑侦查判断方式的解释,均存在进一步完善的空间。网络犯罪的盛行以及网络取证的客观需要,使得诱惑侦查出现了一些新的形式,亦给原有的诱惑侦查理论提出了新的挑战,亟需理论层面的回应。

"奔往冰球所向,而非冰球所在。"⑦对网络诱惑侦查的判定及规制方式的研究,一方面可以对诱惑侦查在网络背景下可能出现的短板加以预防,另一方面亦可对诱惑侦查制度本身存在的缺陷进行反思,进而推进制度的完

---

① 〔美〕米尔伊安·R. 达玛什卡:《司法和国家权力的多种面孔:比较视野中的法律程序》(修订版),郑戈译,中国政法大学出版社 2015 年版,第 214 页。
② 791 F. 2d 1263 (7th Cir. 1986).
③ 在美国有个组织 Perverted Justice,该组织常年致力于与侦查机关合作为恋童癖者设立网络圈套,对于该组织设立网络圈套的行为是否需要进行审批,学说层面存在争议。
④ Christopher P. Winters, "Cultivating a Relationship That Works: Cyber-VigilantismI and the Public Versus Private Inquiry of Cyber-Predator Stings", 57 U. Kan. L. Rev. 427, 2009.
⑤ 林钰雄:《国家机关的"仙人跳"?——评五小一大案相关陷害教唆判决》,载《月旦法学杂志》2013 年第 2 期。
⑥ 林钰雄:《国家挑唆犯罪之认定与证明》,载《月旦法学杂志》2004 年第 8 期。
⑦ 〔英〕理查德·萨斯坎德:《法律人的明天会怎样?——法律职业的未来》,何广越译,北京大学出版社 2015 年版,第 7—8 页。

善。传统刑事诉讼法律更多关注公民的人身权,随着经济社会的发展,公民财产权的保障亦逐渐受到关注,被纳入刑事诉讼权利保障的范畴;在信息社会,公民的信息权和隐私权日益受到世界各国的关注。网络诱惑侦查因其天然的欺骗性及侵入性,在侦查权极为强大的背景下,存在滥用的可能性;但囿于网络犯罪的隐蔽性,网络诱惑侦查的有效性使得对其的应用存在现实合理性。如何在"授权"和"限权"之间进行权衡,以实现侦查行为的最小化,系网络诱惑侦查对互联网时代提出的新命题。

第四节 云计算背景下第三人的隐私保障:基于语境论的考量

刑事诉讼中第三人的权利保护问题,在隐私权日益受关注的今天,不断被提及。不同于物理世界涉及的第三人的有限性,云环境等新型技术的出现,加剧了刑事诉讼中第三人隐私权保障的认定难度。"云环境是使用全球储存设施以电子的形式储存信息的方式,其允许在任何时间从任何地点使用任何电子设备获取该信息。"[1]作为数据储存和处理的一种方式,云环境打破了数据储存的地域限制,扩大了数据共享者的范围。本部分对云环境取证模式下第三人隐私权保障的问题进行探析。

一、云计算的分类及特性

网络淫秽物品传播和网络著作权侵权等犯罪的盛行,使得对云盘中的电子证据的取证成为现实的需求。从云计算的发展来看,"它是从中央主机时代,向个人计算机诞生带来的分布式主从架构时代,以及企业能够通过覆盖全球的计算机网络联系世界的互联网时代的自然发展"[2]。从对浙江省的案例分析可以看出,在互联网电子证据的收集过程中,有多个案件涉及云盘。依托云计算的背景,网络云盘的使用日益频繁。有学者指出,根据组织方式和储存构造的不同,云可以分为四种类型[3]:一是私人云。在私人云的模式下,云的基础设施由拥有该云的组织进行操作。该云一般仅包括该组织的数

---

[1] Laurie Buchan Serafino, "'I Know My Rights, So You Go'n Need A Warrant for That': The Fourth Amendment, Riley's Impact, and Warrantless Searches of Third-Party Clouds", 19 *Berkeley J. Crim. L.* 154, 2014.

[2] 〔美〕Michael J. Kavis:《让云落地:云计算服务模式(SaaS、PaaS 和 IaaS)设计决策》,陈志伟、辛敏译,电子工业出版社 2016 年版,第 4 页。

[3] George Grispos, Tim Storer and William Bradley Glisson, "Calm Before the Storm: The Challenges of Cloud Computing in Digital Forensics", 4 *IJDCF* 28, 2012.

据。私人云的模式事实上仅是特定组织对云服务的技术性租赁,仍然具有封闭性。二是社区云。在社区云的模式下,云由各个不同组织之间共享。之所以选择共享,或是出于组织间的共同目标,或是仅为了对特定的资源进行整合运用。相较于私人云,社区云的使用逐步显现出云共享的特性。三是公共云。公共云通常具有一个或多个数据中心。公共云通常由云服务提供者所有并由其负责对云的基础设施进行维护。由此,公共云的管理权限属于服务提供者,而非使用者。用户需要从服务提供者处租用特定的虚拟储存空间以及计算资源。公共云通常包括来源于多个使用者的数据。四是混合云。混合云的情况更为复杂,其属于私人云、社区云和公共云中一种或多种模式的混合。如特定的组织在创设私人云时,需要从公共云处租用相关的资源对私人云的内容加以整合。

从四种云类型可以看出,私人云事实上是个人物理存储空间的网络化,相较于社区云、公共云和混合云,其体现出的云的特性并不显著,对私人云的取证并不涉及或较少涉及第三人的隐私权问题。在后三种类型的云环境下,个人信息存在向不特定公众公开,与不特定公众共享的可能性。网络时代的电子数据取证难题与取证过程中第三人的隐私保障焦点问题,更多体现在后三种情形中。本部分的论述,亦聚焦于社区云、公共云和混合云中的电子证据取证。

二、云共享对隐私权的威胁

现有立法大多基于现实物理世界的情形而设立,对于电子取证的规制较为粗疏,云计算等新型技术的出现,更加剧了立法层面的规制难度。相较于传统的取证环境,云环境有其特殊性,由此导致在取证过程中,可能引发对不特定第三人隐私权的侵害。

首先,云的特性,在于其虚拟性。对于物理世界隐私权的保护,各国已经形成相对完善的保护体系。以美国为例,其《宪法第四修正案》明确规定,人民的人身、住宅、文件和财产不受无理搜查和扣押的权利,不得侵犯;除依照合理根据,以宣誓或代誓宣言保证,并具体说明搜查地点和扣押的人或物,不得发出搜查和扣押状。新型虚拟空间的出现和普及,引发的一个争议在于,传统宪法层面对搜查和扣押的规制是否能扩大适用至网络空间。[1] 云环境的数据,是否属于个人的文件或者财产的范畴,各国现有的立法和判例并无定论。

---

[1] Steven Penney, "The Digitization of Section 8 of the Charter: Reform or Revolution?", 67 *Sup. Ct. L. Rev.* 505, 2014.

其次,云的特性,在于其共享属性。除却私人云,其他三种形式的云均具有共享的属性。共享意味着共同享用。共享云在带来资源整合效应的同时,亦使得当事人的权益处于摇摆不定的漂移状态。在侦查人员对云环境中的相关互联网电子证据进行获取时,基于云计算对碎片化信息的整合和处理,不同数据难以有效切割。故取证过程中必然又会侵犯到其他云环境共同使用者的隐私权。在此背景下,侦查人员取证与第三人隐私保障的权衡问题,亟需理论的探究与实践的经验供给。

再次,云的特性,在于其易修改性。不少国家对于紧急情况下的无令状搜查作出了规定。如在美国,"在情况急迫时,仍要求警察在搜索前取得搜索票,乃不切实际及不合理之事,会妨碍犯罪侦查并阻扰有效打击犯罪"①。作为一种应急性举措,无令状搜查具有严格的程序规制。在 Minnesota v. Olson② 一案中,法官指出,如果发生如下四种情形,则无证搜查可以被合法化,具体包括:正在追赶逃跑的重犯、证据即将被毁灭、防止犯罪嫌疑人逃跑的需要、防止住宅内外警察或公众遭受危险。在云环境下,证据随时可能被删除和毁灭。若基于以往的判例要求持证搜查,可能导致对云环境搜查和取证的程序性规制沦为摆设。

最后,云的特性,在于其跨区域性。云环境进一步模糊了区域的概念。云环境中的取证,涉及不同司法区域之间的执法衔接。各国对隐私权保障呈现出不同的立法倾向,且从不同国家的衔接实践来看,繁琐的交涉程序可能导致信息的丢失。在云服务商的公司所在地、犯罪行为发生地、云服务器所在地不一致的情况下,应该落实何地的隐私保护政策,以更好地实现对第三人的隐私权保障,存在执法层面的障碍。

三、隐私期待理论在云环境中的适用及缺陷

从美国法上来看,在处理隐私问题时,美国发展出隐私期待理论,以此对隐私权可能遭遇的困境与考验作出应对。隐私期待理论起源于 Katz③ 案,其主要用于规制侦查人员对犯罪嫌疑人的搜查行为。该理论的精髓主要有两点:第一,当事人主观上对隐私有期待;第二,社会承认该期待是合理的。

在判断当事人是否对隐私有期待时,研究视角的不同,又在实践中衍化成两种不同的理论——双边理论和语境论。双边理论在 Miller④ 案中确立。

---

① 王兆鹏:《美国刑事诉讼法》(第二版),北京大学出版社 2014 年版,第 159 页。
② 495 U. S. 91(1990).
③ Katz v. United States, 389 U. S. 347 (1967).
④ United States v. Miller, 425 U. S. 435 (1976).

在双边理论的语境下，判断当事人是否对信息具有隐私期待，取决于除当事人以及当事人的同伴之外，其他人是否有可能接触到该信息。如果其他第三人无法接触到该信息，则该信息是私密的；如果其他第三人可以接触到该信息，则该信息是公开的。例如当事人自愿地将信息传递给第三方，那么他就丧失了对该信息的隐私期待，侦查机关不需要侦查令就可以获得相关的信息。该理论立足于客观行为层面，不关注当事人的主观意愿，故在实践中颇受争议。语境论[1]认为应当考虑信息共享的特定环境，即该信息被公开的情境以及当事人的意图，如当事人是希望该信息被传播抑或是被严格保密。相较于双边理论，语境论的进步之处在于将当事人主观意图这一要素融入考量。

Miller案中发展出的第三方原则（The third-party doctrine）在云环境下难以有效适用。首先，基于第三方原则，自愿将信息披露给第三方的个人应当承担该第三方可能将披露的信息传递给政府的风险。在云环境下，根据该理论，一方当事人若使用社区云，则基于"风险承担"原则，其对特定的信息已经不再享有隐私权。这背后的机理在于，既然一方当事人已经决定将特定的信息共享，那么他就已经做好了特定的信息会被传播出去的准备。但需要注意的是，用户对个人信息的共享与传递，是用户使用云的前提和基础。云环境下，用户对信息的共享和披露具有内在的被动性。其次，云用户并不期待或并不知道云技术提供者对云信息的不当利用。对于普通用户而言，其更多着眼于云的便利性，而对技术性问题关注不多。从本质上来看，云环境仅是一个由第三方拥有，并租赁给用户的电子空间。其可与物理世界的酒店、桌椅、抽屉和储存空间进行类比，而上述空间均受到美国《宪法第四修正案》的保护。[2] 在服务使用过程中，云用户客观上存在对信息的披露，但从其主观意图来看，云用户通常并未充分意识到提供行为可能引发的不利后果。在技术性鸿沟客观存在的背景下，将第三方原则僵化地适用于云用户，对云用户而言未免过于苛责。

根据语境论，除考虑当事人的客观行为外，还需要考虑当事人的主观意图，探究其是否希望特定的信息被保密。语境论的解释框架，能够更有效地应对复杂环境所带来的各种不确定因素。也因此，有学者指出：语境论的适应性，可以使得法官和立法者，在任何数据共享的情况下，更为精确地衡量相

---

[1] Helen Nissenbaum, "Privacy as Contextual Integrity", 79 *Wash. L. Rev.* 119, 2004.
[2] Eric Johnson, "Lost in the Cloud: Cloud Storage, Privacy, and Suggestions for Protecting Users' Data", 69 *Stan. L. Rev.* 867, 2017.

互冲突的价值。① 语境论可以有效弥补第三方原则在云环境下可能存在的弊端。

四、可能的路径：基于语境论的利益衡量

从不同国家的实践来看，在刑事案件侦查环节，侦查机关在云环境下取证时，对于无辜的云使用者的隐私权保障力度，是极为不足的。② 云环境下电子数据取证过程中，对无辜第三者的隐私权保障，可从如下几个层面展开：

首先，对云环境中的数据权属问题加以厘定。数据权属的厘定是对个人信息保障的前提和基础。网络时代，基于对个人数据的分析，可以勾勒出个人的形象。"数据行为在一段时间内积累到一定程度，就能够构成与实际人格相似的数字人格，即以在交易中体现出来的数据为基础的个人的公共形象，被用来作为该个人的代号。"③ 在我国，《个人信息保护法》第 2 条规定："自然人的个人信息受法律保护，任何组织、个人不得侵害自然人的个人信息权益。"在云环境下，云环境中的数据，其权属属于云使用者。云服务提供商仅仅是技术服务的提供者。故此，对云环境中数据的保障力度，应当参照对一般个人信息的保护。从实践层面来看，侦查机关在客观上存在向云服务商收集证据的需求和可能性。对此，云服务商通常在商业格式合同中保留向执法机关披露用户数据的可能性，从而使其与执法机关的非正式合作成为可能，同时降低了自身的法律风险。④ 通过格式合同的签订，实现云数据所有者的"明知"和"自愿"。从总体上看，"确权—明知—自愿"的保护路径，可为云环境中的数据保护搭建基础性的框架。

其次，对紧急情况例外在云环境中的适用予以限制。侦查效率与侦查行为的合法性之间，存在天然的张力。有学者指出，执法行为的效率通常以牺牲合法性为代价，凌驾于国际法治等价值之上。⑤ 对云环境中电子证据的收集，仍应当遵循电子证据取证的一般规制，从证明要求、审批主体等方面加以限制。与此同时，对于紧急情况的认定，应当采取限缩性的解释路径。云环

---

① Shaun B. Spencer, "the Surveillance Society and the Third-Party Privacy Problem", 65 *S. C. L. Rev.* 373, 2013.
② Sarit K. Mizrahi, "The Dangers of Sharing Cloud Storage: The Privacy Violations Suffered by Innocent Cloud Users During the Course of Criminal Investigations in Canada and the United States", 25 *Tul. J. Int'l & Comp. L.* 303, 2017.
③ 〔美〕阿丽塔·L. 艾伦、〔美〕理查德·C. 托克音顿：《美国隐私法：学说 判例与立法》，冯建妹等编译，中国民主法制出版社 2019 年版，第 207 页。
④ 〔英〕克里斯托弗·米勒德编著：《云计算法律》，陈媛媛译，法律出版社 2019 年版，第 451 页。
⑤ N. Boister, "Transnational Criminal Law?", 14 *Eur. J. Int'l L.* 953, 2003.

境中的取证,不能一律适用无令状搜查,仍然需要综合个案因素予以审核判定。具体而言,需要考虑如下因素:第一,当事人是否存在毁灭证据的意图。意图的判定,可以综合当事人的认罪态度、当事人的行为举措等要素。第二,当事人是否存在毁灭证据的条件。当事人对云环境中证据的毁灭,需要具备网络条件、设备条件等要素。若在特定的情形下,当事人并无接触到证据的现实可能性,则对云环境的搜查,亦不能适用紧急情况例外。

最后,采用语境论的利益衡量模式。在语境论下,若云环境的一方希望特定的信息被保密,但侦查人员需要对特定云的内容进行收集,则涉及对第三方权益的侵犯。行为的取舍,取决于利益的衡量。在我国司法大环境下,对犯罪侦查的追求,一定程度上超过对人权保障的考量。但侦查人员在收集相关的互联网电子证据时,可以适度考虑以下因素,以期实现侦查行为的最大最小值[①]:其一,该隐私权是否值得保护。如在网络传播淫秽物品等案件中,共享网盘的其他成员,因其行为本身具有违法性,其在网盘中的隐私权期待,并不符合社会的期许。其二,被告人犯罪行为的性质以及侦查人员是否穷尽其他手段。在严重的犯罪案件中,最后手段性可不作为前置性条件。其三,侦查人员的行为是否符合比例原则,收集的数据是否与侦查目的相称,是否会给第三方当事人带去不必要的隐私侵犯。其四,侦查人员是否能够对相关的信息进行保密,不至于给第三方当事人造成不必要的负面影响;案件终结后,是否有相应的销毁举措。与此同时,云盘使用者的权利受到侦查人员侵犯时,云服务提供商与云服务用户之间的服务协议,亦可以在一定程度上对云服务用户的权利起到保障作用。[②]

[①] 最大最小值规则,最早由罗尔斯提出。其要求按照选择对象可能产生的最坏后果来排列选择对象的次序,选择对象的最坏结果优于其他对象的最坏结果。参见〔美〕约翰·罗尔斯:《正义论》,何怀宏等译,中国社会科学出版社 1988 年版,第 151—152 页。

[②] Gertuida Meyer and Adrie Stander,"Cloud Computing: The Digital Forensics Challenge", Proceedings of Informing Science & IT Education Conference, 2015.

第四章 互联网电子证据的保管

第一节 问题的提出

随着经济社会的发展,越来越多的互联网电子证据在司法实践中得到了适用。在对互联网电子证据进行收集后,随之而来的,是互联网电子证据的保管问题。证据的保管链条是指从获取证据时起至将证据提交法庭时止,证据的流转和安置情况,以及保管证据人员的沿革情况。证据保管链条要求每一个保管证据的人提供证言证明对证据的保管是连续的;不仅如此,还要求每一个人提供证言证明在其保管证据期间,证据实质上保持相同的状态。证据的真实性问题越重要,就越需要否定改变或替换的可能性。[1]

从证据保管链条的功能角度分析,其对于保障证据的同一性发挥着巨大的作用。但与此同时存在的悖论在于,很少有学者对证据的保管链条进行研究。其中,可能的原因在于,传统对证据的研究,大多从证据的"取证、举证、质证、认证"四个视角出发。在此过程中,对于证据真实性的关注,远多于对证据保管链条形式性的关注。从快播案的庭审直播可以看出,辩护人对相关的互联网电子证据的保管提出了质疑。其认为在一台服务器损坏的前提下,第三次鉴定还增加了数据,因此不排除存在对原始数据进行操作的可能性。[2] 快播案的广泛影响,使得互联网电子证据在保管过程中的问题,赤裸裸地显现在公众的眼前。

互联网电子证据的保管,具有不同于一般证据保管的特性。如有学者指出,相比于一般证据的保管链条,互联网电子证据的保管链条尤为重要。以传统犯罪中枪支的保管为例,如果该枪支的保管链条在短时间内断裂,枪支的可采性固然会在法庭中受到质疑。然而,该枪支作为证据的本质并不会受到影响。[3] 但如果互联网电子证据的保管链条在短时间内断裂,则该证据可

---

[1] 陈永生:《证据保管链制度研究》,载《法学研究》2014年第5期。
[2] 参见北京市海淀区人民法院网站:http://bjhdfy.hinacourtorg/zhibo/(2016年12月1日最后访问)。本书中有关快播案的描述,均来自于该庭审直播笔录。
[3] 枪支上的指纹和遗留的粉末可能会被拭去,但从枪管中产生的压印并未被修改。而该压印是不少案件中枪支作为物证的关键所在。

能被完全擦除和修改而不留痕迹。① 在 United States v. Bradley② 一案中,被告人被指控从事网络未成年人淫秽物品传播活动。在论及该案互联网电子证据的保管问题时,法官指出在涉及互联网电子证据时,政府在防止证据损毁方面的利益尤为突出。其主要理由在于上述证据具有内在的短暂性以及易毁灭性。"对于电子证据而言,法院同样需要掌握关于数据生命周期的所有记录,包括收集、保管、分析和展示。"③互联网的技术性和开放性特征,促使理论界亟需对互联网电子证据的保管问题作出回应。

那么,对于互联网电子证据而言,其保管制度包含哪些基本要素?从司法实践来看,互联网电子证据在保管过程中存在何种问题?互联网电子证据保管制度的诉讼价值何在?在我国,应当建立何种互联网电子证据保管制度?本章拟对上述问题进行探究。

第二节 互联网电子证据保管制度的基本要素

一、电子证据保管制度的双重要素

关于刑事诉讼中电子证据的保管制度,国内研究较为不足。通过对国外学者的相关研究进行解读可以发现,电子证据保管制度的要素主要包括两个方面:

(一)程序性视角:对电子证据收集、运输、分析、保管以及处理过程的记录

电子证据容易被更改,因此在对电子证据进行验真的过程中,对于电子证据保管链条的证明就显得尤为必要。具体而言,电子证据保管链条的记录主要包括以下几个部分:(1)电子证据的内容是什么;(2)电子证据从何处被收集;(3)何人曾与电子证据有过接触;(4)其使用电子证据的目的是什么;(5)电子证据何时被开示、检验或者运输;(6)电子证据如何被使用。④

从程序性视角出发,电子证据保管链条的设立,是为了确保电子证据保管过程的连续性。其主要用途在于记录所有与电子证据有过接触的个人,以

---

① Robert Moore, *Cybercrime: Investigating High-Technology Computer Crime*, Anderson Publishing, 2011, p. 223.
② 488 Fed. Appx. 99 (6th Cir. 2012).
③ Bailey R. Ulbricht, Christopher Moxley, Mackenzie D. Austin, Molly D. Norburg, "Digital Eyewitnesses: Using New Technologies to Authenticate Evidence in Human Rights Litigation", 74 *Stan. L. Rev.* 851, 2022.
④ Ćosić, Jasmin, and Miroslav Bača. "Improving Chain of Custody and Digital Evidence Integrity with Time Stamp", MIPRO-Proceedings of the 33rd International Convention, 2010, 以

便在庭审过程中对电子证据产生怀疑时,可以使相关个人出庭作证。在证据保管链条设立的过程中,确定证据保管链条的长度就显得至关重要。证据保管链条的破裂,会对证据的真实性造成影响。就证据保管链条的起点而言,争议集中在证据保管链条的起点应当是在有争议的事实发生之时抑或是证据被侦查机关接收之时。① 若证据保管链条的起点始于有争议的事实发生之时,则会对侦查人员施予过多的苛责,因为其无法对不在其掌控之下的电子证据进行保管;若证据保管链条的起点始于证据被接收之时,那就无法确保证据被接收之前的完整性与可靠性。从证据保管链条的终点而言,证据保管链条要求侦查机关对证据进行妥善保管直到其在法庭中被出示。

但是电子证据保管链条的设立,只能证明特定的个人是否与电子证据有过接触,而无法证明电子证据的内容是否发生了变更。因此在电子证据保管链条中,还需要采取技术性的手段,确保电子证据实质上的完整性。

(二)技术性视角:对电子证据完整性的维护

电子证据的完整性是指电子证据在运输或者储存过程中并未被更改。从技术上来看,对于电子证据完整性的维护,主要有如下六种方式②:

表 4-1　电子证据完整性维护的方式

方式	长度	简介	优势	不足
循环冗余检查(Cyclic Redundancy Check)	16 字节 32 字节 64 字节	循环冗余检查通常在文档转移时使用,用于验证文档的转移是成功的。	1. 方便 2. 迅速	1. 没有安全的散列函数 2. 信息分析时可能发生问题
加密散列函数(Cryptographic hash function)	128 字节 160 字节 224/256 字节 384/512 字节	将输入的数据,根据散列的算法,产生一个固定的数值。这一数值就是散列值。	1. 方便 2. 加密,安全性得以保障	可能导致数据的冲突
数字签名	根据散列函数确定	散列函数通过加密的方式被编码。文档的完整性通过散列函数以及密码的方式得以保证。	将身份与完整性绑定	1. 使用缓慢 2. 实施时具有复杂性

---

① Paul C. Giannelli,"Chain of Custody",http://scholarlycommons.law.case.edu/faculty_publications/345(2016 年 12 月 14 日最后访问)。
② Jasmin Cossic,etc.,"An Ontological Approach to Study and Manage Digital Chain of Custody of Digital Evidence",35 *JIOS* 1,2011.

(续表)

方式	长度	简介	优势	不足
时间戳(Time Stamping)	根据散列函数确定	时间戳通常用于与日志相关的活动；在文件中的时间戳是指文件被创建或者修改的日期和时间；可信的时间戳是指对文件的创建和修改的时间进行追踪的程序。	将日期和时间与完整性绑定	1. 实施时具有复杂性 2. 依据第三方
编码	根据算法确定	编码是指使用特定的算法将信息转化，使其无法被除知道特定密码的个人外的任何人阅读的程序。编码可以保护信息的秘密性。	安全	1. 使用缓慢 2. 实施和维护复杂
水印	根据算法确定	水印是指将特定的信息嵌入另一个对象或者标记中。它将数据的散列函数与数字水印相结合。	安全、方便	使用者无法实质性地改变任何文件，除非其牺牲数据的质量和可用性

从表 4-1 可以看出，每种方式都有其缺陷和不足。在具体使用过程中，通常需要将各种不同的方式相结合。从上述技术的功能来看，这些技术使得侦查人员以及相关的证据保管人员在出庭作证时，可以对相关的电子证据于何时何地发生何种改变作出精确的阐述。

在电子证据的保管链条中，程序的细致化以及技术的精确化是发展的趋势。"在现有的实践中，仅仅知道电子证据的散列函数、电子证据的位置以及特定有过接触的人员的姓名，已经无法满足法院的需求。每份电子证据的电子签名、被操作时的正确位置、被接触时的准确时间、所有与该证据有过接触的个人的准确身份以及所有交易信息的完整描述，都需要提供给法官。"①

---

① Giova G., "Improving chain of custody in forensic investigation of electronic digital systems", 11 *IJCSNS* 1, 2011.

二、互联网电子证据保管的要素：挑战及应对

（一）互联网对现有的证据保管制度提出的挑战

互联网的发展，对现有的电子证据保管制度提出了更大的挑战。首先，从证据保管的程序性的角度来看，一般电子证据的保管，需要记录电子证据形成的时间、地点、接触的人员、储存的区域等，相对容易。在互联网的背景之下，以云环境为例，很多时候，侦查人员根本无法得知相关的虚拟服务器的物理位置，这导致互联网电子证据的形成地点成疑；侦查人员可以通过网络对相关的信息加以收集和保管，但侦查人员的物理位置与虚拟服务器的物理位置可能在不同的时区，在此情况下，互联网电子证据的形成时间存疑；云环境的开放性，使得很多个人可以对其加以访问，这就导致互联网电子证据的接触人员不特定；此外，云环境包含着海量的互联网电子证据，此时，如何确定通过何种方式对相关的互联网电子证据进行保管，存在一定的问题。

其次，从证据保管制度的实质性要素来看，以云环境为例，有学者指出，在云环境中，要确保相应的证据并未受到更改和污染非常困难，因为在云环境中，一个单个的数据可能会有多个并且可变的储存区域。[①] 因此，互联网电子证据的完整性很难得到保障。在云环境中，同一个储存区域会有不同的信息，因此互联网电子证据的相关性也很难得到保障。此外，还存在的一个问题是，有些时候，"侦查人员只能依赖于云服务提供商的证言，证明特定的互联网电子证据以合适的方式获取。但证据收集过程中的任何问题以及数据的任何出错，都会造成证据保管链中的严重问题"[②]。

通过扣押储存媒介，如手机、网页服务器等方式进行保管的互联网电子证据，如果将其联网，由于互联网具有开放性，会导致其内部的数据可能通过网络被更改。"移动电话和无限互联网功能带来了另一个挑战：如果这些设备在被执法人员保管的时候仍然处于开启状态，则它们还能够被犯罪嫌疑人远程进入和改变"[③]；若对其采取切断电源、切断网络的方式进行保管，则会导致相关日志信息、登录信息灭失。其中主要包括储存在非持久内存中的数据，如关于网络连接的程序和信息；以及在持久内存中储存的临时信息，如应

[①] The Harvard Law National Security Research Group, "Cloud Computing & National Security", http://ent.cs.nccu.edu.tw/drupal/files/Cloud-nationalSecurityLaw.pdf（2016年12月4日最后访问）。

[②] Gertuida Meyer and Adrie Stander, "Cloud Computing: The Digital Forensics Challenge", Proceedings of Informing Science & IT Education Conference, 2015.

[③] 〔美〕美国国家科学院国家研究委员会：《美国法庭科学的加强之路》，王进喜等译，中国人民大学出版社2012年版，第189页。

用文件错误信息以及网页浏览日志。① 某些时候,"在入侵调查或使用加密软件的案例中,这一不稳定的信息可能成为成功分析和起诉的关键"②。

(二)互联网电子证据的保管要素

有学者指出:互联网电子证据的保管,一般而言,有三个原则:(1)尽可能地不改变证据;(2)以可验证的方式收集证据;(3)有合适的保管链条。③从司法实践来看,互联网电子证据的固定方式主要有三种:(1)纸质化的固定方式。这主要是指对交易记录等的提取。如涉及淘宝平台上的犯罪活动时,侦查人员通常需要到淘宝公司的总部对相应的交易记录、付款记录等进行提取。淘宝的技术人员对相关的互联网电子证据进行提取后,将其打印并加盖公章。以纸质形式固定的互联网电子证据的保管,只需遵循相关的程序性规定,对证据的运输、分析、保管以及处理过程进行记录即可。(2)电子化的固定方式。这种方式,主要在涉及大量的互联网电子数据的情况下使用。比较典型的是对犯罪嫌疑人、被告人的电子邮件的提取。在对电子邮件进行提取的过程中,侦查人员通常会使用光盘等媒介。以电子化的方式固定的互联网电子证据的保管,需要借鉴一般电子证据的保管规则,即一方面需要对相关的电子证据的运输、保管以及鉴定等程序进行记录,另一方面需要采取不同的技术手段确保电子证据的完整性和可靠性。(3)对媒介的扣押。这主要是指对互联网电子证据的媒介进行扣押,如网络服务器、手机、计算机等。对上述互联网电子证据的媒介进行保管的过程中,一方面需要尽可能地切断上述设备的网络连接。互联网的移动性和开放性,使得相关的技术人员,可以通过远程的方式,对位于相关的媒介中的互联网电子证据进行修改和删除。另一方面需要在切断网络连接以及电源之前,对于相关的日志信息和登陆信息进行提取。

第三节 互联网电子证据保管制度的法律规定和实践评析

一、法律规定:程序性要件说明的缺失

从法律层面来看,我国对于互联网电子证据保管制度的规定,主要集中

---

① George Grispos, Tim Storer and William Bradley Glisson, "Calm Before the Storm: The Challenges of Cloud Computing in Digital Forensics", 4 *IJDCF* 28, 2012.
② 〔美〕美国国家科学院国家研究委员会:《美国法庭科学的加强之路》,王进喜等译,中国人民大学出版社 2012 年版,第 189 页。
③ Todd G. Shipley, "Collecting Legally Defensible Online Evidence", http://veresoftware.com/uploads/ CollectingLegallyDefensibleOnlineEvidence.pdf(2016 年 9 月 16 日最后访问)。

在《刑事案件电子数据规定》中。《刑事案件电子数据规定》对互联网电子证据的保管制度，作出了如下三个方面的规定：(1) 电子数据原始储存介质的封存。[①] 在封存过程中应当保证在不解除封存状态的情况下，无法增删或者修改电子数据。封存手机等具有无线通信功能的储存介质，应当采取信号屏蔽、信号阻断或者切断电源等措施。(2) 对提取的电子证据的保管。对于以网络在线方式提取的电子证据，通过计算电子数据完整性校验值的方式进行保管。[②] (3) 对互联网电子证据的冻结。[③] 在对互联网电子证据进行冻结之后，对其的保管，主要采用三种方式，即：计算电子数据的完整性校验值，锁定网络应用账号，以及其他防止增加、删除、修改电子数据的措施。2019 年的《电子数据取证规则》亦对互联网电子证据的保管作出了规定，涉及原始储存介质的封存、现场提取电子数据、网络在线提取电子数据、冻结电子数据等情形下对互联网电子证据的保管举措。但从总体上而言，其并未突破《刑事案件电子数据规定》中确立的电子证据保管体系。

从我国法律的规定可以看出，我国对互联网电子证据保管制度的构建，强调相关的互联网电子证据的内容不被更改，而并未对互联网电子证据保管链条中的程序性要件加以说明。从刑事立法的其他规定来看，对证据保管链条的规定也较为零散。其中主要有《公安机关刑事程序规定》第 231 条的规定、《公安机关办理伤害案件规定》第 27 条第 2 款的规定以及《人民检察院刑事诉讼规则》第 217 条的规定。通过对这三条规定的解读可以发现，公安机关和检察机关都意识到了对证据进行"妥善保管"的重要性。但何为"妥善保管"，法律并未加以阐明。从《公安机关办理伤害案件规定》第 27 条第 2 款的规定可以看出，从其构成要件来看，"妥善保管"至少需要三个要素，即证据保管责任人、证据保管室以及证据保管制度；从其目的要件来看，"妥善保管"的目的是保证证据不被损毁、污染、丢失或者消磁。

此外，不论是对原始介质的封存抑或是对提取的电子证据的保管，在切断相关信号的前提下，侦查人员通过程序性规定的遵守和技术性措施的使用，可以确保所获取的互联网电子证据的同一性和完整性。但对互联网电子证据进行冻结时，相关的互联网电子证据仍然储存在网络上。在此背景下，由于网络的开放性和技术性，如何确保相关的互联网电子证据的完整性，现有的规范并未给出明确的解答。

---

① 具体参见《刑事案件电子数据规定》第 8 条。
② 具体参见《刑事案件电子数据规定》第 9 条。
③ 具体参见《刑事案件电子数据规定》第 11 条。

二、良莠不齐的司法实践

（一）总体情况

从我国的司法实践来看，对于证据的保管，各地的公安机关在具体的操作过程中，还存在一些问题。

（1）缺乏相关的证据保管室。"许多侦查机构都缺乏足够的物证存放空间或者足够的设施，从而无法对物证进行正确的存放。这种情况导致的后果是，后勤警察不得不将现场物证放在物证存放柜或者档案柜上面，或者将之放置于装有数百件同类物品的大橱柜之中。"①

（2）证据保管制度并未落实。在司法实践中，某些地方虽然建立了证据保管室，但是相关的证据保管规则并未得到细化。在陕西，两名办案民警被指控玩忽职守罪，其原因就在于"刀子和手绢上的血迹因保管不善已灭失，无法与其他检材进一步比对"②。在某些时候，由于案件长期无法结案，因为证据的登记、移交、保管等管理不严，导致证据遗失。如在彭某涉嫌故意杀人案中，提取的血衣因保管不善丢失，导致无法证明彭某的犯罪嫌疑。③

互联网电子证据的保管，需要以原有的物证保管制度为基础，再加以符合互联网电子证据特性的技术性规范。以浙江省某市公安局的做法为例，对于互联网电子证据，在收集之后，其会使用 MD5 算法④，用以保障电子证据的完整性；从程序上来看，该市公安局建立了相对完善的证据保管制度，对于相关互联网电子证据的取用，都必须进行严格的登记。因此，参与访谈的网警认为：就该市公安局而言，互联网电子证据的保管制度相对完善，司法实践中也并未出现因互联网电子证据保管不善而导致证据被排除的案例。

通过对统计的发生在浙江省的互联网电子证据案例的研读可以发现，有不少案件的被告人对互联网电子证据的保管链条提出了质疑。在黄某贩卖毒品案⑤中，被告人提出微信截图的保管过程未作说明，存在瑕疵。法院最终对该份证据予以排除。在杨某某等走私、贩卖、运输、制造毒品案⑥中，辩

---

① 刘静坤：《证据动态变化与侦查阶段证据保管机制之构建》，载《山东警察学院学报》2011年第1期。
② 宋芳科：《两民警一审有罪判决被撤销》，载《西部商报》2015年5月15日第10版。
③ 贺恒扬、吴志良：《对73起重大疑难命案的实证分析——从刑事证据的收集、固定、审查判断和运用的角度》，载《西南政法大学学报》2008年第1期。
④ MD5算法是世界上最广泛使用的散列函数。MD5是基于迭代结构和压缩函数设计的加密算法。其分组长度为128bit，密钥空间是512bit。参见沈璇等：《MD5加密模式的差分故障分析》，载《应用科学学报》2015年第5期。
⑤ （2015）杭下刑初字第00504号。
⑥ （2019）浙刑终241号。

护人认为公安机关查获手机后没有第一时间封存,对手机内数据的真实性有异议。在彭某某等开设赌场、掩饰、隐瞒犯罪所得案[①]中,被告人及其辩护人认为该案鉴定意见的检材来源不明、送检程序有瑕疵,鉴定意见不能作为该案的证据。法院经审理后认为,送检服务器的流转过程全程均有同步录像,检材来源与送检过程合法。在金某某等组织、领导传销活动、掩饰、隐瞒犯罪所得案[②]中,辩护人认为互联网电子证据的鉴定过程存在瑕疵,法院最终认为电子证据提取有侦查机关的远程勘查工作记录、提取电子证据清单等,与其他证据能相互印证,该辩护意见不予采纳。从对案例的分析可以看出,被告人及其辩护人虽然对互联网电子证据的保管链条提出了质疑,但其提出的质疑,多集中在程序性方面,并未深入对互联网电子证据技术性方面提出质疑。造成这种现象的主要原因在于辩护人相关知识背景的缺失。

(二)以快播案为例的分析

快播案属于互联网电子证据的一个典型案件。快播案之所以受到公众的广泛关注,一方面,是因为快播本身在大学生群体中影响广泛;另一方面,是因为快播案在"互联网+"的时代背景下发生,理所当然地受到很多证据法学者的关注。快播案中的互联网电子证据,侦查机关通过扣押快播服务器的方式对其进行提取和固定。快播案中互联网电子证据保管过程中的问题,主要体现在以下几个方面:

1. 证据接收之时无法确保证据的原始性

在该案中,北京市公安局海淀分局认为4台网络服务器系刑事案件涉案物证,遂向北京市版权局调取该物证。北京市版权局将4台服务器移交,并称在上述4台服务器由该局保管期间,该局并未对其进行过任何数据的修改。但在此过程中,公安机关调取的服务器的原始状态没有勘查记录。由此而导致的结果是,相关的互联网电子证据在被侦查机关接收之时,就已经无法确定其是否被更改。程序性记录的缺失,使得对案件调查过程的回溯性审查成为不能。

2. 证据鉴定之时无法确保检材的一致性

海淀分局田村派出所的工作说明显示,该局从北京市版权局调取涉案服务器后,当日便将相关服务器移交给北京市公安局治安管理总队进行鉴定,在此期间并未进行任何操作。而后,鉴定人员进行鉴定所依据的检材,是文创动力公司提供的硬盘。硬盘中的内容是技术人员从服务器中导出来的数

---

① (2015)丽松刑初字第74号。
② (2013)浙金刑二终字第416号。

据。在鉴定过程中,鉴定人员有偶尔离开的情况。

《司法鉴定程序通则》第 12 条第 1 款第 1 句规定:"委托人委托鉴定的,应当向司法鉴定机构提供真实、完整、充分的鉴定材料,并对鉴定材料的真实性、合法性负责。"鉴定只是证据保管链条中的一个环节。"在鉴定委托中,鉴定机构只对来样(送检的检材)负责,这是鉴定机构开展工作的基本原则。"①在该案中,由于鉴定人员偶尔离开,无法排除检材受到污染或被更改的可能性。

3. 证据保管过程中侦查人员缺失无法确保检材未被更改

在快播案中,存在文件的转码问题。北京市公安局治安管理总队委托文创动力公司提供专业技术支持,文创动力公司的技术人员经过 4 天的研发解析出快播的文件。在这段时间内,服务器在文创动力公司保管,执法人员无法全程跟随。由于服务器这段时间无人监管,导致其证据保管链条断裂。

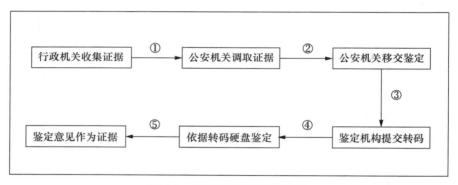

图 4-1 快播案服务器保管链条

从快播案服务器的保管链条来看,在图 4-1 的①②③④⑤各个阶段,都无法排除相关的电子数据被更改的可能性。在阶段①和②,只有行政机关和公安机关自身出具的情况证明,用以验证其并未对相关的电子证据进行操作;在阶段③,鉴定机构委托第三方公司进行技术支持,第三方公司在证据保管过程中,是否对电子证据进行操作,亦无从得知;在阶段④,鉴定人员依据第三方公司转化的电子数据进行鉴定,相关的电子数据在拷贝过程中是否发生删减,亦无从证明。在该案中,侦查机关一方面并未对相关的互联网电子证据的保管链条进行完整的监控;另一方面,侦查机关亦未对相关的互联网电子证据的完整性进行完整性校验。证据流转过程中的随意性,导致互联网电子证据的相关性、合法性、真实性等,均受到一定程度的质疑。

---

① 麦永浩主编:《电子数据司法鉴定实务》(第二版),法律出版社 2019 年版,第 112 页。

通过对我国互联网电子证据保管的法律规范和实践经验的分析可以发现,我国互联网电子证据在保管过程中存在一些问题。这些问题的存在,一方面是因为现有的法律规范对证据保管制度的规定极为稀少。由于缺乏可操作性规则,各地在具体落实过程中,存在良莠不齐的怪象;现有的学术研究,也并未对证据保管制度给予足够的重视。结果导向的逻辑怪圈,使得一些程序性规范,受到不必要的冷落。另一方面是因为各地经济发展水平不同,导致各地在证据保管室的设立、证据保管人责任制的落实等方面存在一定的差异。

第四节 互联网电子证据保管制度的诉讼价值

在刑事侦查中,证据保管链条一般被作为一种书面记录,记明某特定物品从被警察发现到检控方在庭审中向事实认定者及作证辨认证据的证人出示这两个时间点之间,参与了该证据的扣押、控制、检验、测试或与该证据有过其他形式接触的每一个人、每一个机构。① 美国有学者认为:由于互联网电子证据的复杂性,法官和律师面对互联网电子证据时总是带着些许的不安。② 在里程碑式的 Lorraine 案中,大法官 Paul W. Grimm 并没有对互联网电子证据采取全然否决的态度。其认为:互联网电子证据在收集和保存之时被更改的问题,可以通过完整的证据保管链条来加以预防。③ 在互联网的背景下,互联网电子证据保管制度的构建,具有极大的诉讼价值。

一、同一性的保障:基于程序性的记录

"证据的收集提取与法庭审理会有一个时间间隔,而经过这一间隔,实物证据的真实性可能会发生变化,实物证据的同一性可能会引起合理的怀疑。"④互联网电子证据,根据最终固定和转化的形式不同,其对同一性的保障要求也不同。具体而言,对于以电子形式固定的互联网电子证据,需要保障内容的一致性;对于通过扣押互联网电子证据存储介质固定的互联网电子证据,需要保障储存介质和储存内容的一致性。

从证据保管制度的要求来看,其要求从证据采集到结案的过程中,一定要有关于证据保存的详细记载,即何人对证据进行的收集,在不同的时间段

---

① 杜国栋:《论证据的完整性》,中国政法大学出版社 2012 年版,第 164—165 页。
② Deborah Jones Merritt, Social Media, "The Sixth Amendment, and Restyling: Recent Developments in the Federal Laws of Evidence", 28 Touro L. Rev. 27, 2012.
③ Lorraine v. Markel Am. Ins. Co, 241 F. R. D. 534 (D. Md. 2007).
④ 陈瑞华:《刑事证据法的理论问题》,法律出版社 2015 年版,第 215 页。

里,证据由何人负责保管。① 在司法实践中,通过设立精细的保管链条,确保每个与互联网电子证据有过接触的人员都有记录,可以在很大程度上保障互联网电子证据载体上的一致性。

二、完整性和可靠性:基于技术性手段的适用

在司法实践中,通过散列函数的设置,可以在一定程度上保障电子证据的完整性和可靠性。在互联网的背景下,网络的技术性和开放性使得互联网上的很多内容,都可以通过技术手段加以更改。在物证保管室的环境之下,可以通过切断网络信号等方式,在一定程度上确保互联网电子证据的可靠性。

从美国的司法实践来看,为确保互联网电子证据保管制度的完整性,当侦查机关向网络服务商提取互联网电子证据时,侦查机关需要记录特定的电子文件的创设日期;记录提供特定的互联网电子证据的工作人员的姓名;描述被获取的证据的形态;描述提取的互联网电子证据从 A 处转移到 B 处的原因;记录任何一个与互联网电子证据有过接触的个人;并在接收到相关的互联网电子证据之时进行签名。②

根据《刑事案件电子数据规定》,在必要的时候,侦查人员可以对相关的网络账号进行冻结。对于冻结的互联网电子证据,侦查机关将特定的互联网电子证据的保管权限完全赋予特定的互联网公司。在这种情况下,应当如何保障互联网电子证据的完整性和可靠性,侦查机关需要对有关程序进行探索。在此种情况下,侦查机关至少可以采取以下几种程序,确保互联网电子证据的完整性和可靠性:(1)对相关互联网电子证据的原始状态进行记录,主要包括互联网电子证据的数量、内容等;(2)出具冻结通知书,要求互联网公司对特定的互联网电子证据进行冻结;(3)要求互联网公司出具证明,证实特定的互联网电子证据在冻结期间并未被修改;(4)在将冻结的互联网电子证据提交法庭使用时,将其与原始状态的记录进行对比,以确保互联网电子证据内容的完整性。

三、争议的减少:基于效率的考量

在互联网电子证据验真过程中,需要对互联网电子证据的收集、保管以

---

① 〔美〕雷蒙德·默里:《源自地球的证据:法庭地质学与犯罪侦查》,王元凤、金振奎译,中国人民大学出版社 2013 年版,第 46 页。
② Erik Laykin, *Investigative Computer Forensics*: *The Practical Guide for Lawyers*, *Accountants*, *Investigators*, *and Business Executives*, Wiley, 2013, pp. 69-85.

及出示各个过程进行检验。互联网电子证据的保管制度,连接着互联网电子证据的收集制度和出示制度,而且其跨越的时间相对较长。

由于互联网的技术性、开放性等特征,对互联网电子证据内容是否更改的质疑更为集中;对其是否更改的判定,往往需要技术人员的介入。在司法实践中,通过设置规范的证据保管链条制度,可以对互联网电子证据的同一性、完整性、可靠性等要素进行推定。推定属于法律上的拟制,是证明过程的中断。[①] "推定是根据已经证明的事实,假定特定事实存在。在证据法中很多属于推定规则,即除非另一方当事人提出其他证据,否则认定特定事实的存在。从其本质上看,推定属于证明责任的转移。"[②]在此背景下,庭审只需围绕相关互联网电子证据的实质内容展开,看其是否足以与其他的证据形成相互的印证,对案件的事实起到一定的证明作用。证据保管链条的设立,对于促进互联网电子证据在庭审过程中被采纳,起到重要的作用。

第五节 互联网电子证据保管制度在我国的构建和完善

互联网电子证据保管制度的构建,具有极大的诉讼价值。结合互联网电子证据的特点,我国的互联网电子证据保管制度的构建和完善,可以从如下几个方面展开。

一、程序性视角的构建:保管链条的起点之争

互联网电子证据保管制度的程序性构建,与一般实物证据的保管制度,存在一定的重合之处。但是由于互联网电子证据的特殊性,其仍存在一定的区别。

(一) 互联网电子证据的接收

在对互联网电子证据进行接收的过程中,需要对相关的互联网电子证据进行登记、编号和装袋。在此过程中,一个首要的问题是是否有必要在侦查机关内部对办案部门和保管部门进行分离。

将办案部门与保管部门相分离,具有一定的必要性。首先,将办案人员与证据保管人员分离,有助于促进证据保管人员的专业化程度;其次,将两者相分离,可以保证证据保管人员与案件事实无涉。这就促使证据保管人员能

[①] 张保生:《推定是证明过程的中断》,载《法学研究》2009 年第 5 期。
[②] Bryan A. Garner, *Black's Law Dictionary*, Thomson Reuters, 2009, p.1304.

以更为中立和客观的立场,对相关的证据进行保管。这可以在一定程度上减少侦查人员人为修改证据的可能性。在此存在的问题是,如何保证证据从收集到接收这期间互联网电子证据保管链条的完整性。

(二)互联网电子证据的保管

在接收互联网电子证据之后,就需要对其进行保管。在保管过程中,一方面,证据保管人员需要对与特定的证据有过接触的人员进行记录。为了保障证据的完整性和可靠性,原则上不应当使任何人有单独与证据进行接触的机会。另一方面,在非必要的情况下,不应当允许相关的人员将证据带离证物保管室。

(三)互联网电子证据的提取

在互联网电子证据处理过程中,经常涉及对互联网电子证据的鉴定和检验。在此过程中,需要对互联网电子证据进行提取。对互联网电子证据的提取,亦需形成规范性的记录。

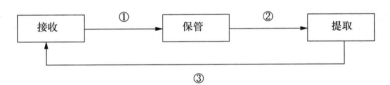

图 4-2　互联网电子证据的保管流程

从程序性视角展开,在①②③各个阶段,均需对互联网电子证据的移转过程进行记录。具体而言,在接收阶段,需要载明互联网电子证据的数量、案由等;在保管阶段,需要载明与互联网电子证据有过接触的个人的信息,接触的时间、理由等;在提取阶段,需要载明提取互联网电子证据的理由、提取人员、提取目的等。

从美国的司法实践来看,对于证据的保管,美国已经形成了相对规范的做法。这主要包括如下七个要素:(1)以法定的程序对犯罪现场的证据进行收集,以确保证据并未被污染;(2)在犯罪现场,所有的证据都被合适地进行标记;(3)所有的证据都被完整地描述其内容以及收集的地点;(4)对所有的证据保留完整和明确的保管链条;(5)将所有证据包装并运送至实验室,在运输过程中确保并未对证据造成损害;(6)将所有证据都密封在证物袋,使得所有对证据的污染都能被检测;(7)在证物室为证据设置安全的区域,在储存和检验期间限制对其的接触。①

在证物运送至实验室之后,实验室工作人员需要将证物的内容与证据保管链条的记录进行对比。如果两者不一致,其需要对此进行汇报。如果两者一致,则其需要在证据保管链条上签名。② 当物证在实验室时,工作人员也需要遵守一系列的程序:(1)证据需要被保管在一个安全的区域,该区域可以是保险箱或者只能由特定的人员进入的区域;(2)检验员在需要检验的时候必须亲自去获取证据,且不得同时进行两个案件的检验;(3)证据在检验员的保管之下时,检验员必须遵守特定的程序;(4)检验员对特定的证据进行检验并书写报告;(5)报告中必须包含对送检的证物的精确描述、对检验工作的描述、对检验结果的阐述以及对证物处理结果的精确阐述。③

从对美国证据保管链条的分析可以看出,美国在证据保管过程中,主要关注四个要素:(1)证据独特性。这主要是指对证据特性的完整描述,以便将其辨别。(2)证据可监控性。这主要是指确保证据在任何时候都处于特定责任人员的监控之下。(3)证据可接触性。这主要是指只允许特定人员与证据接触。(4)证据完整性。这主要是指通过密封等方式,尽可能地减少证据毁损的可能性。

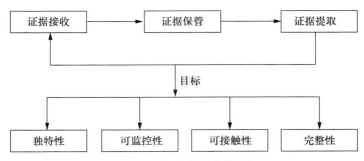

图 4-3　证据保管链条的目标

以快播案为例,其证据独特性无法得到确保(侦查人员在对服务器进行签收时,无法确保服务器的真实性);其证据可监控性和证据可接触性未得到遵守(快播服务器有 4 天时间放置在文创动力公司);其证据完整性无法确认

---

① Ronald N Morris, "Evidence", 12 *International Review of Law Computers & Technology* 279, 1998.
② 在特定情况下,如果证据保管链条记录并未附上,实验室需要自行创设证据保管链条记录。其主要内容包括:(1)送交检验的物品的数量;(2)负责检验的检验员;(3)负责检验的日期;(4)案件的编号;(5)其他实验室内部管理需要的信息。
③ 如果特定证物被归还,其必须使用认可的包装技术并符合证据保管链条要求;如果特定的证据被保留以进行之后的检验,特定的包装及证据链要求亦需要被遵从,以确保证据并未受到损毁。

（鉴定人员依据的检材是文创公司转码后的文件而并非原始文件，并且一台服务器已经受损）。快播案反映出的我国证据保管链条中的短板，值得理论界和实务界的重视。

在对一般的电子证据进行保管时，证据的保管链条从特定的证据被侦查人员收集之后开始。[①] 其理论依据在于：在政府没有占有证据之时，不能要求政府对证据的保管情况负责。[②] 在互联网背景下，侦查人员大多通过出具证据调取通知书的方式对互联网电子证据进行调取，由互联网服务公司进行协助。在此种情况下，互联网电子证据的保管链条，需要从侦查机关签发证据调取通知书之时开始计算[③]，主要原因有以下几点：首先，从证据独特性的角度而言，当侦查机关签发证据调取通知书时，其已经对相应的互联网电子证据进行了确定。因此，互联网电子证据的独特性已经可以得到保障。其次，从互联网电子证据的可监控性以及可接触性的角度出发，在互联网电子证据调取通知书出具之后，将所有与互联网电子证据有过接触的个人进行记录，可以在一定程度上确保相应的互联网电子证据并未被更改。最后，从证据法的原理而言，特定个人需要出庭作证，因为其对案件的特定要素，具有亲身知识。侦查人员的出庭作证，就是基于这一原理，以其亲身知识，对证据的保管链条加以说明。在互联网背景下，如果被告人对于证据的保管链条存在疑问，互联网公司的技术人员亦需要出庭作证，对证据的整个提取过程进行说明。如果互联网电子证据的保管链条仍然从侦查人员收集证据开始，那么互联网公司技术人员的出庭作证，就缺乏证据法上的正当性基础。

二、技术性视角的构建：网络公证平台的适用及云环境下的双重加密

从技术性视角来看，在互联网电子证据的保管过程中，需要通过散列函数的设置，从而确保互联网电子证据的完整性。在网络公证平台快速发展并且相对成熟的背景下，为确保互联网电子证据的完整性和可靠性，可以适当将特定的互联网电子证据利用网上公证平台加以保管，以佐证公安机关保管的互联网电子证据的完整性。

---

① 陈永生：《证据保管链制度研究》，载《法学研究》2014 年第 5 期。美国印第安纳州高等法院也曾明确指出：在执法人员控制证据之前，不需要建立证据保管链条。参见 Williams v. State，3779 NE 2d 981(1978)。
② Zupp v. State，283 NE 2d 540(1972)。
③ 这一点，也得到美国司法实务界的印证。在互联网环境中，计算机系统很可能会受到黑客的攻击，因此司法人员必须明确证据的收集和存储过程，同时识别互联网电子证据的收集工具和方法。在涉及企业的情况下，侦查人员需要记录下与相关的互联网电子证据有过接触的个人的姓名、职务等，将其作为互联网电子证据保管链条的组成部分。参见〔美〕肖恩·博因：《电子证据的相关问题》，张爱艳、肖燕译，载《证据科学》2016 年第 2 期。

在刑事案件中,能否借助第三方网络公证平台,对互联网电子证据进行保管呢?笔者认为,在刑事诉讼中,可以对这种方式进行一定程度的采用。首先,从证据保管制度的目的来看,其是为了保障证据的同一性、完整性和可靠性而设。网络公证平台通过时间戳和加密技术的使用,可以对互联网电子证据的产生、存储等过程加以记录。在此过程中,对于互联网电子证据任何形式的更改都会在系统中得以体现。通过这一方式,互联网电子证据的同一性、完整性和可靠性就可以得到保障。从完整性的角度来看,侦查人员在对相关的互联网电子证据进行提取时,往往侧重于对其内容数据的提取。互联网具有技术性,在网络层、数据链接层亦包含大量的互联网电子数据。通过网络公证平台的使用,可以对与案件相关的所有互联网电子证据都进行保全。

其次,从技术上来看,第三方网络公证平台对公众开放,其操作过程极为简单,且打破了时间和地域的限制,可以随时进行。侦查机关在对相关的互联网电子证据进行收集和固定后,将原有的网页证据等上传至第三方网络公证平台保全,具有技术上实现之可能性。

再次,从真实性的角度来看,通过网络公证平台保全的互联网电子证据,其流转过程中可以更好地减少人为因素的干扰。网络公证平台通过特定程序的设置,对互联网电子证据进行自动保全。从 Daubert 测试[1]的标准来看,科学证据可采性的测试主要包括四个方面:(1)测试。方法可以被重复测试,当使用相同方法时会产生相同的结果。(2)错误率。有特定认可的错误率。(3)发表。工具的可靠性在专家群体中被讨论。(4)接受度。该方式在相关的学术圈中被普遍接受。从这个角度而言,只要网络公证平台的设计原理被认可,由此产生的结果,亦会得到法官的确认。

最后,从刑事诉讼目的的角度来看,我国刑事诉讼的目的仍以打击犯罪为主,正当程序原理并未得到充分落实。在打击犯罪目的的指引之下,侦查机关与犯罪嫌疑人,属于对立的两方当事人。在司法公信力相对薄弱的情况下,通过第三方机构的介入对相关的互联网电子证据进行保管,可以减少可能产生的对互联网电子证据的真实性的质疑。

网络公证平台能否在刑事诉讼中得到一定程度上的适用,主要取决于如下几个因素:(1)网络公证平台的保密性程度。不少的互联网电子证据,都涉及犯罪嫌疑人以及被告人的通信信息以及隐私信息。在这种背景下,网络公证平台是否能对相关的互联网电子证据进行充分保密,使其不为无关的第三者所知,将会决定其在刑事案件中可以适用的范围。(2)刑事案件的性

---

[1] Daubert v. Merrell Dow Pharmaceuticals,509 U. S. 579,113 S. Ct. 2786,125 L. Ed. 2d 469 (1993).

质。侦查阶段仍然属于证据的收集阶段,在此过程中,证据尚未固定并形成完整的证据链条。在这样的背景下,如果侦查人员保管的证据为犯罪嫌疑人所知,则可能会引起其对其他形式的证据的破坏,不利于刑事诉讼打击犯罪的目的的实现。(3)网络公证平台的稳定性和可靠性程度。某些云服务平台,在服务合同中声明其不对数据的完整性负责。云数据的更改或毁损,很有可能致其不具可采性;如若被更改的数据能够充分验真并被采纳,其亦会被法官赋予极低的证明力。①

对于一般的电子证据以及网络服务商提供的互联网电子证据而言,一般散列函数的加密,已经足以确保其完整性。司法实践中常用的 MD5 加密算法,如图 4-4 所示②:

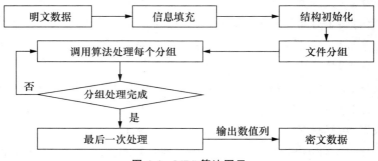

图 4-4　MD5 算法图示

在互联网和云计算的背景下,有学者认为单纯的加密技术已经无法保证互联网电子证据的完整性,因此提出了双重加密的算法。其具体算法如图 4-5 所示③:

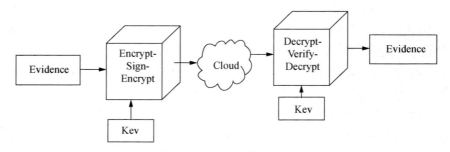

图 4-5　双重加密算法图示

---

① Major Scott A. McDonald, "Authenticating Digital Evidence from the Cloud", 2014 *Army Law*. 40,2014.
② 申甲:《一种基于 MD5 算法的 B/S 通信加密系统》,载《信息技术》2010 年第 11 期。
③ Mahmoud M. Naereldin, etc., "Digital Forensics Evidence Acquisition and Chain of Custody in Cloud Computing",12 *IJCSI* 153,2015.

上述两种模式，各有优劣。从互联网电子证据保管的目标来看，其是为了保障相应的互联网电子证据的完整性、可监控性以及可接触性。双重加密的模式，由于增加了数字签名这一环节，可以使得相应的互联网电子证据处于特定的侦查人员的监控之下，使其不被其他人员所接触。从这个角度上而言，双重加密的模式，更有利于保管目的的实现。此外，互联网电子数据通常包含了大量的个人信息，双重加密模式的设置，可以严格控制与相应的互联网电子证据接触的个人。从这个意义上而言，双重加密模式更有利于对被告人隐私权的保护。从操作的便利性角度而言，MD5 算法相对方便。在司法实践中，具体采用何种技术对相关的互联网电子证据进行保管，取决于侦查人员的裁量和判断。

三、互联网电子证据保管链条的证明：基于争议的回应

证据保管链条由从犯罪现场发现证据到证据在法院出示的整个期间内经手该证据的人组成。完整的证据保管链条需要所有经手证据的保管者出庭作证指认证据，并提供证明证据交接情况及证据在其掌管期间存放于安全地点的证明。①

（一）证据保管链条的推定

在刑事诉讼中，当被告人及其辩护人未对互联网电子证据保管链条提出质疑时，则推定相关的互联网电子证据保管链条的完整性。这一点，亦得到了美国判例法的呼应。在 United States v. Allen② 一案中，法院指出，当没有证据显示存在对证物的污染时，法院推定政府公职人员已经正确地履行其职能。上述的处理方式，主要有两个方面的考量：首先，是出于对公职人员的信任。从行政法的原理上而言，如果行政人员在履行行政职责的过程中，与行政相对人之间仅存在一对一的证据，法官在判决时通常会采纳行政人员的证言。其背后的原理主要是认为在大多数时候，行政执法人员缺乏作伪证的动机。③ 对互联网电子证据的保管，属于侦查机关的常规事务。通过程序性规则的制定，可以推定侦查人员行为的合法性。其次，是出于司法经济性的考量。互联网电子证据的保管链条，从其签发证据调取通知书开始，至证据提

---

① 〔美〕约翰·W. 斯特龙主编：《麦考密克论证据》，汤维建等译，中国政法大学出版社 2004 年版，第 220 页。
② 106 F. 3d 695(6th Cir.)，520 U. S. 1281，117 S. Ct. 2467，138 L. Ed. 2d 223 (1997).
③ 合规性推定通常用于证明公共官员官方行为的合理性，法院一般推定公共官员已经合理地履行其官方职责。参见杜国栋：《论证据的完整性》，中国政法大学出版社 2012 年版，第 184 页。

交法院时止。在此过程中,涉及的人员包括侦查人员、第三方公司的技术人员、保管人员、鉴定人员、检察官等;涉及的技术包括散列函数的设置、电子签名技术的运用等。若在庭审过程中,侦查人员需要对每个互联网电子证据的保管链条加以证明,则会导致庭审效率极度低下。

(二)证据保管链条的证明

当被告人及其辩护人对互联网电子证据的保管链条提出异议后,侦查机关应当对互联网电子证据保管链条进行证明。[①] 从被告人及其辩护人异议的证明标准来看,其仅需要提供初步的证据,证明互联网电子证据保管链条存在断裂。这主要有两个方面的原因:首先,被告人及其辩护人能够提出初步证据证明互联网电子证据存在保管不善的问题,表明其已经付出了相关的调查成本,可以免除其恶意拖延诉讼之嫌;其次,从证据的可得性角度而言,互联网电子证据的保管,由侦查机关负责。对于互联网电子证据保管链条的实施过程,侦查人员掌握大量的信息。对于互联网电子证据保管过程中程序性规则的适用、技术性措施的适用,被告人及其辩护人难以得到充分的信息。此时进行举证责任的倒置,更有利于公平的实现。

1. 证明人员

在互联网电子证据保管链条的证明过程中,需要从互联网电子证据产生之时起所有与其有过接触的个人,对证据的保管过程进行说明。在此过程中,涉及的人员主要包括:(1) 互联网电子证据的提取人员。在很多时候,互联网电子证据的提取人员并非侦查人员。如对支付宝交易记录、电子邮件的提取,通常是由公司的技术人员进行。[②] (2) 侦查人员。侦查人员主要证明相关的互联网电子证据在运送过程中并未发生更改。(3) 保管人员。保管人员在证据保管期间需要记录所有接触过互联网电子证据的人员。(4) 鉴定人员。鉴定人员需要证明在鉴定过程中,相关的互联网电子证据并未被删减或替换。(5) 其他人员。如互联网电子证据运输过程中相关人员的证言等。

[①] 这主要是由推定的本质决定的。推定属于法律上的一种拟制。有学者甚至提出,可以从法律术语中废除推定,代之以具体而明确的证据规则的运用。参见 Ronald J. Allen, "Presumptions in Civil Actions Reconsidered",66 Iowa L. Rev. 843,1980.

[②] 《刑事案件电子数据规定》第 7 条前句规定:"收集、提取电子数据,应当由二名以上侦查人员进行。"这一条,在实践中已经异化成为收集、提取电子数据,由互联网公司的技术人员在 2 名侦查人员的监督之下进行。实践中的操作是否具有违法性之嫌,值得理论和实务界的进一步深究。

2. 证明方式

从证据链的原理来看,其要求在证据保管过程中与证据有过接触的任何个人都出庭指认证据、说明证据交接情况并且说明证据存放于安全地点。对证明过程的要素进行解析可以发现,其主要包括"指认"和"说明"。从司法实践来看,侦查人员很少出庭作证,其通常通过出具情况说明的方式,完成对于证据保管链条的证明。出具情况说明,可以达到"说明"的目的,却无法达到"指认"的目的。在互联网背景下,由于互联网的开放性,任何个人都可以对相关的互联网电子证据进行获取。若与证据有过接触的个人不出庭,就无法达到对证据"指认"的目的。而在互联网背景下,对于互联网电子证据同一性的认定,恰是司法实践中的难题。

出具情况说明,属于传闻证据的一种形式。在我国,传闻证据规则尚未确立。从现有的规定来看,对于侦查人员和鉴定人员的出庭,《刑事诉讼法》作出了不同的规定。① 从文义上解读,侦查人员的出庭义务,仅限于对证据的收集过程进行说明;鉴定人员的出庭义务,仅限于对鉴定意见的内容以及鉴定程序等问题进行说明。出庭对证据保管链条进行说明这一义务,尚未在《刑事诉讼法》中得到明确地设立,也并未在司法实践中得到该有的重视。

侦查人员和鉴定人员的低出庭率,固然有司法成本的考量,如侦查人员和鉴定人员出庭会增加庭审时间等,但由此而导致的庭审价值的减损也不容小觑。在言词审理原则和审判中心制度改革的背景下,交叉询问制度的设立,有利于保障被告人的对质权,也有利于案件事实的查明。"交叉询问被一些英美法学者誉为发现真实的最重要的法律装置,同时也是使诉讼体现出对抗性质的最重要的法律机制。"② 如何在节省司法成本和保障庭审价值之间作出权衡,需要考虑多种因素,如被告人可能被判处的罪名、特定的互联网电子证据在案件证明过程中所能发挥的作用,以及侦查人员在互联网电子证据保管程序中存在的违法情况等。

在我国司法实践中,确立一定程度上的传闻证据排除规则,可以对"情况说明"盛行的现状起到显著的改善作用。具体而言,在互联网电子证据的保管链条存在明显的缺失的情况下,如果与互联网电子证据保管制度相关的个人仍只是出具"情况说明",那么就可以借鉴传闻规则的要素,对相关的互联网电子证据进行排除。

---

① 我国《刑事诉讼法》第 59 条第 2 款对侦查人员的出庭问题作出了规定,第 192 条第 3 款对鉴定人员的出庭问题作出了规定。
② 龙宗智:《论我国刑事审判中的交叉询问制度》,载《中国法学》2000 年第 4 期。

3. 证明目标

证据保管链条的证明目标是证明相关的互联网电子证据在保管过程中并未发生更改。这主要包括两个方面的内容：互联网电子证据的存储介质未发生变更以及互联网电子证据的内容未发生变更。当互联网电子证据的存储介质不得不发生变更时，侦查人员需要证明互联网电子证据的内容未发生变更。如在快播案中，为了对相应的互联网电子证据进行解码，互联网电子证据的存储介质从服务器硬盘转变成了U盘。从一审的过程来看，侦查人员无法对存储介质的变化与互联网电子证据内容的变更作出合理的解释。而后，通过鉴定的方式，侦查人员证明互联网电子证据的内容并未发生变更，以此完成对缺失的证据保管链条的说明。

4. 证明标准

从证明标准的角度来看，美国有学者将证明标准分为十个梯度：绝对确定；排除合理怀疑的有罪确认；明晰可信的证据；相当理由；优势证据；合理怀疑；怀疑；合理疑点；直觉；无信息。①

刑事案件的定罪标准，各国之间有所不同。在我国，根据《刑事诉讼法》的规定，证据达到确实、充分，并且排除合理怀疑，方能认定被告人有罪；在美国，定罪标准通常是排除合理怀疑。那么对于证据保管链条的证明，是否也应当设置如此高的证明标准呢？笔者认为，对于证据保管链条的证明，属于程序性事项的证明，其证明标准，只需要达到优势证据标准即可，即"比不可能更可能"。主要理由如下：首先，从证据法的目的来看，其鼓励的是采纳证据，而非排除证据。互联网电子证据，如聊天记录、云数据等，通常对案件的事实起着极为重要的证明作用。案件的事实需要借助证据得以重构。设置过高的证明标准，会使得很多相关的证据被排除，导致案件的事实无法得到充分的重构。从这个意义上而言，排除证据就意味着排除正义。其次，从互联网电子证据的保管链条来看，其保管链条比一般证据的保管链条长。对侦查机关苛以过高的义务，亦不利于事实真相之查明。此外，互联网电子证据属于新生的事物，相关的程序规则仍在发展过程中。保管链条过程中的瑕疵，只要未对相关的互联网电子证据的实质性造成影响，就不应当对其排除。

第六节 小结：在"封闭"与"开放"之间

互联网电子证据的保管，兼具"封闭"与"开放"的双重属性。无论是互联

---

① 〔美〕罗纳尔多·V. 戴尔卡门：《美国刑事诉讼——法律和实践》，张鸿巍等译，武汉大学出版社2006年版，第93页。

网电子证据保管过程中的程序性记录,抑或是散列函数等技术性手段的适用,其实质都反映了保管制度中"封闭"的这一面向。其主要目的是为了尽可能地隔离互联网电子证据,以防止不相关人员的行为可能导致的对互联网电子证据实质性的修改。然而,当被告人及其辩护人对互联网电子证据的保管提出质疑时,证据保管制度的"开放性"面向得以显现。这主要体现在对证据保管过程中程序性记录和使用的技术手段的公开,以及侦查人员和与互联网电子证据有过接触的个人出庭说明情况。

在"封闭"与"开放"的双重面向之下检视我国的互联网电子证据保管制度,可以发现我国互联网电子证据的保管尚未得到应有的重视。这主要表现为证据保管过程中程序性记录的缺失以及侦查人员、鉴定人员等出庭作证的稀缺。上述乱象的存在,与证据保管制度的属性,显得格格不入。此外,在互联网时代,对于网络公证平台有选择性地适用,亦符合证据保管制度的双重性特征。网络公证平台本身的开放性与运作过程的封闭性,可以在司法公信力不足的当下,提高互联网电子证据的真实性。

"封闭"与"开放"之间,反映出司法制度对于程序性问题的重视程度。对于互联网电子证据保管制度的关注,在确保互联网电子证据真实性的同时,亦有助于纠正我国以往对于程序性问题的错误认知。

第五章 互联网电子证据保管的典型样态探究:司法区块链的适用及限度

与互联网一样,区块链是一种基础性的技术,其对世界的影响可以深入方方面面。① 作为一种新型的存证方式,司法区块链技术在司法实践中的适用越来越受到关注。区块链和其他分布式的记账技术具有去中心化的特征,基于区块链可以获取安全的、带有时间戳且不可改变的信息链。② 区块链技术与电子证据的结合,有其不可忽视的价值,但也随之带来一系列的争议和风险,既包括技术方面的风险,又涉及区块链本身的特性与现有司法制度之间的张力。本部分对司法区块链在互联网电子证据保管中的适用及限度进行分析,并结合已有案例,对司法区块链在网络犯罪案件中适用的可能性予以勾勒和审视。从逻辑层面来看,本章是对上一章节研究内容的深化,是在分析互联网电子证据保管理论的基础上,对司法实践中互联网电子证据保管的典型样态进行进一步探究。

第一节 背景:网络环境中著作权保护的传统难题

近年来,随着互联网的不断发展,网络著作权侵权行为呈现泛滥之势,其中,网络文字领域侵权现象尤为突出。为净化网络版权保护环境,自 2005 年起,国家版权局已经连续十余年开展剑网行动,这体现出国家层面对网络著作权保护的高度重视,亦取得了诸多成效。

然而,从司法层面来看,网络环境中的著作权保护,仍然存在一系列的问题。如有实务人士明确指出,现有网络环境下版权保护存在作品权属难以确定、取证困难且方式有限、侵权损害赔偿数额证明难等突出问题。③ 网络著作权保护的高投入与低产出,使得不少著作权人望而却步。网络著作权保护

---

① Kevin Werbach, "Trust, but Verify: Why the Blockchain Needs the Law", 33 *Berkeley Tech. L. J.* 487, 2018.
② Sylvia Polydor, "Blockchain Evidence in Court Proceedings in China—a Comparative Study of Admissible Evidence in the Digital Age", 3 *Stan. J. Blockchain L. & Pol'y* 96, 2020.
③ 夏朝羡:《区块链技术视角下网络版权保护问题研究》,载《电子知识产权》2018 年第 11 期。

的突出问题,亟待理论界和实务界加以应对。

2018 年 9 月,在区块链存证效力得到立法层面确认的背景下①,杭州互联网法院首创司法区块链技术,以保障网络文学作品版权,解决网络著作权案件证明困难的问题。② 2019 年 10 月,浙江省绍兴市上虞区人民法院借助区块链加密技术,对一起区块链存证的刑事案件进行宣判。③ 该案是全国首例成功审结的区块链存证刑事案件。区块链技术从民事案件中的适用拓展至刑事案件中的适用,显示出司法实践对现代科技的开放态度及对区块链技术在司法领域适用的高度期待。从司法实践来看,截至 2023 年 4 月,司法区块链节点总数达到 32 个,存证数据总量超过 5.6 亿。④ 司法区块链作为一个新生事物,是现代科技与法律相融合的又一创举。故此,有必要对其功能及缺陷加以审视,以切中肯綮,更好促进其在司法实践中的适用。

第二节 定位及功能预设:司法区块链技术对以往难题的应对

区块链技术因比特币的横空出世而为人所熟知。从界定上来看,区块链是指从创世区块开始,到某个叶节点位置的最长路径。其作用是维护一个一致的交易历史,而所有的节点最终在唯一的区块链上达成一致。⑤ 区块链的去中心化、匿名性等特点,使其备受资本的追捧,热度经久不衰。

从司法实践来看,作为一种存证技术,区块链存证的方式已经在杭州互联网法院和北京互联网法院等法院适用。如在北京互联网法院审理的第一个案件"'抖音短视频'诉'伙拍小视频'侵害作品信息网络传播权纠纷案"中,法官就认可了第三方平台通过区块链取证和存证的证据能力。⑥ 区块链取证和存证实质上是自动固定电子证据的一种方式。事实上,由于互联网和电

---

① 2018 年 9 月 7 日,最高人民法院《关于互联网法院审理案件若干问题的规定》开始实施。其中,第 11 条明确规定:"当事人提交的电子数据,通过电子签名、可信时间戳、哈希值校验、区块链等证据收集、固定和防篡改的技术手段或者通过电子取证存证平台认证,能够证明其真实性的,互联网法院应当确认。"
② 参见新华网:《杭州互联网法院利用司法区块链保障网络文学作品版权》,http://www.xinhuanet.com/legal/2018-12/06/c_1123818202.htm(2018 年 12 月 27 日最后访问)。
③ 余建华、单巡天:《全国首例区块链存证刑事案宣判》,载《人民法院报》2019 年 11 月 1 日第 3 版。
④ 参见司法链网站,https://sfl.court.gov.cn/pages(2023 年 4 月 12 日最后访问)。
⑤ 〔瑞士〕Roger Wattenhofer:《区块链核心算法解析》,陈晋川等译,电子工业出版社 2017 年版,第 111 页。
⑥ 参见北京互联网法院网站:《北京互联网法院第一案宣判短视频可构成类电作品》,https://www.bjinternetcourt.gov.cn/cac/zw/1545895318461.html(2018 年 12 月 28 日最后访问)。

子数据本身的特性,传统的公证方式在处理涉网案件时,早已显得捉襟见肘,难以满足互联网实践的需求。在此背景下,各地公证机构与互联网公司合作开发的公证云平台,其目的就在于实现对互联网电子证据的实时固定,以避免传统方式下因公证机关介入迟延而导致的电子证据的灭失。

从本质上而言,区块链取证和存证是一般网络公证平台的升级版。相比于一般的公证云平台,区块链取证和存证的优势主要体现在两个方面:第一,安全性得到提升。区块链的去中心化特点,一方面可以减少其冗余性,极大地提升效率;另一方面,其抗攻击能力亦可得到显著的提升。从运作层面来看,区块链是基于算法确保其完整性的。因此,即便特定的节点被攻击,其余更大系统内的节点会检测并拒绝上述变更。① 但一般的网络公证平台,具有明显的中心化特性,一旦系统被攻击,后果往往不堪设想。第二,可靠性得以保障。在区块链背景下,交易和记录等活动均基于分布式网络完成,若想篡改区块链中的数据,成本巨大,得不偿失。② 区块链综合运用了时间戳、数据加密、智能合约、电子身份认证等技术,可在很大程度上保证其可信性。而一般的网络公证平台,具有明显的监管特性,其运作很大程度上系基于对人的信任。对平台中的特定数据进行更改,并无技术层面的桎梏。故此,区块链的使用,可以从技术层面确保公证功能的实现。

在网络著作权保护和其他领域,除作为一种电子证据的固定方式之外,司法区块链技术还可在如下几个方面大有作为:

第一,区块链可有效化解权利主体难以确权的困境。"信息互通互联的最大问题在于人们很难验证其来源。"③互联网的传播特性,使得当今时代的数据,呈现指数级的增长。互联网上的大量信息,来源不明,并在低成本的流转过程中,不断被更改。但在区块链的运作体系下,权利主体基于区块链的启动,将信息录入节点,实现对个体权利的确认,并以此作为创世区块,可实现对个人版权的后续保护。区块链启动后,对其修改需要耗费大量的成本,几乎难以实现。

此外,根据我国版权登记的相关要求,申请作品著作权登记,申请人需要提交著作权登记申请表、申请人身份证明文件、权利归属证明文件等材料,而后由主管单位进行审查,审查通过即颁发相应的证书。这就意味着,完全匿名的作者,在一定程度上无法充分享有著作权法保障的权益。④ 在现有《中

---

① Tom W. Bell, "Copyrights, Privacy, and the Blockchain",42 *Ohio N.U.L. Rev.* 439,2016.
② 沈鑫、裴庆祺、刘雪峰:《区块链技术综述》,载《网络与信息安全学报》2016年第11期。
③ 〔德〕匿名者:《深网:Google搜不到的世界》,张雯婧译,中国友谊出版公司2016年版,第1页。
④ Tom W. Bell, "Copyrights, Privacy, and the Blockchain",42 *Ohio N.U.L. Rev.* 439,2016.

华人民共和国著作权法》的框架之下,作者的隐私权保障与著作权的保护,存在较大的张力。区块链具有匿名性的特性,该技术的使用,在保证作者匿名性的同时,还可以保障著作权人的权益,为化解一直以来著作权确权与主体匿名性之间的矛盾提供了新的可能性。

第二,区块链可以有效地对损失范围和数额加以确认。区块链的运作遵循如下的模式:第一步,侵权人在没有著作权许可的情况下在网络上上传作品;第二步,侵权人的信息区块被记录到作品权利人的区块链上;第三步,权利人检验区块链,发现相应的侵权信息。① 故此,在理想的状态下,基于区块链本身对信息的记录以及权利人对区块链的审核,权利人可以快速认定侵权行为的传播范围,并以此为基础,计算侵权的损失数额。以杭州互联网法院为例,其与新华智云开发的司法区块链技术,可以通过对全网的监测发现具有侵权嫌疑的内容,定期提供详尽的版权监测报告,并可将相应的内容直接推送给法院。"在著作权保护领域,无论是在注册环节,抑或是在侵权诉讼中,区块链及相关的分布式储存技术均为固定著作权注册和保护的证据提供了可能性。"②

第三,基于区块链的可回溯特点,可以进一步地分析电子证据保管链条中可能存在的问题。"区块链最主要的优势是实现数据的完整性,通过分布式账本记录数据的来源路径并且使数据无法篡改,实现数据权利清晰且可交易。"③数据的上链,可以实现电子证据生命全周期的实时监控。基于"区块链+大数据"的综合运用,可以准确地审查上链信息可能存在的缺失,如主体信息、过程信息等问题,进而采取相应的措施,为区块链的治理及后续的发展提供现实经验。

总而言之,无论是区块链公证、区块链确权还是区块链定损,区块链技术在司法中的适用,可以有效化解网络著作权案件中的证明难题,简化案件流程,提高诉讼效率。其在网络著作权侵权和犯罪案件中的适用具有无限可能性。

第三节 隐患:司法区块链的缺陷审视

司法区块链技术,虽为网络著作权保护勾勒了美好的蓝图,但从现有的司法实践来看,司法领域对于区块链的适用,仍然处于初步的探索阶段,区块

---

① Jason Kim, "Blockchain and Copyright: Vain Hope for Photographers?", 2018 *B. C. Intell. Prop. & Tech. F.* 1, 2018.
② Birgit Clark and Ruth Burstall, "Crypto-Pie in the Sky? How Blockchain Technology is Impacting Intellectual Property Law", 2 *Stan. J. Blockchain L. & Pol'y* 252, 2019.
③ 何渊主编:《数据法学》,北京大学出版社2020年版,第9页。

链在刑事案件中的适用仍较少。单从司法区块链本身的技术层面来看,其亦仍存在不少的缺陷。

一、区块链原始数据真实性天然有缺陷

从实体层面来看,我国现有的版权登记仅实行形式审查,并要求权利人提交作品说明书,描述独创性声明。这导致的结果是存在大量重复登记或者内容实质相同的作品被登记。物理世界形式审查的缺陷,也未能在区块链领域得以避免。

在司法区块链领域,一旦权利主体启动司法区块链技术,对作品进行确权,即可形成特定的区块。与此同时,侵权主体基于对内容的非实质性修改,亦可启动司法区块链技术,形成自身的区块。在此背景下,在权利主体的区块形成初期,基于区块链领域的51％攻击定律,其仍然有被修改的可能性。[1]"区块链需要引入大量公共资源参与到体系中来,若参与计算的节点数太少,则会面临51％攻击的可能性,对体系的良好运转产生威胁。"[2]故此,由于区块链启动阶段实质性审查的缺失,导致内容实质相同的作品有可能启动不同的区块链。在此种情形下,区块链所能发挥的确权功能被实质架空,后续的定损功能无用武之地。在个案中,对于侵权行为存在与否的确认,仍需依据法官对内容的实质性审查,技术所能发挥的红利,在此荡然无存。

二、司法区块链理念与实践的差距

从理论层面来看,司法区块链可在网络著作权案件中得到多方位的适用;然而,从司法实践中来看,适用效果却不尽如人意。通过与杭州互联网法院法官进行访谈,笔者了解到,现阶段适用区块链技术的案件,仅限于区块链取证和存证的案件,且数量较为有限。

事实上,若仅需发挥取证和存证的功能,适用司法区块链,有牛鼎烹鸡之嫌。司法区块链虽能在版权案件中发挥一系列的作用,但其运作成本,亦不可小觑。区块链去中心化的设计,使得不同的计算机在运作过程中,需要反复验证同样的交易、身份等信息,这些过程都不可避免地要消耗更多的计算资源和能源。[3] 在现有的杭州互联网法院的司法区块链模式下,其实质仅在于提供一个平台,将法院、原告、鉴定中心、公证机关等主体纳入,当权利主体

---

[1] 51％攻击是指攻击者通过掌握区块链上51％以上的算力,可以篡改区块链上的交易记录。
[2] 唐文剑、吕雯等编著:《区块链将如何重新定义世界》,机械工业出版社2016年版,第78页。
[3] 〔美〕保罗·维格纳、〔美〕迈克尔·凯西:《区块链:赋能万物的事实机器》,凯尔译,中信出版集团2018年版,第323—324页。

提起纠纷时,可利用现有的平台,将电子数据直接推送给法院,而后法院对相应的电子数据进行审查。故此,在实然图景中,司法区块链仅作为不同平台的整合,且只在争议发生后,始能发挥作用,其确权、定损功能,尚未实现司法落地。

此外,司法区块链运作功能的充分发挥,还需要借助于权利人对系统的熟悉程度和认可程度。"当用户不了解区块链所用的基础技术时,要想让他们使用并信任区块链是不现实的。"① 目前,司法区块链平台刚在互联网法院得到适用,司法区块链的算法、特征等基础特征仍未普及,要让著作权人信任并适用该技术,仍有较大的宣传和教育空间。

三、联盟链的属性有损司法中立性

从杭州互联网法院的官网来看,现有的司法区块链,具有联盟链的性质。联盟链处于公有链和私有链之间,其由预先选定的组织确认特定的节点,而后始能生效。② 不同于公有链的完全公开性和私有链的完全封闭性,联盟链的部分去中心化的特性使其在金融等领域得到广泛的适用。杭州互联网法院的司法区块链,其用户主要包括司法鉴定中心、公证处等机构,以及阿里巴巴、优酷等互联网公司,加入用户数量有限。

联盟链的定位,使得杭州互联网法院的司法区块链面临一些争议,其中的争议之一就在于认为其可能有损司法的中立性。司法区块链设立的初衷之一,在于提升维权效率。在传统的司法模式下,无论是公证机构或是鉴定机构,均为司法体制有效运作的组成部分,其出具的公证文书和鉴定意见等,作为证据的一种形式有助于法官确认案件事实。在此种模式下,若具备法定资质的公证机构和鉴定机构出具的公证文书和鉴定意见符合法定的程序和标准,即可被法院采纳。

然而,在现有的模式下,不少尚未被纳入司法区块链的公证机构和鉴定机构会面临事实上的不利处境。研究显示,公众在评价程序是否公正时,会考虑几个标准,即发言与参加的机会、信任感、对个人的尊重及中立性。对当事人而言,其很难从法律上判断究竟什么是正确的纠纷解决,因此只能根据程序的公正性进而判断结果的妥当性。③ 从直观层面来看,个别鉴定机构和

---

① 〔英〕丹尼尔·德雷舍:《区块链基础知识 25 讲》,马丹等译,人民邮电出版社 2018 年版,第 167—168 页。
② Scott A. McKinney, Rachel Landy, Rachel Wilka, "Smart Contracts, Blockchain, and the Next Frontier of Transactional Law", 13 Wash. J. L. Tech. & Arts 313, 2018.
③ 〔日〕谷口安平:《程序的正义与诉讼》(增补本),王亚新、刘荣军译,中国政法大学出版社 2002 年版,第 101—102 页。

公证机构已经被纳入现有的框架,并显示在杭州互联网法院的官网上。这导致的结果是,在直观上给人以法院和接入单位间过度信息共享的错觉,有违一般公众对司法的认知,导致司法的中立性和权威性受损。

在刑事案件中,若侦查阶段即通过区块链固定证据,一方面会使得不少私权主体对信息过度知悉,不符合侦查行为封闭的特性;另一方面,由于信息的过度披露,可能会导致特定案件中(尤其是计算机犯罪等案件)的犯罪嫌疑人基于此采取相应的应对措施,造成侦查成本的增加。

四、法院对司法区块链技术实质性审查能力的缺失

在原有的司法模式下,法院基于对现有证据的判断,运用司法三段论,对案件作出判决。区块链技术作为一种新型的技术,对其的审查判断,已经大大超出了法官的知识储备范围。从现有的审查模式来看,在杭州互联网法院审理的区块链第一案中,法院对区块链存证的电子证据,从平台资质、取证技术手段及区块链存证完整性三方面进行审查。事实上,法官对于上述内容的审查,仍是形式审查多过实质审查。在该案中,若争议的一方当事人对取证的技术性手段提出实质性质疑,法官很难加以应对。在司法区块链的适用中,技术效率与信息黑箱之间的矛盾必定日益显露。

从安全性能的角度来看,区块链采用非对称加密算法进行用户身份的验证,但只要某账户的私钥被故意泄露,那么该账户的安全性就无法得到保障。[①] 在现有的背景下,区块链面临算法安全性、协议安全性、使用安全性、实现安全性和系统安全性的挑战。[②] 在此过程中,大量以营利为目的的第三方主体的介入,使得区块链本身的安全性无法得到保障。司法领域中,在司法联盟链节点有限的背景下,攻击者通过对51%的节点的攻击进而实现对数据的篡改亦非难事。[③] 安全性的风险,加之法官实质性审查能力的缺乏,使得区块链在司法实践中的适用,面临技术性隐患。

第四节 展望:司法区块链的运用前景和完善路径

随着巨额资本的涌入以及区块链技术本身的发展,区块链将越来越在现代信息社会占据一席之地。区块链作为新一代风口,与人工智能、大数据一

---

① 〔英〕丹尼尔·德雷舍:《区块链基础知识25讲》,马丹等译,人民邮电出版社2018年版,第165页。
② 黄连金等编著:《区块链安全技术指南》,机械工业出版社2018年版,第174页。
③ 张中、崔世群:《司法区块链证据真实性审查》,载《检察日报》2021年1月20日第3版。

起成为三大核心科技。① 在刑事领域,特别是在被害人人数众多且分散的非法集资类案件、非法吸收公众存款等案件中,侦查人员可以运用区块链技术固定相关的电子证据,确认犯罪数额。但总体而言,区块链在司法领域,尤其是网络著作权保护领域的适用,仍有较大的改进空间。

一、规则层面:规定细化与标准明确

从现有的实践来看,司法区块链的有效适用,仍有赖于以下几方面规则的完善:第一,合理推定规则的确立与专家辅助人的介入。"推定是以推理为桥梁的对未知事实的间接认定。"② 司法区块链建立的初衷,在于解决著作权人维权困难的问题,进而提高诉讼效率。故此,基于对司法区块链技术的信任,在原告通过司法区块链取证和存证的案件中,电子数据的真实性、合法性即可被推定。若侵权人对电子数据的三性存疑,即可提出相应的证据,推翻原有的推定。此外,《中华人民共和国民事诉讼法》第82条规定:"当事人可以申请人民法院通知有专门知识的人出庭,就鉴定人作出的鉴定意见或者专业问题提出意见。"专家辅助人制度的确立,可为司法区块链适用过程中的技术性壁垒提供可能的化解路径。在刑事案件中的适用亦然。第二,接入单位资质的审查。司法区块链的节点一般包括四个组成部分:法院;公证处、司法鉴定中心等机构;第三方互联网公司;原告。第三方互联网公司,尤其是商业性的区块链公司,一旦接入司法区块链,在某种程度上意味着法院为其信誉背书。故此,第三方互联网公司的资质和接入标准,有待进一步明确。第三,对诉讼参与人的宣传。在著作权案件中,司法区块链能否在实践中发挥应有的效用,取决于著作权人对其的认知和态度。在推动司法区块链技术完善的同时,亦需要不断加强对著作权人的引导。在刑事案件中,通过区块链对证人、被害人或者被告人进行取证的前提是相应人员了解和掌握该技术,技术本身对于诉讼参与人的可及性,在一定程度上决定了技术的普及性和生命力。

二、适用范围:新技术的开发与新领域的扩张适用

从进一步的发展来看,有必要将司法区块链的功能加以扩展。大数据为现代社会的发展提供了无限的可能性。实现大数据与司法区块链的有机融合,可使得司法区块链技术在网络著作权保护中更有作为。在现有的司法区块链平台中,区块链发挥功能的前提是权利归属的无争议性;具体损失的确

---

① 张元林、陈序、赵熙:《区块链+:开启智能新时代》,人民邮电出版社2018年版,第218页。
② 何家弘:《司法证明方法与推定规则》,法律出版社2018年版,第197页。

定,系基于存证数量的多寡。在上述过程中,无论是著作权确权,还是损失的确定,仍需大量人为因素的介入。基于大数据与司法区块链的适用,一方面,可以经由系统的自动比对,实现对作品的实质审查和著作权登记,弥补以往形式审查的缺陷;另一方面,可以就全网的侵权行为进行识别并固定,实现取证和存证的智能化,进而实现定损功能的司法落地。"所有人都能够获取区块链登记,且任何中介都不享有过多的网守权力。智能合约可被用以确保无主作品的使用者向合法权利人支付许可使用费。"①上述技术性功能的运用与实践,可极大助力网络著作权侵权和犯罪案件的审理。

此外,从司法实践来看,越来越多的刑事案件涉及区块链,包括集资诈骗、非法吸收公众存款、诈骗以及组织、领导传销活动等罪名。无论是基于对犯罪行为的认定,抑或仅是将其作为存证的手段,区块链在刑事案件中的适用已成必然。就刑事案件中的电子证据存证而言,区块链分布式记账的特性,契合电子证据审查的真实性要求。虽然目前司法区块链技术主要在民事诉讼领域中使用,但将其适用于刑事电子证据领域,并无体制性和技术性的障碍。对于被害人众多、互联网电子证据数量庞杂的刑事案件,区块链存证技术的使用,可以极大地提升诉讼效率,有效地解决司法证明难题。除首例区块链存证刑事案件外,在司法实践中,区块链在刑事案件中的适用,还涉及对犯罪数额的确认。如在高某某、李某某等组织、领导传销活动案②中,法院运用区块链技术确认被告人实际吸收的数字货币的价值。简而言之,司法区块链在刑事案件中的适用路径和适用方式,仍然有较大的发掘余地。

三、底线与定位:存证方式的技术性创新

需要注意的是,无论是刑事案件抑或是民事案件,区块链存证仅仅是电子证据保管的一种技术性方式,并非在每个案件中都有适用的必要。"区块链存证的本质是电子数据的证据保全创新。"③在简单的刑事案件中的不当适用,极易造成对资源的不当浪费,亦会对普通法官造成过度的技术性压力。新型信息技术在刑事案件中的过度使用,在客观上加剧了控辩双方力量的失衡,在绝大多数案件中不利于被告人辩护权的充分行使。

从其本身的技术层面来看,区块链的去中心化、匿名性等特征,亦使其面临各类安全风险。相比于一般存证方式中存证主体对单一化中心和安全性

---

① 〔美〕凯文·沃巴赫:《链之以法——区块链值得信任吗?》,林少伟译,上海人民出版社 2019 年版,第 83 页。
② (2020)苏 09 刑终 419 号。
③ 胡铭:《用区块链技术解决刑事诉讼证明难题》,载《民主与法制时报》2020 年 5 月 14 日第 6 版。

的维护的便利性,去中心化的设置使得存证主体对多重风险难以有效防控。民事案件和刑事案件中涉及国家秘密、商业秘密和个人隐私的案件,区块链存证技术难以发挥预设功能。即便是在适用区块链存证的案件中,法官对电子证据的审查,仍然需要遵循传统的关联性、合法性和真实性的审查路径。

此外,如前所述,区块链技术本身存在一系列的缺陷,典型如区块链的安全性和隐私保障问题。从域外的判例来看,在美国,在 United States v. Gratkowski[①] 一案中,法院认为,比特币的使用者不可期待区块链中的比特币信息作为个人隐私予以保护。与其他的交易手段相比,比特币用户享受了更多的私密性,但与此同时,任何比特币的交易记录均会在区块链上留存。由此,对区块链的搜查,并不受美国《宪法第四修正案》的规制。区块链存证技术的适用,对于案件当事人而言,亦会增加隐私泄露的风险。

当前,司法区块链在刑事案件中的适用仍极为有限。区块链技术过于复杂,要想充分了解需要耗费大量的时间和精力。除非区块链技术被广泛接受,否则其适用会基于其运行所需的大量网络而受限。[②] 司法区块链技术,能否将民事诉讼中的适用不断推广,仍有待区块链技术本身的发展和司法实践的不断检验。

---

① 964 F. 3d 307 (5th Cir. 2020).
② Nathan Fulmer, "Exploring the Legal Issues of Blockchain Applications", 52 *Akron L. Rev.* 161, 2018.

第六章　互联网电子证据的出示

在对证据进行收集和保管之后，就涉及证据的出示。证据的出示是举证①的一种方式，其主要包括出示主体、出示范围、出示形式、出示技术等要素。从现有的研究来看，很少有学者对证据的出示制度进行研究。这主要是因为在传统的证据形式的背景下，对实物证据的出示，仅涉及将相关的实物证据在法庭中举出这一行为；实物证据的证据载体和证据内容具有合一性；出示范围和出示形式具有确定性。在传统的实物证据的背景下，研究证据的出示，似乎显得多此一举。但在互联网的背景下，对于互联网电子证据出示的研究，具有必要性。

互联网电子证据有其特殊性。首先，互联网电子证据具有依赖性，其本身无法出示，对其的出示需要借助一定的媒介。出示媒介的不同，包含的信息量就会有所不同。这就需要对互联网电子证据的出示方式加以研究。其次，互联网电子证据通常情况下是大量数据的集合。对不相关数据的出示，一方面不符合证据法的原理，另一方面也会造成庭审时间过长。在这过程中，需要对互联网电子证据的出示范围加以界定。再次，互联网电子证据很多具有高度的技术性，通过运用合适的出示技术，可以确保其更好地被法官和被告人理解。最后，互联网电子证据涉及大量的个人信息，在互联网电子证据的出示过程中，可能会对被告人的隐私权和通信自由权造成侵害。这就需要对互联网电子证据的出示内容加以限制。

从现有的司法实践来看，互联网电子证据的出示形式，在一定程度上，决定了其最终能否被法院采纳。在 Berry v. State② 一案中，法官排除了检察官从互联网上获取的有关被告人的驾驶记录的打印件。法院认为：公共交通部门，作为驾驶记录的保管者，仅在互联网上发布相关的记录，但这并不意味着其已经对上述记录进行了验证。若一方当事人仅出示公共记录的复印件，该

---

① 举证是指案件的庭审中，诉讼参与人可以采取法律允许的多种方式向法庭展示相应证据，从而用以支持自己的事实主张的诉讼活动。参见刘显鹏：《电子证据认证规则研究——以三大诉讼法修改为背景》，中国社会科学出版社 2016 年版，第 215 页。

② 725 N. E. 2d 939(Ind. Ct. App. 2000).

复印件无法作为证据被采纳。同样的,在 State v. Davis① 一案中,法官排除了从州政府网站下载的人口统计材料的打印件,主要理由在于法院认为该打印件尚未被验证。但与此同时,相关的案例又显示,出示相关互联网电子证据的打印件,并且附加证人证言或者宣誓书,那么相关的互联网电子证据则可被采纳。如在 U. S. v. Lebowitz② 一案中,被害人和被告人之间网络聊天记录的打印件被采纳作为证据,用于证明被告人生产儿童淫秽物品以及意图引诱儿童从事非法的性交易行为。法院对该打印件采纳,理由在于被害人出庭作证,证明其对聊天记录进行了打印以及上述聊天记录准确地反映了交谈信息。此外,在 U. S. v. Simpson③ 一案中,检察机关出示了被告人和侦查人员的网络聊天记录的打印件。虽然被告人提出质疑,但法院最终对该份打印件进行了采纳。其理由在于法院认为通过打印件上显示的信息,如地址、电子邮箱、电话号码等,足以证明该聊天记录的一方当事人是被告人。不同(或近似相同)的出示形式导致截然不同的出示效应和后果,更深层次的原因在于不同的出示形式蕴含着不同总量的出示信息,而这涉及对互联网电子证据的真实性进行检验的可能性。

对于互联网电子证据的出示问题,我国学术界并未赋予足够高的重视。在审判中心主义改革的司法背景下,庭审的实质化是必然的趋势。证据的出示,构成了庭审过程中对证据进行质证的开端。对于互联网电子证据而言,出示形式、出示范围、出示技术等都足以构成对其验真过程中的阻力或推力。那么,在我国,关于互联网电子证据的出示,法律进行了何种规定?在司法实践中,互联网电子证据如何进行出示?现有的出示方式,是否存在问题?最佳证据规则与互联网电子证据的出示方式之间,存在怎么样的关系?我国应该构建怎样的互联网电子证据的出示程序?上述问题,既需要理论的研究,也需要实践的探索。

第一节 概念界定:证据出示与证据开示

一、关系厘清:证据出示与证据开示的区分与重合

证据的出示制度不同于证据的开示制度。有学者认为,证据开示的基本含义是指,庭审调查前,双方当事人之间相互获取有关案件的信息。④ 作为

---

① 10 P. 3d 977 (Wash. 2000).
② 676 F. 3d 1000(2012).
③ 152 F. 3d 1241(1998).
④ 龙宗智:《刑事诉讼中的证据开示制度研究》(上),载《政法论坛》1998 年第 1 期。

对抗制刑事诉讼中的重要制度,证据开示会影响到刑事审判的效率以及裁判结果的可接受性。① 在美国,有学者认为电子证据的开示,是指有关电子数据被收集、定位以及保全,以便其在民事或刑事案件中作为证据使用的任何程序。② 从证据开示制度的功能而言,其意味着审判将不再是盲人之间虚张声势的一种博弈,而是将基本争议和事实披露之后更为公平的一场竞赛。③

从上述概念可以看出,不同学者对于证据开示制度的界定并不一致。在美国法的语境下,证据开示制度包含了有关证据的收集和保管等一系列的制度;在中国学者的既有观念中,证据开示制度多是指审判之前的证据开示制度,而不包含证据的收集和保管等制度。从证据出示与证据开示制度之间的区分和联系来看,证据开示过程中涉及证据出示制度的运作。与此同时,证据出示制度还会在庭审等过程中得到适用。

从证据开示的范围来看,不同的程序目的,会对证据开示制度的范围造成一定的影响。④ 以美国纽约州的电子证据开示制度为例,纽约州律师协会出台的 14 条指导意见主要对电子证据开示过程中的出示主体、出示范围、出示时间、出示方式、出示费用负担等问题进行了论述。证据的出示范围、出示时间以及出示费用负担等问题,都可以由双方当事人进行协商决定。法院只是在当事人对证据进行破坏时,才介入签发制裁措施。⑤ 这主要与美国当事人主义的刑事司法模式有关。当事人主义的刑事司法模式的背后,是正当程序理念。当事人主义的刑事司法模式强调双方当事人对于程序进程的推动作用。因此,在这一模式下,当事人对于程序的进行有很大的参与权和处分权。我国刑事诉讼中,在庭前阅卷阶段,检察机关负有单方面向辩护人进行证据开示的义务。这主要是因为政策实施型的诉讼模式下,在审前调查阶段,检察机关已经有足够多的机会从被告人处获取信息,并且将上述信息转

---

① 孙长永:《刑事证据开示制度的价值新探》,载《人民检察》2009 年第 8 期。
② Alberto G. Araiza, "Electronic Discovery in the Cloud", 2011 Duke L. & Tech. Rev. 1, 2011.
③ United States v. Proctor & Gamble Co., 356 U. S. 677 (1958).
④ 根据达玛什卡的基本理论,根据国家与社会之间的互动关系,可以将现有的国家类型分为回应型国家和能动型国家。在上述两种类型的国家范畴之下,司法程序可以分为纠纷解决型程序和政策实施型程序。在纠纷解决型程序的模式之下,证据开示必须被控制在严格限定的范围内,即只有那些为一场公平竞赛所不可缺少的信息才必须被交换;在这过程中,双方当事人之间对证据开示的范围有自主裁量权。参见〔美〕米尔伊安·R. 达玛什卡:《司法和国家权力的多种面孔:比较视野中的法律程序》(修订版),郑戈译,中国政法大学出版社 2015 年版,第 170—174 页。
⑤ 2012 年,纽约州律师协会出台了在纽约州法院和联邦法院电子证据开示的 14 条指导意见,用于指导律师在电子证据开示过程中的行为。参见 Best Practices in E-Discovery in New York State and Federal Courts, available at http://www.nysba.org/workarea/DownloadAsset.aspx? id=26705(2016 年 10 月 8 日最后访问)。

化为技术性的证据。①

二、限定：本书的证据出示限于庭审阶段的出示

本书所指的证据出示，主要聚焦于互联网电子证据出示这一程序，对于互联网电子证据的收集以及保管，之前章节已有论述，在此不再赘述。此外，在我国的刑事诉讼程序中，并未建立如美国一样的证据开示制度。我国虽然建立了庭前证据交换等一系列的制度以及在刑事案件中保障了律师的阅卷权，但是上述制度仅仅只是证据开示制度的一个雏形。在我国目前的刑事司法体制下，广义上的互联网电子证据的出示，既包括互联网电子证据在律师行使阅卷权时的出示，也包括在庭前证据交换过程中的出示，还包括在庭审过程中的出示。这主要是因为互联网电子证据的出示范围、出示形式以及出示内容等问题，在上述三个过程中，均有所体现。本书所指的互联网电子证据的出示，主要聚焦于互联网电子证据在庭审过程中的出示。互联网电子证据虽然在上述三个过程中均需要加以出示，但出示的方式存在不同。互联网电子证据的出示方式，在一定程度上决定了其被理解的可能性，其功能性以及完整性。出示方式的不同，在一定程度上会影响特定制度功能的发挥。相比于阅卷阶段以及庭前证据交换阶段，庭审无疑是争论最为集中以及证据出示最为完整的场域。随着最高人民法院《关于全面推进以审判为中心的刑事诉讼制度改革的实施意见》等的发布，庭审的重要性不言而喻。在此背景下，对庭审过程中互联网电子证据的出示进行研究，具有纲举目张的蕴涵。

第二节 互联网电子证据出示制度的要素解构

一、出示范围：以相关性为必要限度

互联网电子证据的出示范围主要是对何种电子证据应当在法庭中出示加以规定。我国现有的对出示范围的规定并非针对互联网电子证据，而是适用于一般证据。相关的条文主要有《刑事诉讼法》第 195 条以及《关于推进以审判为中心的刑事诉讼制度改革的意见》第 11 条。上述规定认为，所有证明被告人有罪或者无罪、罪轻或者罪重的证据，都应当在法庭上出示。物证的出示，应当让当事人辨认；言词证据的出示，应当当庭宣读。

从证据法的基本原理出发，特定的信息能否作为案件的证据，主要看特

---

① 〔美〕米尔伊安·R. 达玛什卡：《司法和国家权力的多种面孔：比较视野中的法律程序》（修订版），郑戈译，中国政法大学出版社 2015 年版，第 172 页。

定的信息是否与案件事实具有相关性。由此而产生的一个推论是,在对互联网电子证据进行出示时,仅需要出示与案件事实相关的部分信息。有学者指出,相关性是证据的根本属性。在判断某证据是否具有相关性时,法官必须考虑两个问题:提出的某个证据是否与证明案件中的某个"要素性事实"相关;提出的证据是否对该实质性问题有证明作用。① 在大数据的背景下,任何不相关信息的重新组合,都可能勾勒出新的事实性要素。对大数据背景下互联网电子证据相关性的界定,将在本章的第四节着重论述。

二、出示形式:规范之瑕与实践之考

《人民法院统一证据规定(司法解释建议稿)》首次对电子证据的出示形式进行了规定。其指出:"音像证据应当以播放的形式在法庭上出示,并说明所要证明的事项。根据辨别音像证据内容的需要,可以播放音像证据的片段和经过处理的声音、图像。电子证据应当通过屏幕播放、打印输出、文字说明等可以感知的方式出示,并说明所要证明的事项。"

《刑事案件电子数据规定》对电子证据的出示方式进行了更为细化的阐述。其在第 18 条第 2 款和第 19 条第 1 款规定:"对网页、文档、图片等可以直接展示的电子数据,可以不随案移送打印件;人民法院、人民检察院因设备等条件限制无法直接展示电子数据的,侦查机关应当随案移送打印件,或者附展示工具和展示方法说明。""对侵入、非法控制计算机信息系统的程序、工具以及计算机病毒等无法直接展示的电子数据,应当附电子数据属性、功能等情况的说明。"

对于互联网电子证据应当采取何种出示形式,现有法律规范并未作出一致的规定。现有的出示方式包括播放展示、打印展示以及文字说明等。从功能性角度而言,出示方式需要保障互联网电子证据能对所要证明的事项进行说明。但上述规定的缺陷在于并未考虑到各种出示方式所带来的有关互联网电子证据完整性和可靠性的审查。以打印件或者图像等方式出示的互联网电子证据,无法对其包含的所有信息进行出示,如特定的音频、视频信息等;此外,以打印件或者图像方式出示的互联网电子证据,对其的更改,很难被识别。

从北大法宝收录的浙江省涉及互联网电子证据的刑事案件来看,检察人员在对互联网电子证据进行出示时,常用的方式是通过光盘以及打印件出示。从被告人及其辩护人的态度来看,没有一个案件中的被告人及其辩护人

---

① 〔美〕罗纳德·J. 艾伦等:《证据法:文本、问题和案例》,张保生等译,高等教育出版社 2006 年版,第 149—158 页。

就互联网电子证据的出示问题提出质疑。这主要有以下几个方面的原因:第一,在统计的案件中,大量适用简易程序进行审判。而适用简易程序进行审判的案件,其前提之一是案件事实清楚,被告人对于指控的犯罪事实没有异议。第二,由于长期习惯于案卷中心主义的模式,司法从业人员以及刑事辩护律师对于纸质的证据打印材料已经见怪不怪,甚至形成一定的依赖。在此背景下,对于互联网电子证据的光盘化甚或纸面化的现象,他们自然显得熟视无睹,无动于衷。第三,在案件的具体情境之下,纸质化或者光盘化的互联网电子证据的出示方式,可以满足在特定案件中对于案件事实进行证明的需求。但上述由司法惰性所形成的出示方式带来的不利后果亦是显而易见的。有学者指出,对电子数据的书面转化或刻录光盘转化,都不是对原始存储介质中完整数据的备份,而是进行筛选、转化后的结果。由此,辩护方很难发现控方电子证据的瑕疵,找到抗辩的击破点,获取能够证明犯罪嫌疑人、被告人无罪或罪轻的证据。[①] 互联网电子证据的出示形式,与最佳证据规则密切相关。两者之间的关系,将在本章的第三节进行详细论述。

三、出示技术:更高层次之要求

互联网电子证据的出示技术,是指将经过收集和保管的互联网电子证据,以能够被理解的方式向法庭进行出示所使用的技术。数据呈堂技术要求,必须在呈堂过程中对取证和鉴定的每一个环节进行详细解释和说明,将归档、专家证言、建议应对措施、统计性解释和证据监督链等内容制成完整的呈堂材料。[②] 研究显示,当有争议的问题按照逻辑顺序进行分别解答时,涉及复杂信息的决策活动就会方便很多。[③]

从对互联网电子证据出示技术的解读可以发现,鉴定意见、建议应对措施、统计性解释以及证据监督链,属于出示技术的组成部分。但从我国的司法实践可以看出,我国在对相关的互联网电子证据进行出示的过程中,仅仅会附上鉴定意见书和部分的证据监督链条的内容(如电子证物勘验笔录等),并未对建议应对措施以及统计性解释等内容进行说明。

从互联网电子证据鉴定意见书的格式来看,其一般包括七个方面的内容:(1) 基本情况;(2) 基本案情;(3) 资料摘要;(4) 鉴定过程;(5) 分析说明;(6) 鉴定意见;(7) 附件。以某破坏网络安全管理系统案为例,鉴定意见

[①] 陈永生:《电子数据搜查、扣押的法律规制》,载《现代法学》2014 年第 5 期。
[②] 杜春鹏:《电子证据取证和鉴定》,中国政法大学出版社 2014 年版,第 93 页。
[③] 〔美〕米尔建·R. 达马斯卡:《漂移的证据法》,李学军等译,中国政法大学出版社 2003 年版,第 202 页。

就"硬盘中是否存在 svchost.exe 和 system.ini 文件；svchost.exe 文件编写的时间信息及制作方式；svchost.exe 文件的源程序代码及相关参数；svchost.exe 文件的功能及运行原理"等问题进行了回应。① 互联网的技术性，使得其鉴定也极具科学性。在此情况下，缺乏解释及应对说明的互联网电子证据的出示，是否能给法官的决策过程带来实质性的益处，存在疑问。此外，现有的互联网电子证据保管链条理论存在缺失，互联网电子证据保管链条起点不明确，亦使得现有的出示技术无法对取证和鉴定的每一个环节都进行详细的解释和说明。

　　从美国的司法实践来看，互联网电子证据的出示，主要包含鉴定意见出示以及侦查人员出庭作证两种方式。"电子证据在法庭中的出示通常由检察机关和辩护律师承担。但在刑事诉讼中，鉴定专家可以作为专家证人起到重要的作用，其可以帮助诉讼参与人理解电子证据生成的过程，电子证据收集的程序以及对电子证据的评价。"② 以侦查人员出庭的方式对相关的互联网电子证据进行出示，就涉及不少出示技术的使用。如侦查人员在对相关的互联网电子证据进行出示时，通过同时出示其用于检验和分析互联网电子证据的工具，可以更为清晰地对各种细节加以阐述；在出示互联网电子证据时附上相应的链接，即可以使相关的原材料在需要时得以快速地展示；在出示互联网电子证据相关的技术性部分（如特定的登陆日志是如何产生和收集）时，首先给出一个简单的一般性案例，而后阐述上述方式如何适用于该案例。③

　　互联网电子证据的出示技术，是在互联网电子证据出示内容具备完整性的前提下，通过各种技巧的使用，从而使得相关的互联网电子证据更易被理解。相较于互联网电子证据的出示形式和出示内容，出示技术实为更高层次的要求。从我国的司法实践来看，对于互联网电子证据的出示形式，尚未形成一致的观点。解决互联网电子证据出示形式的问题，是目前司法实践基本的需求。由此，虽然互联网电子证据的出示技术属于互联网电子证据出示的要素之一，但本章以下篇幅在对互联网电子证据的出示进行论述时，将不会把出示技术作为单独一部分进行阐述，而是在对互联网电子证据的出示形式加以论述时对其附带提及。

---

① 麦永浩主编：《电子数据司法鉴定实务》，法律出版社 2011 年版，第 346—347 页。
② Hala Bou Alwan, "National Cyber Governance Awareness Policy and Framework", 47 *Int'l J. Legal Info.* 70, 2019.
③ Eoghan Casey, *Digital Evidence and Computer Crime*, Academic Press, 2011, p.80.

四、出示内容:选择性出示与补强

出示内容与出示制度的目的密切相关。以互联网电子证据为例,对其的出示,主要是为了对其进行验真。根据最高人民法院《关于适用〈中华人民共和国刑事诉讼法〉的解释》(以下简称《刑诉法解释》)第110条的规定,对电子数据的审查,应当着重审查五个方面的内容:(1)是否移送原始存储介质,在原始存储介质无法封存、不便移动时,有无说明原因,并注明收集、提取过程及原始存储介质的存放地点或者电子数据的来源等情况;(2)是否具有数字签名、数字证书等特殊标识;(3)收集、提取的过程是否可以重现;(4)如有增加、删除、修改等情形的,是否附有说明;(5)完整性是否可以保证。

从出示的内容来看,根据证据的三性,在保证互联网电子证据相关性的前提下,还需要能够出示证明互联网电子证据合法性、真实性的材料;同时,由于互联网电子证据的特殊性,还需要出示能够证明互联网电子证据完整性、可靠性以及实时性的材料。对于互联网电子证据合法性的证明,需要侦查机关出具勘验检查笔录、情况说明以及由持有人、见证人签名的文件等资料;对于互联网电子证据真实性的证明,即证明互联网电子证据是客观存在的,需要出示互联网电子证据的生成时间以及生成系统等要素;对于互联网电子证据完整性的证明,需要出示互联网电子证据在网络的各个层级所遗留下的痕迹;对于互联网电子证据可靠性的证明,需要证明互联网电子证据的保管链条,即证明互联网电子证据在保管过程中并未受到污染;对于互联网电子证据实时性的证明,需要证明收集互联网电子证据的时间,这就需要借助时间戳等工具。

通过与法官的访谈,笔者了解到,在庭审过程中,检察官作为主要的证据出示主体,在对互联网电子证据进行出示时,通常着重强调对互联网电子证据内容性信息的出示,而忽视对互联网电子证据系统性信息的出示。这主要是因为在现有的司法实践中,绝大多数的互联网电子证据纠纷,通过检察官出示勘验检查笔录以及提取笔录,可以对特定的证据争议加以化解。且由于技术性鸿沟的存在,即便检察官出示相关的互联网电子证据系统性信息,该信息亦无法被法官理解,这导致特定的互联网电子证据无法在判决书中加以认定。而在涉及计算机病毒等专业问题,检察官不得不对相关的系统性信息加以出示时,法官通常会将相关的问题提交鉴定机构,通过对鉴定报告的解读,从而完成对相关的互联网电子证据的认定。

第三节　互联网电子证据出示形式与最佳证据规则

关于证据出示,各国都已经进行了相关的规定。在美国,关于证据出示,不同州有不同的规定。① 从互联网电子证据出示的程序而言,美国联邦法律规定,当要求证据出示时,一方当事人应当规定相应的互联网电子证据的出示方式,包括纸质、拍照、原始或者接近原始的方式,或者是上述各种方式的混合。② 在美国目前的司法实践中,出示互联网电子证据最常用的方式是打印特定的网页,如在 Tienda v. States③ 一案中,法院认为对网页进行截屏出示,如果截图能够反映内容来源于一个特定的网页,并伴有网页地址以及特定内容被发布的日期,那么该种出示方式足以证明该网页的真实性。然而,陪审团更希望互联网电子证据能够以其平时习惯的互联网方式出示——即有特定的链接。

以最原始的方式对互联网电子证据加以出示,一方面可以保证其完整性,另一方面可以保证其功能性,即随时可以对相关的互联网电子证据进行搜索。"有几个技术上的原因使要求电子形式的信息而不是纸质形式的信息更为可取。电子形式常包含一些纸面形式不曾揭示的信息;当处理大批量的文件时,采用电子储存的形式显然比打印在纸上的形式更简便更有效率。"④ 从浙江省的案件统计情况可以看出,检察人员在对互联网电子证据进行出示时,常用的互联网电子证据的出示方式包括截图打印件、光盘刻录以及鉴定意见等。互联网电子证据的出示方式,与最佳证据规则密切相关。

一、最佳证据规则的内涵及历史发展

根据最佳证据规则的要求,对于文书以及记载有思想内容并以此证明案件真实情况的证据,证据法上通常要求必须出示原件,只有当存在可信以为真的理由的情况时,才可以作为例外不出示原件。⑤ 我国现有的法律规定强

---

① 证据出示一般包含如下流程:当事人让法庭的书记员对需要出示的证据予以标记;如果对方律师要求进行检查,出示的一方应向其出示;出示完毕之后,举证方让证人辨认或鉴别。此时,举证方通过证人作证的方式,为当庭提出该证物打下了基础。举证方在建立所有必需的基础后向法官提交此证据。此时对方可以对此证据的可采性提出异议,法官将针对这个异议作出裁定。参见〔美〕约翰·W. 斯特龙主编:《麦考密克论证据》,汤维建等译,中国政法大学出版社 2004 年版,第 107—108 页。
② 参见美国《联邦民事诉讼规则》第 34 条的规定。
③ 358 S. W. 3d 633 (Tex. Crim. App. 2012).
④ 何家弘主编:《电子证据法研究》,法律出版社 2002 年版,第 299—300 页。
⑤ 易延友:《最佳证据规则》,载《比较法研究》2011 年第 6 期。

调原件优先,但复印件的制作情况能够被确认的,复印件与原件具有同等的证明效力。①

最佳证据规则属于英美法系中的一个重要的规则。美国《联邦证据规则》第 1002 条规定,为证明书写品、录制品或者照片的内容,应当提供原件;除非该证据规则或者其他法律另有规定。在提供复印件的情况下,副本与原件具有同等程度的可采性,除非(1)对原件的真实性产生了实质性的疑问,或者(2)采纳复印件替代原件会导致不公平。②

从最佳证据规则的历史发展来看,其最早出现于,17 世纪的英国法庭。在 Omychund v. Barker 一案中,大法官 Hardwick 认为,法官和立法者已经设置了仅有的一条证据规则,该条证据规则是指案件的性质所能允许的最佳规则。在这个定义中,最佳规则包括书面证据的出示、传闻规则、宣誓证人的证言、验真要求以及口头证据的排除规则等。③ 而后,最佳规则作为证据法的基础开始得到适用,但与此同时其亦受到了谴责。原因在于,完全的原件出示,会导致在审判过程中需要出示大量的物品,从而导致庭审的延误和不必要的麻烦。④ 而后,直到 1951 年,最高法院才明确提出:最佳证据规则仅处理书证。⑤

通过对最佳证据规则历史的梳理可以发现,该规则最初适用于所有的证据形态,而非学者普遍认为的其最初适用于文书。随着历史的发展,最佳证据规则限缩适用于书证,其背后的考量在于法庭的效率性。之后,随着科学技术的发展以及新的证据形态的出现,最佳证据规则适用于书写品、录制品以及照片。

从最佳证据规则的法理基础来看,要求出示原始文书,主要有以下几个方面的考虑:(1) 预防欺诈。刑事诉讼是一种获取真相的机制。通过要求出示原始书证,可以允许当事人对文件进行检验从而发现任何可能的缺陷或者修改。(2) 对精确性的需求。为满足对精确性的需求是最佳证据规则设置的主要目的。这要求在对文书的内容进行验真时,只有文书本身能够作为证据。任何口头的转述抑或是原始文书的复印件,由于人脑和机械的错误的存

---

① 参见最高人民法院《关于民事诉讼证据的若干规定》第 22 条、《关于行政诉讼证据若干问题的规定》第 64 条和《刑事案件电子数据规定》第 22 条的规定。
② 美国《联邦证据规则》第 1003 条。
③ Walter Warner Davidson, "The Best Evidence Rule—A Rule Requring the Production of A Writing to Prove the Writing's Contents", 14 *Ark. L. Rev.* 153, 1959.
④ United States v. Waldin, 253 F. 2d 551 (3d Cir. 1958).
⑤ Meyer v. State, 218 Ark. 440, 236 S. W. 2d 996 (1951).

在,仅在原始文件损坏或者缺失的情况下才能得到适用。① 麦考密克认为,随着现代的发现程序以及相应的在庭前而非庭上审查原始文件的程序的出现,事实上减少了对这一规则的需求。……可以预见的是,发现程序的进一步实践最终将会废弃这一规则。②

"最佳证据法则,在现在则为关于文书内容之证据容许性之法则,该法则需要文书原本之提出,如不能提出原本,直至有可满意之说明以前,则拒绝其他证据。"③互联网电子证据的出现,对原有的最佳证据规则进行了一定的突破。这主要是因为在互联网的背景下,很难确定互联网电子证据的原件与复印件。在云计算的背景下,互联网电子证据的原件甚至不存在,数据散落在各个系统中,只有在使用时才集合。云计算是将用户提交的处理请求交由多部服务器所构成的性能强大的'云'进行处理,通过服务器对程序和用户请求进行分拆而实现高速处理的一种计算方式。④ 云系统由大批量服务器组成,许多云系统储存数据的方式是分布式储存,数据的可靠性通过冗余储存的方式来保证。这种方式保证了分布式数据的可靠性,但一份数据在储存时会同时生成多个副本。⑤ 在这种背景下,严格意义上的原件,只存在于特定的网络服务器中。此外,从实用性的角度出发,现有的互联网电子证据取证手段可以保障对精确性的需求,从而满足最佳证据规则设立的目的。在开放的网络环境下,取证程序通常使用强制访问控制机制等安全机制来构造安全隔离环境,同时通过可信的技术确保被收集的电子数据证据的完整性和真实性能够被证明。⑥ 最佳证据规则设立的法理基础之一在于对精确性的需求。对精确性的需求有其特定的时代限制。在特定的技术背景下,人脑以及机械性错误的存在,会使得在对特定的书证进行抄写、复制时发生缺失。现有的技术发展,可以对互联网电子证据的真实性进行保证。在此种背景下,强调对互联网电子证据原件的出示,在一定程度上会导致程序过多,从而耗费不必要的时间和资源。而后,美国《联邦证据规则》对电子证据的原件规则进行了重新定义。根据美国《联邦证据规则》第 1001 条的规定,对于电子形式储存的信息而言,原件意味着任何反映该信息的打印件或者其他可读的打印件。

---

① Notes: "A Critical Appraisal of the Application of the Best Evidence Rule", 21 *Rutgers L. Rev.* 526, 1966.
② 〔美〕约翰·W. 斯特龙主编:《麦考密克论证据》,汤维建等译,中国政法大学出版社 2004 年版,第 465—466 页。
③ 〔美〕Edmund M. Morgan:《证据法之基本问题》,李学灯译,世界书局 1982 年版,第 385 页。
④ 丁秋峰、孙国梓:《云计算环境下取证技术研究》,载《信息网络安全》2011 年第 11 期。
⑤ 吴吉义等:《基于 Kademlia 的云储存系统数据冗余方案研究》,载《电信科学》2011 年第 2 期。
⑥ 杨永川等编著:《计算机取证》,高等教育出版社 2008 年版,第 85 页。

二、互联网电子证据出示形式与证据出示制度目的

从出示制度设置的目的来看,出示制度的设立是为了双方当事人之间进行信息的交换。信息交换的前提是特定的信息能够被双方当事人所理解。从司法实践来看,法官和陪审团成员通常不精通网络技术和计算机技术,因此在对互联网电子证据进行出示的过程中,不应当以二进制的形式对互联网电子证据进行出示。

在互联网背景下,证据的原件主义规则并不适用,一方面是由于上述的原因,即互联网电子证据的原件与复印件难以区分;另一方面是因为以该种方式出示的证据,不可被感知。因此,现有的规则规定了电子证据应当通过屏幕播放、打印输出、文字说明等可以感知的方式出示。这意味着,在我国,从规范层面而言,互联网电子证据不适用最佳证据规则。上述的规定具有合理性:首先,这符合证据出示制度的目的。目的决定行为。将互联网电子证据以文字说明等能够被一般人感知的方式出示,符合不懂技术的诉讼参与人的利益。在我国人民陪审员制度改革的背景下,上述规定尤其具有实操意义。其次,这也符合庭审经济性价值,有利于节省庭审时间。

此外,证据出示制度的设立,是为了让法官能够对相关的证据进行有效的验真。从逻辑上而言,规定证据原件主义的理由在于,原始的证据不容易被伪造。对于互联网电子证据而言,其以二进制的形式存储,而对二进制存储内容的更改,极易导致互联网电子证据表现内容的更改。在此情况下,如果仅出示互联网电子证据的打印件,则无法判定互联网电子证据的真实性。由是观之,出示制度的信息交换目的以及出示制度的验真目的之间,存在一定的冲突。

互联网电子证据的出示形式与互联网电子证据出示制度之间的关系,可以借由美国的一个案件加以说明。在 U. S. v. O'Keefe[①] 一案中,被告人认为政府部门出示电子图片而非出示原始文件的方式,并非都是有问题的——只要政府部门能够保留原始文件本身以及与上述文件相关的未进行改变的元数据;当元数据本身需要作为特定文件的证据时,辩护人会要求政府部门出示相应的原始文件;但是,仅通过出示原始文件的方式,亦无法显示上述文件被保存的方式——还必须由监管人员对其保管和来源加以说明。事实上,互联网电子证据的出示形式本身,法律文本并不需要对其进行统一僵化的规定。互联网电子证据的出示形式,只有与互联网电子证据出示的目的相连

---

① 537 F. Supp. 2d 14(2008).

接,才能显示出实质性的功能。

三、互联网电子证据出示形式的比较分析

从司法实践中来看,对于互联网电子证据的出示,一般有如下五种方式。对五种方式的比较分析,如表 6-1 所示:

表 6-1 互联网电子证据出示方式比较分析

出示方式	优点	缺点	适用情形
纸质出示	方便、易读	1. 无法对特定信息进行出示(如音频等) 2. 内容有限 3. 无法对数据进行验真	1. 数据量不大 2. 对验真要求不高
拍照出示	1. 方便 2. 大量出示	1. 无法对特定信息进行出示(如音频等) 2. 无法对数据进行有效验真	对验真要求不高
原始方式出示	1. 可以对证据进行有效验真 2. 可搜索	1. 容易造成对原始数据的破坏 2. 对出示介质要求高	对验真要求高
接近原始方式出示	1. 可以在一定程度上对证据进行验真 2. 可搜索	无法对特定的系统信息等进行出示	对验真要求高
鉴定意见出示	1. 方便 2. 易读	属于对互联网电子证据的间接出示,对互联网电子证据的解读取决于鉴定意见的可靠性	1. 互联网电子证据本身难以出示 2. 互联网电子证据技术性要求高

从表 6-1 中可以看出,不同的证据出示形式,具有不同的优缺点以及适用情形。通过与法官的访谈,笔者了解到,很多时候法官更喜欢纸质的出示方式,因为该种出示方式更为清晰,也更具有可读性。对于网页等的出示取决于法庭的设备,因为投影仪等设备,不少地方的法院还无法配置。

以原始的方式对互联网电子证据进行出示,其所包含的信息含量无疑是最大的。但是从实用性上而言,其存在过度出示的问题。以电子邮件为例,从本质上而言,其属于数据库。对于电子邮件的出示方式有两种:一种是技术上正确的出示,另一种是具有实用性的出示。从技术上而言,现有的电子

邮件，其本质是遵从 RFC 5322 以及 MIME 协议①的数据。若完全以原始的方式对电子邮件进行出示，则其包括互联网所包含的所有信息（标题、信息内容以及编码的附件）。以 Outlook 为例，其对电子邮件的保存，往往是以 PST 或者 OST 等扩展名的方式进行。从 Outlook 的工作原理来看，在接收到邮件后，Outlook 会对邮件的各部分加以分拆，之后将其储存在数据库的不同部分。在 Outlook 上看到的电子邮件，实质是对 Outlook 的数据库进行整合之后的报告。若需要以最原始的方式出示电子邮件，不仅需要出示 PST 等内容文件，还需要出示交换服务器上的 EDB 文件。对 PST 和 EDB 等文件的出示，并不符合一般公众对于电子邮件内容的期待。因此，在对电子邮件进行出示的过程中，没有必要一味追求其原始性，而是更需要关注对电子邮件特定的出示方式，是否能够呈现我们所需要的信息。在对电子邮件进行出示的过程中，一方面需要考虑到其所能传递的信息，另一方面也需要考虑到在特定情况下所能获得的工具。②

此外，在通过鉴定意见对互联网电子证据进行出示的情况下，如何确保鉴定意见的可靠性，亦是司法实践中的难题。我国《刑事诉讼法》2012 年修正时，将鉴定结论改为鉴定意见，体现了刑事司法领域对于鉴定意见进行规范和审查的要求和决心。从理论上而言，"违背法定的鉴定主体资格、鉴定程序、鉴真方法或鉴定文书的形式要件，鉴定人所提供的鉴定意见应被排除于法庭之外"③。从电子证据鉴定技术面临的挑战来看，越来越多的案件需要分析有证据关联性的多台设备；操作系统和文件格式的增多增加了鉴定工具开发的成本；加密技术的成熟使得数据难以解密；鉴定人员已经开始陷入一种无法以合理的方式获得数据或者在获得数据后难以处理的状态。④ 通过鉴定意见的形式对相关的互联网电子证据进行出示，在涉及计算机病毒等案件中已经成为常态。但鉴定技术本身的不完善，导致出示制度设置的目的难以充分实现。关于鉴定意见与互联网电子证据验真之间的关系，将在本书的第七章展开论述。

---

① MIME 协议，全称为 Multipurpose Internet Mail Extensions 协议，意为多用途互联网邮件扩展协议。
② Craigball，"What is Native Production for E-mail?" https://ballinyourcourt.wordpress.com/2013/07/02/what-is-native-production-for-e-mail/（2016 年 10 月 16 日最后访问）。
③ 陈瑞华：《鉴定意见的审查判断问题》，载《中国司法鉴定》2011 年第 5 期。
④ 尹丹：《电子数据司法鉴定技术的发展与挑战》，载《中国司法鉴定》2011 年第 6 期。

第四节　互联网电子证据出示的"相关性"界定

如上所述,对于互联网电子证据的出示,应以相关性为其界限。本部分将首先对大数据背景下互联网电子证据的相关性加以界定,而后在本章第五节,对具有相关性的互联网电子证据的出示问题加以论述。

一、电子证据的相关性

相关性是证据的根本属性,指的是证据与待证事实之间的一种逻辑联系。① 美国《联邦证据规则》第401条指出,证据具有相关性需要满足两个条件:(1)该证据具有与没有该证据相比,使得某事实更可能存在或者更不可能存在的任何趋向;(2)该事实对于确定诉讼具有重要意义。②

从对相关性的解读可以看出,相关性与诉讼的要件事实密切相关;其指示的是诉讼要件事实的可能性倾向。因此,有学者指出,在判断特定证据是否具有相关性时,法官必须考虑两个问题:其一,提出某个证据,与证明案件中的某个"要素性事实"是否相关?其二,提出的证据,对该实质性问题是否具有证明作用?③ 从统计学的角度而言,相关关系主要有两种类型:一类是变量之间存在确定性的函数关系;另一类是变量之间存在不确定、不严格的依存关系,对于变量的某个数值,可以有另一变量的若干数值与之对应。④ 证据与案件要素事实之间的相关关系,若进行量化,属于相关关系的第二种类型。

在传统的电子证据的背景下,学者认为相关性是个事实问题,电子证据是否具有关联性与传统证据相比并无特别之处。⑤ 在封闭的系统中,上述论断并无错误。在封闭的系统中,电子证据的内容是固定的;相比于书证、物证等一般的证据形式,其差异主要在于载体的不同。在判断电子证据的相关性时,仍然运用的是常识以及逻辑推理的方式。在传统的电子证据的背景下,

---

① 〔美〕罗纳德·J. 艾伦:《艾伦教授论证据法》(上),张保生等译,中国人民大学出版社2014年版,第3页。
② 王进喜:《美国〈联邦证据规则〉(2011年重塑版)条解》,中国法制出版社2012年版,第56页。
③ 〔美〕罗纳德·J. 艾伦等:《证据法:文本、问题和案例》,张保生等译,高等教育出版社2006年版,第149—158页。
④ 范柏乃、蓝志勇编著:《公共管理研究与定量分析方法》(第二版),科学出版社2013年版,第209页。
⑤ 何家弘主编:《电子证据法研究》,法律出版社2002年版,第115页。

对电子证据相关性的判定,遵循如下的途径:

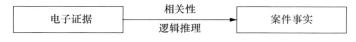

图 6-1 电子证据相关性判断路径

二、大数据出现对电子证据相关性造成的冲击

大数据是指数量巨大、速度快捷、种类繁多的信息财富,这些数据需要新的技术手段来处理,以便提高决策制定、领悟发现以及过程优化等能力。① 大数据的出现,不仅改变了人们的生活方式,也改变了人们的思维方式。

大数据的出现,对人们思维方式的影响主要体现在人们对事物之间的关系,从因果关系的研究,转向了对相关关系的研究。"知道'是什么'就够了,没必要知道'为什么'。"② 在大数据的背景下,相关关系具有强弱之分。"相关关系的核心是量化两个数据值之间的数理关系。相关关系强是指当一个数据值增加时,其他数据值很有可能也会随之增加。……相关关系弱就意味着当一个数据值增加时,其他数据值几乎不会发生变化。"③ 传统的因果关系属于强的相关关系,而在大数据时代,大数据主要通过关注数据之间的关系,从而对特定的现象进行分析。

在对相关关系进行分析时,需要运用到的一个重要的技术就是数据挖掘技术。数据挖掘是指通过特定的计算机算法对大量的数据进行自动分析,从而揭示数据之间隐藏的关系、模式和趋势,从而给决策者提供新的知识。④ 就数据挖掘技术的功能而言,一方面在于分析过去,一方面在于预测未来。从实践中来看,大数据分析技术已经得到了广泛的适用。如亚马逊等购物网站会根据顾客的购买记录对相应的产品进行推荐;此外,美国的国土安全部亦广泛使用各种大数据和算法,对潜在的危险人员进行预测。⑤

从数据挖掘技术的本质来看,其是通过运用特定的算法对数据进行分析,而后得出一定的隐藏联系。在大数据的背景下,对互联网电子证据相关性的判定,遵循如下的模式:

---

① M. Wessler, *Big Data Analytics*, John Wiley & Sons, Inc., 2013, p. 6.
② 〔英〕维克托·迈尔-舍恩伯格、〔英〕肯尼思·库克耶:《大数据时代:生活、工作与思维的大变革》,盛杨燕、周涛译,浙江人民出版社 2013 年版,第 67 页。
③ 同上书,第 71 页。
④ 涂子沛:《大数据:正在到来的数据革命,以及它如何改变政府、商业与我们的生活》,广西师范大学出版社 2012 年版,第 98 页。
⑤ Anil Kalhan, "Immigration Surveillance", 74 *MD. L. Rev.* 1, 2014.

图 6-2　大数据背景下互联网电子证据相关性判断路径

从司法实践来看,已经出现不少通过大数据获取相关证据的案件。如在上海添资商贸有限公司与张某某网络购物合同纠纷案①中,原被告双方的争议点之一在于原告是否有滥用延迟发货规则的嫌疑。在该案中,淘宝一方面通过人工的方式对交易进行排查,另一方面基于概率学和大数据技术进行排查。如淘宝的大数据系统会从交易主体、交易信息、交易行为等维度进行综合判断,从而得出大数据的分析结论。而后的大数据分析结论认为:原告属于"职业打假人",是天猫规则适用的例外人群。在该案中,原告的交易行为与过程与一般的买家之间存在明显的区别。首先,原告在极短的时间内进行了 26 次交易;其次,其每一笔交易订单的金额均是在 1700 元左右,而 1700 元的 30% 恰好接近于天猫规则设定的 500 元的最高赔付额。在该案中,原告是否系"职业打假人",直接决定天猫规则对其适用与否。最终结论是基于交易次数、交易金额、赔偿金额等原始要素,并结合淘宝的内部算法而得出的。

在该案中,原告的交易持续时间、交易频数、交易金额、赔偿金额等各个要素,从孤立的层面来看,单个要素本身并无法得出原告是否是"职业打假人"的结论。但是将上述多个要素进行结合,并使用特定的大数据挖掘技术,就可以得到可以对案件事实起到一定证明作用的结论。那么,在该种情况下,应当如何判断原始孤立的数据与案件事实之间的相关性?这也是大数据对电子证据相关性的冲击所在。

三、互联网电子证据相关性的界定

本书的基本观点认为,大数据背景下的原始互联网电子数据,与待证的案件事实之间具有相关性。这主要有如下几个方面的原因:

首先,这种相关性是客观存在的。英国哲学家波普尔曾经提出过一个第三世界的理论。在波普尔看来,世界包含三个在本体论上泾渭分明的次世界。第一世界是物理状态的世界;第二世界是精神状态的世界;第三世界是概念东西的世界(它是可能的思想客体的世界:自在的理论及其逻辑关系、自

---

①　(2016)粤 03 民终 5723 号。

在的论据、自在的问题境况等的世界)。从三个世界的关系来看,第一世界和第三世界之间,需要通过第二世界发生间接的连接。① 在小数据时代,我们是先有研究目的后有数据;而在大数据时代,我们是先有数据后有研究目的。大数据时代的数据世界属于波普尔所说的"客观知识"世界。② 在大数据的背景下,数据之间的相关关系客观存在,具有内部的逻辑关系。

其次,在大数据的背景下,运用数据挖掘的方式,可以将原始的互联网电子数据组合形成新的互联网电子证据。其并没有改变原有的互联网电子数据,只是将原有的互联网电子数据进行重新解读。大数据背景下,信息组合方式所能够得到的结果,取决于其所用的计算机算法。编制的计算机算法不同,会对互联网电子证据的相关性问题造成一定的影响。

再次,大数据时代的数据挖掘技术并非是凭空产生的,而是具有一定的实践雏形。通过与法官的访谈,笔者了解到,在网络枪支买卖案件中,被告人往往对枪支部件进行分拆,从而进行网络贩卖。被告人往往辩称其事先并不知情,只是对普通的零部件进行买卖。在此背景下,对被告人所卖枪支数量的认定即成为定罪量刑的关键。通过对被告人的淘宝交易记录、支付宝交易记录、邮寄证明之间的关系进行挖掘,可以对案件事实起到一定的证明作用。如在高某非法制造、买卖枪支案③中,被告人制造前堵头、固定环、调节器、击锤、过桥、弹簧等气枪的零部件,并辩称其事先对加工部件的用途并不知情。而后,法官基于 QQ 聊天记录、快递员和买家的证言等证据,对被告人的行为加以认定。大数据时代的数据挖掘技术,实则是法官思维模式在更为抽象层次上的表达,是对极为间接和微弱的相关性的放大化。

最后,从实践中来看,通过数据挖掘技术获得的互联网电子数据,虽然不具有百分之百的准确性,却大多具有相关性。如亚马逊网站通过分析顾客的浏览记录产生的推荐产品,虽不一定与顾客的需求完美契合,却必定与顾客的需求之间存在一定的关联。

威廉·特文宁认为:如果某一证据性事实与待证事实——无论是中间性还是终极性的——有着某种关系,那么该证据性事实与待证事实便是相关的或者潜在相关的。④ 在大数据的背景下,从相关性的程度而言,互联网电

---

① 〔英〕卡尔·波普尔:《客观知识——一个进化论的研究》,舒炜光等译,上海译文出版社 1987 年版,第 164—165 页。
② 邱仁宗编著:《科学方法与科学动力学——现代科学哲学概述》,高等教育出版社 2006 年版,第 62 页。
③ (2016)浙 0303 刑初 58 号。
④ 〔英〕威廉·特文宁:《反思证据:开拓性论著》(第二版),吴洪淇等译,中国人民大学出版社 2015 年版,第 137 页。

子证据并不具有直接相关性,而只是具有间接相关性。大数据的关联性也是间接性质的,由于人类无法准确地把握其因果关系,故不能用其认定案件事实,但是基于全本数据所反映出的规律仍然可以在一定程度上影响案件事实的证明。① 大数据的间接相关性,主要取决于其算法的可靠性。在任何给定的时间下,在法律背景中相关性标准的主要来源是社会的知识库。在三维空间的社会模式下,很难意识到四维空间的人与物。与之相关,人对相关性的认识,亦只能限于特定时期内的元理论。在以往的相关性研究中,学者通常只关注证据与案件事实的直接相关性,而忽略了对间接相关性的关注。这主要是因为在传统的证据领域,原始证据之间的排列组合,只能产生物理作用,无法产生新的证据要素,由此,原始证据均可作为独立的相关证据,对案件事实起到一定的证明作用。大数据背景下,互联网电子证据之间的排列组合,可以产生化学作用,产生新的证据要素。原始的互联网电子证据无法对案件事实起到一定的证明作用,其只能通过产生的新的证据要素,从而间接地对案件事实起到证明作用。大数据的发展,也正是在这个意义上丰富了社会的知识库,从而推动了证据相关性理论的发展。

第五节　我国互联网电子证据出示规则的构建和完善

一、出示形式:实用主义视角下的考量

实用主义哲学产生于19世纪70年代的美国,是美国本土化的一种哲学思潮。美国的实用主义有其特定的形成背景。其形成背景主要包括清教主义、启蒙运动以及爱默生超验主义思想的影响。② 在一定程度上,"美国哲学最初的兴起是在清教运动的影响下发生的"③。从其本质上而言,实用主义并非一套教条,而是一种传统、态度和视角;它具有亲和力,而不是扩张力。"实用主义者毅然决然和一劳永逸地摒弃了职业哲学家珍视的很多根深蒂固的习惯。他脱离了抽象和不充分性,脱离了言辞的解决方案,脱离了不好的先验理性,脱离了僵化的原则、封闭的体系以及虚伪的绝对和起源。他转向具体和充分,转向事实,转向行动,转向权力。"④

---

① 刘品新:《电子证据的关联性》,载《法学研究》2016年第6期。
② 马玉凤:《实用主义哲学的起源与发展——兼论马克思哲学的现实性超越》,辽宁大学2013年博士学位论文。
③ 刘放桐主编:《西方近现代过渡时期哲学》,人民出版社2009年版,第587页。
④ 〔美〕理查德·A. 波斯纳:《法律、实用主义与民主》,凌斌、李国庆译,中国政法大学出版社2005年版,第32—34页。

对实用主义法学家而言,法律只是一组事实而不是一种规则体系,亦即是一种活的制度,而不是一套规范。① 但实用主义自其产生以来,就多受批判。如有学者认为,实用主义是没有原则的政策,以目标为导向却没有道德根基,是没有一贯的价值或理想的狡诈圆滑者的思想倾向。②

实用主义者强调以目标为导向,以更具灵活性的方式对法律条文进行适用。对刑事司法而言,法律实用主义有助于现实纠纷的解决;有助于培塑以问题解决为导向的刑事司法观。③ 在证据法中,实用主义有其适用的空间。根据我国《刑事诉讼法》的规定,可以用于证明案件事实的材料,都是证据。证据功能只能通过事实信息的储存、发现、识别、提取和运用来实现。④ 在此种情况下,证据功能能否发挥,主要在于其提供的信息是否完善。

以实用主义哲学为思考的原点,过于拘泥于法条规定的互联网电子证据的出示形式并无过大的意义,需要将目光转移至司法实践中加以考量。从我国的司法实践来看,被告人及其辩护人对互联网电子证据的出示形式并无过多的争议。被告人及其辩护人所提出的异议的实质在于互联网电子证据的出示形式所能提供的信息总量的大小。

从最佳证据规则的法理基础来看,其一方面是为了预防欺诈;另一方面是出于对精确性的需求。我国现有的对互联网电子证据出示形式的规定突破了最原始意义上的最佳证据规则的要求,这属于质的进步。在互联网电子证据的背景下,最原始意义上的最佳证据规则不仅在技术上难以实现,而且也无法达成出示制度预设的目的。但与此同时,现有规则规定的打印输出、文字说明等方式,又无法真正起到预防欺诈以及满足精确性需求两个方面的作用。现有的立法规定对最佳证据规则本质上的背离,导致对互联网电子证据的验真无法实质性地进行。

从实用主义的目标导向视角出发,互联网电子证据的出示形式,有必要从现有的两种出示形式,转向强调对互联网电子证据完整性的出示。强调对互联网电子证据完整性的出示,一方面可以通过互联网电子证据内容信息、系统信息之间的相互对比,在一定程度上保障互联网电子证据的真实性;另一方面,互联网电子证据的完整性,有助于实现对互联网电子证据的验真。就最佳证据规则的本源而言,"人类必须拥有事实性质所能拥有的最大限度

---

① 〔美〕E. 博登海默:《法理学:法律哲学与法律方法》,邓正来译,中国政法大学出版社 2004 年版,第 162 页。
② Morris Dickstein, *Introduction*: *Pragmatism Then and Now*, in the Revival of Pragmatism: *New Essays on Social Thought*, Law and Culture, 1998, pp. 1-2.
③ 胡铭:《法律现实主义与转型社会刑事司法》,载《法学研究》2011 年第 2 期。
④ 熊志海:《信息视野下的证据法学》,法律出版社 2014 年版,第 41 页。

的证据,因为法律的设计就是为了获得对权利问题的严格证实;没有了事物性质所能拥有的最佳证据,也就没有了某个事实的证实"①。通过对互联网电子证据完整性的强调,有利于出示互联网电子证据本身所能揭示的最大限度的信息,从而达到证明案件事实的目的,其亦与最佳证据规则的本源具有内在的契合之处。此外,在云计算的背景下,互联网电子证据的原件分散在各个不同的系统之中,绝大多数情况下存在转化的环节。从最佳证据规则到完整性的转向,亦可化解云计算背景下互联网电子证据无原件可出示的尴尬局面。

对于互联网电子证据而言,其完整性包含三个方面的要素:内容信息的完整性、往来信息的完整性以及系统信息的完整性。在互联网电子证据出示的完整性得到保障的前提下,互联网电子证据的具体出示形式,无论是打印出示、光盘刻录抑或是鉴定意见,都只是其完整性的载体。如有学者指出,在美国司法实践中,对网页的出示,法院之间已经达成了一个共识,即其会首先评价特定网页的打印件是否准确地反映了该网页本身的内容,作为满足美国《联邦证据规则》第 901 条的前提。在司法实践中,常常实施两步走的判断方针:(1)明确获取的网页是否可以作为复制件;(2)提供的打印件本身是否显示了网页本来的情况。② 网页打印件是否显示了网页本来的情况,在一定意义上,即是对其出示内容完整性的强调。

二、出示范围:大数据背景下的相关性证据

大数据背景下,互联网电子证据的相关性判定与法律推理密切相关。法律推理是司法实践中常用的模式。推理是"思维的基本形式之一,是由一个或几个已知的判断(前提)推出新判断(结论)的过程,有直接推理、间接推理等"③形式。直接推理与间接推理的区别在于其前提所包含的简单判断的个数不同。前提中只包含有一个简单判断的推理,属于直接推理;前提中至少包含有两个简单判断的推理,是间接推理。④

基于直接推理与间接推理的逻辑实践,在证据法中,学者将证据分为直接证据与间接证据。其中,直接证据是对案件的主要事实能够起到证明作用

---

① 〔英〕威廉·特文宁:《反思证据:开拓性论著》(第二版),吴洪淇等译,中国人民大学出版社 2015 年版,第 41 页。
② Deborah R. Eltgroth, "Best Evidence and the Wayback Machine: Toward a Workable Authentication Standard for Archived Internet Evidence", 78 *Fordham L. Rev.* 181, 2009.
③ 中国社会科学院语言研究所词典编辑室编:《现代汉语词典》(第 7 版),商务印书馆 2016 年版,第 1330 页。
④ 涂德辉:《论直接与间接推理的分类》,中国逻辑学会第六次代表大会暨学术讨论会论文集,2000 年。

的证据;间接证据是无法对案件的主要事实起到证明作用的证据。"要完成整个司法证明过程,办案人员除了要获得足够数量的间接证据以外,还必须根据各个间接证据所提供的事实信息,来进行逻辑推理,使得各个间接证据所提供的事实信息能够环环相扣,形成一个较为完整的证据事实的锁链或证据体系。"①

在互联网背景下,对互联网电子证据相关性的判断,可以参照直接证据与间接证据的分类标准,将互联网电子证据的相关性分为直接相关性与间接相关性。从比较法的角度来看,已经有学者将相关证据分为直接相关证据和间接相关证据。直接相关证据通过推理链条与待证事实直接联系起来;间接相关证据本身不与待证事实直接联系,但其对由一项直接相关证据建立起来的推理链条中的环节起着增强或削弱的作用。② 直接相关证据和间接相关证据的界定,与互联网电子证据直接相关性和间接相关性之间,存在一定的区别和联系:

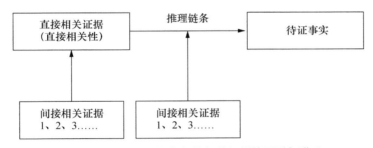

图 6-3 直接相关证据与间接相关证据的区别与联系

从两者的联系来看,无论是间接相关证据抑或是大数据背景下的原始互联网电子数据,其均不直接与待证事实相联系、不对待证事实起到直接的证明作用。从两者的区别来看,间接相关证据的功能是针对直接相关证据到待证事实的推理链条,对其中的环节进行支持或攻击,从而增强或削弱直接相关证据的相关性和证明力。③ 在大数据的背景下,原始互联网电子数据的间接相关性是指通过对各种原始互联网电子证据的组合与分析,可以产生直接相关的证据。间接相关证据是证据推理链条的中间环节,而原始互联网电子数据则是证据推理链条的前提。

在大数据的背景下,对互联网电子证据的出示,一方面,需要出示经过大

---

① 陈瑞华:《刑事证据法》(第三版),北京大学出版社 2018 年版,第 108 页。
② 〔美〕特伦斯·安德森等:《证据分析》(第二版),张保生等译,中国人民大学出版社 2012 年版,第 82—83 页。
③ 纵博:《论证据推理中的间接相关证据》,载《中国刑事法杂志》2015 年第 5 期。

数据技术分析之后得出的互联网电子证据；另一方面，亦需要对原始的互联网电子数据以及其所用的算法进行出示。对经过大数据分析之后的互联网电子证据进行出示，可以对案件事实起到直接的证明作用。在此种情况下，如果被告人对互联网电子证据存在异议，则需要出示原始的互联网电子数据以及侦查机关所运用的计算机算法，以便法官对原始互联网电子数据与案件事实之间的相关性问题作出判定。

三、出示内容：隐私权保障下的限缩

如上所述，广义上的证据出示制度包含证据开示制度。在美国，有学者认为，证据开示制度，从其本质而言，就是带有侵入性的。所有的证据开示，都会在一定程度上引起特定的麻烦、难堪、压抑、负担或者费用。在决定是否需要对互联网电子证据进行开示时，需要平衡侵入性的程度以及证据开示的潜在价值。如果以 1—10 来衡量，对社交网络证据的开示，其侵入程度仅为 2。[1] 从美国对社交网络证据出示范围的规定可以看出，在证据开示程序中，证据开示的范围必须是确定的。对互联网电子证据的出示，往往会涉及犯罪嫌疑人的隐私权。[2]

对互联网电子证据出示内容的界定，可以从以下几个方面进行：首先，出示的互联网数据必须是相关的。相关性是证据的本质属性之一。缺乏相关性的证据，无法对案件事实起到一定的证明作用，因此不具有可采性。在决定是否对互联网数据进行出示时，必须先确定其是否具有相关性。其次，在确定具有相关性的前提下，检察人员需要衡量相关的互联网电子证据的证明力大小以及其可能导致的对被告人权利侵犯的大小。有学者指出，在考虑社交网络证据是否应当开示的时候，应该对个人的隐私权保护以及法律实施的目的进行权衡。权衡的因素主要包括：(1) 个人的社交网站是否有密码或者其他形式的隐私保护措施；(2) 在没有密码的情况下，受影响的一方当事人是否对隐私有合理的期待；(3) 警察是否有合理的怀疑或者有合理的依据对社交网络进行调查，或者该证据是否通过非法调查的方式取得；(4) 该证据是否具有可信性；(5) 警察是否有能力通过其他手段获取证据；(6) 该证据的证明价值是否实质超过了该证据可能带来的偏见；(7) 该证据的证明力，即

---

[1] John G. Browning, "With 'Friends' Like These, Who Needs Enemies? Passwords, Privacy, and the Discovery of Social Media Content", 36 *Am. J. Trial Advoc.* 505, 2012.

[2] Adam Cohen, "Social Media and eDiscovery: Emerging Issues", 32 *Pace L. Rev.* 289, 2012.

证据与刑事活动之间存在的潜在关系。① 对此,可以采用 1—10 的度量衡的方式进行裁量。如果相应的互联网电子证据能够对案件事实起到主要的证明作用,并且其可能对被告人权利的侵犯很少,则该证据可以出示;如果特定证据的出示对被告人权利侵犯的大小超过了其具有的证明力大小,则该证据不出示。最后,可以根据被告人犯罪的严重程度决定。如果被告人被指控的罪行属于严重犯罪,则意味着其可能对社会造成的损害较大。根据对等性原则,在互联网电子证据出示过程中,对被告人隐私权的侵犯程度,可以作一定程度的放宽处理。

此外,根据互联网电子证据的分类可知,互联网电子证据有不同的类型,既包括网页、论坛等公开的数据材料,也包括电子邮件、QQ 聊天记录等私密的数据材料,还包括社交网络等相对封闭的数据材料。在司法实践中,可以根据涉及的隐私程度的不同,对不同的互联网电子证据,设置不同的出示规则。② 首先,对于网页等公开的数据材料,因其不涉及个人隐私,对其的出示可以根据案件的需要进行。其次,对于社交网络等相对封闭的互联网电子证据,由法官决定是否需要对上述证据进行公开的出示。在此种情况下,如果被告人对证据的公开出示没有异议,则法官可以裁决证据的公开出示,但在此之前,法官需要告知被告人,其有权反对证据的公开出示;如果一方当事人反对相应的互联网电子证据的公开出示,则法官需要进行利益的权衡,最终决定是否有必要对相应的证据进行公开出示。最后,对于电子邮件、QQ 聊天记录等私密的数据材料,对其的出示需要严格限定范围,即出示范围仅限于与案件相关的当事人之间,而尽量避免在法庭上被不相关的人员所知。

第六节 小结:在"文本"与"实践"之间

互联网电子证据的出示,涉及大量的司法操作规则。因此,有必要将聚焦点不断地循环往复于法律文本与司法实践之间。通过对案例的分析可以发现,法律文本中规定的互联网电子证据出示形式本身,并非被告人争议的

---

① John S. Wilson,"MySpace, Your Space, or Our Space? New Frontiers in Electronic Evidence",86 *Or. L. Rev.* 1201,2007.
② 在美国,关于社交媒体的法律争议,主要仍然集中于隐私权。这主要是由于从个人观念上而言,在社交网站上发布的信息,无论如何都带有某种对隐私权的期待。参见 John G. Browning,"Digging for the Digital Dirt: Discovery and Use of Evidence from Social Media Sites",14 *SMU Sci. & Tech. L. Rev.* 465,2010.

集中所在。引发被告人争议的实质性问题在于不同的出示形式蕴含不同总量的出示信息。就出示形式而言,从最佳证据规则到完整性的转向,有利于出示互联网电子证据本身所能揭示的最大限度的信息,从而达到证明案件事实的目的;亦可化解云计算背景下互联网电子证据无原件可出示的尴尬局面。就出示范围而言,大数据背景下的相关性证据,涉及数据挖掘技术的使用。对原始互联网电子数据以及数据挖掘技术的原理性介绍文字的出示,实则属于证据补强的范畴。案件显示,详细的案件程序性记录,可以有效地减少对互联网电子证据相关性的争议。概言之,通过文本与实践的互动,可以更好地勾勒出互联网电子证据出示规则的理想状态。

第七章 互联网电子证据的验真

第一节 问题的提出

证据是指能够证明案件事实的材料。在刑事诉讼中,证据起着至关重要的作用。一般认为,证据具有三性:相关性、合法性和真实性。真实性,主要包含两个层面的含义:从证据载体的角度而言,证据本身必须是真实存在的,而不能是伪造、变造的;从证据事实的角度而言,证据所记录或反映的证据信息必须是可靠和可信的,而不能是虚假的。① 根据《刑事诉讼法》的规定,证据必须经过查证属实,才能作为定案的根据。在此过程中,证据的验真②必不可少。

根据《布莱克法律词典》的解释,验真包括两个层面的含义:从广义上而言,验真是指证明某事物是真实的行为(如文件),由此该事物可以被采纳作为证据;或是指某事物被证明为真的状态(如笔迹)。从狭义上而言,验真是指同意或采纳某份文书为某人所有。③ 对于验真,本书采用广义上的定义,即证据的验真是指通过程序的设置,对证据的真实性进行检验。在刑事诉讼中,确保证据的真实性,有利于更好地保障被告人的公平审判权。

从理论研究和司法实践来看,对物证、书证等实物证据的验真,我国已经发展出了一套相对成熟的检验规则。如《死刑案件证据规定》指出,对物证、书证的验真,可以从以下几个方面进行:(1) 物证、书证是否为原物、原件;(2) 物证、书证的收集程序、方式是否符合法律及有关规定;(3) 物证、书证在收集、保管及鉴定过程中是否受到破坏或者改变。此外,该规定还对电子证据的验真规则作出了一些说明,规定在对电子证据进行审查时,需要审查其内容是否真实,有无剪裁、拼凑、篡改、添加等伪造、变造情形。

不同于传统的证据,互联网电子证据具有易修改、难固定、易伪造、难认定等特征。在这种情况下,如何对互联网电子证据进行验真,就成了司法实

---

① 陈瑞华:《关于证据法基本概念的一些思考》,载《中国刑事法杂志》2013年第3期。
② 英文通常用 authentication 一词表示。不少学者将其译为"鉴真"。这个译法强调对证据的真实性进行鉴别。但笔者更倾向于将其译为"验真",强调对证据的真实性进行检验。
③ Bryan A. Garner, *Black's Law Dictionary*, West, 2009, p. 151.

践中的难题。从法官和律师的态度来看,其有一个转变的过程。在 St. Clair v. Johnny's Oyster & Shrimp, Inc.① 一案中,法官认为无法验证互联网电子证据的真实性。一方面互联网电子证据不是宣誓之后被提出的,另一方面黑客可以随时修改互联网上的内容。因此,即使对美国《联邦证据规则》的传闻证据规则作最为宽泛的解释,互联网电子证据也无法证明任何内容。但在同时期的 U. S. v. Tank② 一案中,法官对互联网聊天记录的真实性加以确认。理由在于法官认为政府已经提供了充分的证据证明该互联网电子证据的真实性。从近些年的案例看,互联网电子证据能否在庭审中被采纳,主要在于检察官是否提供了足够的证据证明其真实性。如在 U. S. v. Vayner③ 一案中,法官对检察官从社交网络资料中下载的证明被告人动机的打印件予以排除,理由在于法官认为检察官无法提供充分的依据证明其提供的打印件来自被告人的社交网络。在 U. S. v. Oreckinto④ 一案中,法官对从互联网上下载的图片加以采纳,理由在于法官认为该互联网电子证据可以被充分验真。

从司法实践来看,越来越多的案件涉及互联网电子证据。《刑事案件电子数据规定》和《刑诉法解释》等虽然已经对互联网电子证据的真实性审查问题作出了规定,但仍然存在不足。互联网电子证据验真规则的混杂和理论研究的不足,极易导致司法实践的无所适从。从证据载体的角度出发,如何判断互联网电子证据是否被更改?从证据内容来看,如何判断互联网电子证据的真实性?互联网电子证据的验真,与我国现有的证据印证模式之间,又存在什么样的关系?通过何种程序的设置,才能确保互联网电子证据的验真达到预期的目的?上述问题,有待理论的完善,也有待实践的积累。

第二节 互联网电子证据验真制度的构成要素

有学者指出,根据所要鉴别的实物证据的不同,验真有两个方面的含义:一是证明法庭上出示、宣读、播放的某一实物证据,与举证方所声称的那份实物证据是一致的;二是证明法庭上所出示、宣读、播放的实物证据的内容,如实记录了实物证据的本来面目,反映了实物证据的真实情况。⑤ 从上述界定中可以发现,实物证据的验真包括两个层面:证据载体的一致性和证据内容的一致性。

---

① 76 F. Supp. 2d 773(1999).
② 200 F. 3d 627(2000).
③ 769 F. 3d 125(2014).
④ 234 F. Supp. 3d 360(2017).
⑤ 陈瑞华:《实物证据的鉴真问题》,载《法学研究》2011 年第 5 期。

在司法实践中，对一般的书证、物证的验真，通过第一个层面的验真就可完成。这主要是因为书证以文字、符号、图画等记载或表达的思想内容证明案件情况；物证以外部特征、存在形式或物质属性证明案件情况。① 对于书证和物证而言，其证据载体与证据内容具有合一性。通过确保证据载体的一致性，可以保障其内容的一致性。因此，在司法实务中，只要对书证、物证等的保管链条进行出示，就可以证明特定的书证、物证在保管过程中并未发生变更。

对电子证据的验真，不仅需要证明其证据载体的一致性，还需要证明其证据内容的完整性。也就是说，不仅需要出示保管链条以证明其在保管过程中未发生变更；还需要计算完整性校验值，以证明其内容信息未发生变更。这主要是因为电子证据的载体与内容可以分离。电子证据的内容包含信息正文、过程记录以及运作环境三个层次。② 电子证据的依附性，使对其进行双重检验成为必要。

在互联网背景下，对互联网电子证据的验真，除了需要证明证据载体和证据内容的一致性外，还需要证明特定账户所有者与使用者的一致性。这主要是因为互联网的开放性导致特定账号的所有者与使用者可能发生分离。如在郭某非法经营案③中，被告人提出"还傻傻爱他"网店并非其实际控制，故该网店香烟交易的金额人民币 1.9 万余元应从总额中扣除。互联网的开放性，使对互联网电子证据同一性的验真成为必要。

互联网电子证据验真制度的构成要素，如图 7-1 所示：

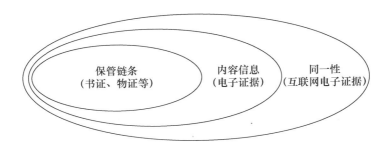

图 7-1　互联网电子证据验真制度的构成要素

此外，在对互联网电子证据的载体、内容和同一性进行确认后，如何确保特定的互联网电子证据真实地反映了被告人的心理状态，亦构成司法实践之

---

① 孙长永主编：《刑事诉讼法学》（第二版），法律出版社 2013 年版，第 178—179 页。
② 陈光中主编：《〈中华人民共和国刑事诉讼法〉修改条文释义与点评》，人民法院出版社 2012 年版，第 51 页。
③ （2014）浙杭刑终字第 593 号。

难题。以寻衅滋事罪为例,根据《刑法》第293条第1款第2项的规定,追逐、拦截、辱骂、恐吓他人,情节恶劣的,构成寻衅滋事罪。若个人在网上恐吓他人,则涉及互联网电子证据的适用。心理学的研究显示,个人在自己的房间,以非面对面的方式,通过社交网站进行交流,会导致其比现实生活中更为大胆。① 这就意味着,个人在社交网络上的发言,可能并不必然反映其在现实世界中的思维、情感和动作。② 网络世界的语言与现实世界的思维之间的差异,给互联网电子证据的验真带来了挑战。

第三节 我国互联网电子证据验真的法律规定与实践路径

一、法律规定:互联网电子证据验真的三个层次

我国现有的法律规范并未对互联网电子证据的验真程序作出系统的规定。涉及互联网电子证据验真程序的,仅有一些原则性的规定零星地散落于各个法规之中。具体而言,关于互联网电子证据验真的规定,主要从以下几个方面展开:

(一)互联网电子证据的原件与复印件

最高人民法院《关于民事诉讼证据的若干规定》(以下简称《民事诉讼证据规定》)第23条对互联网电子证据的原件和复印件问题作出了规定;最高人民法院《关于行政诉讼证据若干问题的规定》第64条对涉及互联网电子证据的确认和公证问题进行了规定。从上述两个规定来看,在对互联网电子进行验真时,均强调原件优先。在复制件的保管链条得到证明的情况下,复制件具有与原件相同的效力。最佳证据规则的法理基础在于,与原件相比,复印件更有可能出现错误,而且原件包含很多复印件不包含的内容,如笔迹的特征、原本使用的纸张等。③ 最佳证据规则最先只适用于文书、照片和记录,而后随着电子证据的发展,最佳证据规则的内涵也得到扩充。

---

① J Preece and D Maloney-Krichmar, *Online Communities: Focusing on Sociability and Usability*, L. Eribaum Associates Inc., 2002, p.605.
② Scott Charles Silverman, Creating Community Online: The Effect of Social Networking Communities on College Students' Experiences, Ph. D dissertation of University of Southern California, 2007.
③ 易延友:《最佳证据规则》,载《比较法研究》2011年第6期。

（二）互联网电子证据的审查规则

《死刑案件证据规定》第 29 条对一些互联网电子证据的审查规则作出了规定。其强调对于电子证据的验真，需要从电子证据的原件、电子证据的保管链条以及电子证据的内容真实性三个层次展开。对电子证据有疑问的，应当进行鉴定。

（三）互联网电子证据真实性的判定

《刑事案件电子数据规定》第 22 条对互联网电子证据的真实性判定规则进行了规定。其指出，对于互联网电子证据真实性的判断，一方面需要审查互联网电子证据的保管链条；另一方面需要确保互联网电子证据的真实性和完整性。在此过程中，可以通过数字签名等技术性手段确保互联网电子证据的完整性。此外，对于互联网电子证据的同一性问题，可以通过核查相关 IP 地址、网络活动记录、上网终端归属、相关证人证言以及犯罪嫌疑人、被告人供述和辩解等进行综合判断。

通过对上述法律条文的解读可以看出，《民事诉讼证据规定》仅对互联网电子证据原件和复印件的验真作出了说明，从互联网电子证据验真制度的构成要素而言，其属于对互联网电子证据的证据载体（即保管链条）的说明；《死刑案件证据规定》和《刑事案件电子数据规定》均对互联网电子证据的证据载体和审查规则作出了规定。相较于《死刑案件证据规定》，《刑事案件电子数据规定》还强调技术性手段的使用。从互联网电子证据验真制度的构成要素来看，《死刑案件证据规定》和《刑事案件电子数据规定》均对互联网电子证据的证据载体和内容信息的真实性作出了回应，但对于互联网电子证据验真过程中的同一性问题，仅《刑事案件电子数据规定》作出了简短的回应。此外，由于网络的开放性，对于网络世界语言与现实世界行为之间的差异带来的验真问题，现有的法律规定并未作出回应。

二、实践路径：处理真实性异议的四种方式及同一性认定途径

在对互联网电子证据进行验真的过程中，被告人的自认构成对法院验真义务的免除。其理由在于，通过这一方法，双方能够很容易就证据的真实性问题达成一致。[①] 从界定上来看，自认是指对于己不利的事实的承认。该制度产生之初，主要适用于民事诉讼制度。如有学者明确指出，自认只能发生

---

① Allen M. Gahtan, *Electronic Evidence*, Carswell, 1999, p.159.

在民事诉讼中;在刑事案件中,被告人作出的承认被称为自白。自白是刑事案件被告人口供的组成部分,其证据力如何由法院根据具体情况进行审查判断。①

在是否将该制度引入刑事诉讼的问题上,学界曾经有过争议。在刑事诉讼中,自认制度是一把双刃剑,既有促进诉讼效率的一面,又可能会对被追诉人的权利保障产生负面影响,可谓效益与风险并存,因此权衡其利弊并进行合理取舍就显得至关重要。近些年来,随着刑事速裁程序的施行以及认罪认罚制度的改革,现有的刑事诉讼越来越认可被告人在刑事诉讼中的主体地位以及其对诉讼程序的处分权。在此背景下,法院对被告人自认的互联网电子证据不再进行验真,已经不存在观念上的束缚。

在本部分,笔者将以北大法宝收录的发生在浙江省的涉及互联网电子证据的刑事案件为分析样本,对我国司法实践中互联网电子证据的验真规则进行阐述。

(一) 处理互联网电子证据真实性异议的四种方式

在刑事案件中,被告人很少对互联网电子证据的真实性问题提出异议。结合案例和与法官的访谈,笔者了解到,当被告人对互联网电子证据的真实性提出异议时,法院一般有四种处理方式:

(1) 法院对真实性异议不正面解释。如在俞某某职务侵占案②中,被告人提出"俞某某3年前的电子邮件居然还能从服务器上完整提取,其真实性存在疑点,公安机关截取的部分邮件根本无法客观还原上诉人与客户沟通联系的完整过程"这一上诉意见。法院最终作出"公安机关从服务器上提取的电子邮件的真实性存疑等辩解辩护的理由,不能成立"这一回应,并未对这一问题作出正面解释。上述现象的存在与我国缺少判决书说理的司法实践密切相关。有学者认为,理性的裁判,最基本的要求是裁判应当有合理的根据,这种根据就是判决的理由。说明判决理由是现代理性而公正的裁判制度的一个根本特征;是对法官自由裁量的必要制约;是实现判决正当化的有效措施;是培养造就优秀法官的重要途径。③ 从审判理论而言,法院需要对双方当事人的每一个争议点进行判断,并且附上判决理由。在证据裁判主义的背景下,当一方当事人对证据存疑时,法官需要对该证据的证明能力和证明力问题作出判定。但从我国的司法实践来看,法官通常仅对相关证据一笔带

---

① 宋朝武:《论民事诉讼中的自认》,载《中国法学》2003年第2期。
② (2014)浙甬刑二终字第17号。
③ 龙宗智:《刑事判决应加强判决理由》,载《现代法学》1999年第2期。

过,并不对证据内容进行分析。当双方当事人对证据存在争议时,法官通常只是有选择性地加以回应。"如果法院在理由论证上存在明显的、严重的缺陷,那么法制的理性权威就会受到伤害,甚至丧失殆尽。"① 在互联网背景下,互联网电子证据极易遭到删减,其真实性难以得到保证。在此种情况下,如何促使法官对有关互联网电子证据真实性的争议点作出回应,确保判决说理的充分性,是司法制度完善的方向之一。

(2) 法院对真实性异议,通过保管链条的完整性加以处理。如在彭某某等开设赌场、掩饰、隐瞒犯罪所得案②中,被告人认为该案鉴定意见的检材来源和送检程序均存在瑕疵,鉴定意见不能作为证据。法院认为,送检的服务器流转过程全程均有同步录像,检材来源与送检过程合法,鉴定意见可以作为该案证据予以采信。证据的保管链条有助于保障证据的同一性和真实性。在赖某某等诈骗案③中,辩护律师对涉案电子数据的真实性提出质疑。法院经审查后认为,侦查机关扣押涉案手机、电脑后予以封存,电子数据检查机关确认检查对象封存情况完好后进行检查,且均有完整性校验(MD5)值证明检查结果来源于检查对象,内容未被更改。从互联网电子证据验真制度的构成要素而言,互联网电子证据保管链条只能保障其载体上的同一性,MD5 等技术可以确保其内容上的一致性。

(3) 法院对真实性异议,通过诉诸专业鉴定机构加以处理。如在快播案④中,第一次庭审中辩方提出该案原始数据可能受到破坏的意见,法院委托国家信息中心电子数据司法鉴定中心对 4 台服务器及其存储内容进行检验。在检验过程中,鉴定中心对送检的 4 台服务器提取用户远程登录日志,发现 8 个 IP 地址曾使用远程账号多次登录上述服务器。经过对送检服务器内现存的 qdata 文件⑤属性的分析,未发现有从外部拷入或修改的痕迹。在快播案中,通过出具鉴定意见书,在相当程度上平息了被告人对证据真实性的争议。在司法实践中,鉴定意见的重要性不言而喻,但其亦是很多争端的起源。如英国的伦西曼皇家委员会的研究报告表明,在所有存在争议的起诉的案件中,几乎 1/3 涉及科学证据。⑥ 在互联网的背景下,如何对有关互联

---

① 季卫东:《论法制的权威》,载《中国法学》2013 年第 1 期。
② (2015)丽松刑初字第 74 号。
③ (2020)浙 01 刑终 288 号。
④ 快播案并非发生在浙江。通过与刑事法官的访谈,笔者了解到,将被告人对互联网电子证据真实性的异议诉诸鉴定机构,是司法实践中常用的方式。为了论述的完整性,同时考虑到快播案的典型性,本书选择快播案加以分析,特此说明。
⑤ qdata 文件是快播独有的视频格式文件。
⑥ 〔英〕麦高伟、〔英〕杰弗里·威尔逊主编:《英国刑事司法程序》,姚永吉等译,法律出版社 2003 年版,第 238 页。

网电子证据的鉴定意见进行鉴定,确保鉴定意见的可靠性,是司法实践中的一大问题。此外,通过对其他案例的研读,笔者发现,在对互联网电子证据进行验真时,亦存在鉴定的技术性瓶颈。如在渠某某非法经营案[①]中,办案人员将起获的 3 台电脑主机送至北京市公安局朝阳分局网安大队,网安大队民警答复无法确定交易平台是否合法,无法确定平台服务器具体位置,无法鉴定交易平台与国外服务器是否一致,现有的技术无法就该案涉案网站及境外邮箱的真实性、注册地、服务器或域名的具体情况进行核实。鉴定技术的缺失,使得对互联网电子证据的验真沦为空谈。

(4) 法院对真实性异议,通过与其他证据相互印证加以处理。如在潘某某强奸、猥亵儿童案[②]中,被告人认为其与被害人的 QQ 聊天记录的真实性存疑。法院经审查后认为,QQ 聊天记录能与其原有供述及其他证据相互印证,足以证实被告人对被害人进行胁迫的事实。法院最终采纳了该 QQ 聊天记录。一个案件通常包含多种证据,形成一个证据链。证据之间的相互印证,是指两个以上的证据在所包含的事实信息方面发生了完全重合或者部分交叉,使得一个证据的真实性得到了其他证据的验证。[③] 通常情况下,证据的验真方式包括内部验真和外部验真。对证据的内部验真是指通过对证据本身属性的鉴定,从而对其真实性加以确认;对证据的外部验真是指通过其他相关证据的佐证,从而对证据的真实性加以确认。在对互联网电子证据进行验真的过程中,由于互联网电子证据较之一般证据,更容易被修改且不露痕迹,因此对其的内部验真往往很难进行。在此情况下,通过与其他证据的相互印证从而达到对互联网电子证据的外部验真,是目前司法实践中一种相对可行的替代方案。但是,证据印证模式的使用亦有其限度。在向某等赌博案[④]中,被告人提出提取的电子光盘数据里存在乱码。法官认为公安机关提取微信记录的程序存在瑕疵,但可与其他证据相互印证,因此仍然采纳。在该案中,证据之间的相互印证,完全取代了对互联网电子证据取证手段以及内容真实性的审查。关于证据印证模式与互联网电子证据验真之间的关系,将在本章的第四节着重论述。

(二) 互联网电子证据同一性的认定途径

互联网的开放性,导致特定账户的所有者与使用者可能发生分离。这就

---

① (2015)朝刑初字第 122 号。
② (2014)浙杭刑终字第 216 号。
③ 陈瑞华:《刑事证据法》(第三版),北京大学出版社 2018 年版,第 156 页。
④ (2016)浙 0381 刑初 904 号。

导致在对互联网电子证据进行验真时,除了对传统的保管链条和内容的真实性进行验真之外,还涉及对互联网电子证据同一性的认定。从浙江省的司法实践来看,关于互联网电子证据同一性的认定,实践中已经发展出了一些操作的规则。

在赵某某诈骗案①中,被告人提出系他人远程操控其电脑实施诈骗的辩解。法院经审理后发现,支付宝公司提供的涉案账户的 Mac 号码记录中,有被告人所持有的笔记本电脑的 Mac 号码,该号码具有唯一性。因此法院对被告人的辩解不予认可。该案对于同一性的认定,主要是从技术性的角度开展的,通过 Mac 地址的一致性从而间接验证用户与账号之间的一致性。在钟某某案②中,被告人提出其曾为淘宝网店雇请了 3 个客服人员,该案不能排除该 3 人利用网店进行非法买卖弹药的可能性。侦查人员通过侦查发现人口信息系统中并无上述人员的存在,因此法院对被告人的辩解不予认可。

在郭某非法经营案③中,被告人提出特定网店并非由其实际控制的辩护意见。但法官经过审理后认为:(1) 该网店与被告人承认实际控制的 3 家网店所留的客服 QQ 号码一致;(2) 从扣押的被告人使用的手机和电脑中,不仅发现该客服 QQ 号的聊天记录,还有涉及该网店非法交易的信息;(3) 证人证言以及交易记录网页截屏证实,证人陆续在 4 家网店以同样方式买过香烟,从快递单上看到卖家都是从同一地点发货,且上述网店页面所留的 QQ 号码均相同;(4) 被告人曾供认过该网店与其他几家网店均存在"刷量"行为。综上,被告人所提的上诉理由不能成立。在该案中,对于同一性的认定,是通过其他证据的相互印证加以证明。这就涉及证据印证模式在互联网电子证据同一性验真过程中发挥的效用。

从浙江省法院系统对互联网电子证据的验真模式来看,对于互联网电子证据同一性的验真,虽然法律条文仅作出了粗略的规定,但是司法实践已经发展出了一些操作的规则。从这些操作规则来看,一方面是借助强大的公权力背景,获取相关的辅助性证据对互联网电子证据进行验真;另一方面是通过其他证据之间的相互印证,对互联网电子证据的同一性进行界定。与此同时,在对互联网电子证据内容信息进行验真的过程中,亦可见证据印证模式的存在。印证模式与互联网电子证据之间,存在着千丝万缕的联系。

---

① (2015)东刑初字第 1508 号。
② (2014)金义刑初字第 925 号。
③ (2014)浙杭刑终字第 593 号。

第四节　印证模式与互联网电子证据的验真

从司法实践可以看出,我国在对互联网电子证据进行验真的过程中,强调证据之间的相互印证。证据印证模式的盛行,与我国整体主义的证据评价模式①密切相关。威廉·特文宁的基本理论认为,基于原子主义观点,证据可以通过考量单项证据自身之证明力的方式加以衡量,假定以独立的、个体化的方式对证据群进行分析,不但是可能的,而且是可欲的,这些项中的每一个都可以被表述为要件列表中的一个独立的命题;基于整体主义的观念,一项材料的证明力源于所有已输入信息材料之间的相互作用。在认定过程中,评论者强调融贯性作为可靠性的一个检验因素以及作为合理性的一个评估因素的意义。② 从两者的区别来看,原子主义模式强调对单个证据的证明力的评价;而整体主义模式强调在整体框架之下,通过证据之间的相互作用,对特定证据材料的证明力加以界定。原子主义模式强调在证据评价过程中单个证据本身的完整性与自足性,而整体主义模式强调在证据评价过程中单个证据的"构成要素"属性。虽然证据的评价模式分为整体主义与原子主义,但是"许多关于证据评价的判断都是'整体主义的'而不是'原子主义的'——而且严格说来就是如此"③。

整体主义的证据评价模式与证据印证模式之间的关系,可以从如下几个方面展开:首先,两者都是关于证明力的规则。在整体主义进路的模式下,由于特定证据的证明价值源自与其他全部信息的相互作用,因此在此之前无法断定个别证据的证明力。④ 作为一项旨在对证明力加以限制的证据规则,证据相互印证规则强调无论是证据事实还是案件事实,都要根据两个以上具有独立信息源的证据加以认定。⑤ 其次,两者都强调两个以上证据之间的互

---

① 有学者将证据的评价模式分为证据评价的原子模式与证据评价的整体模式。但是这并不意味着英美法系国家均属于证据评价的原子模式,而大陆法系国家均属于证据评价的整体模式。以美国的司法实践为例,其属于典型的证据评价的原子模式。但在对科学证据进行评价之时,学者却认为采用证据评价的整体主义模式能更具有说服力。参见 Jennifer L. Mnookin, "Atomism, Holism, and the Judicial Assessment of Evidence", 60 *UCLA L. Rev.* 1524, 2012.
② 〔英〕威廉·特文宁:《证据理论:边沁与威格摩尔》,吴洪淇、杜国栋译,中国人民大学出版社2015年版,第280—281页。
③ 〔英〕威廉·特文宁:《反思证据:开拓性论著》(第二版),吴洪淇等译,中国人民大学出版社2015年版,第317页。
④ 〔美〕米尔吉安·R.达马斯卡:《比较法视野中的证据制度》,吴宏耀等译,中国人民公安大学出版社2006年版,第75页。
⑤ 陈瑞华:《论证据相互印证规则》,载《法商研究》2012年第1期。

动。无论是整体主义的证据评价模式抑或是证据的印证模式,都强调多个证据所包含的信息之间的相互作用。在仅存在单个证据的前提下,上述证据评价模式不存在运作的空间。

但是,两者之间也存在不同:首先,两者目的不同。整体主义的证据评价模式强调通过证据之间的相互作用对各个证据的证明力作出判断;而证据印证模式强调的是通过证据之间的相互印证,对证据所包含的相同信息进行确认,从而确保案件事实的准确性。其次,两者的运作路径不同。整体主义证据评价模式遵循从整体到个体的判断路径;而证据印证模式强调从多个证据包含的信息中提炼出相同的信息,从而发挥证明作用。从评价模式来看,证据印证模式遵循的是"从多到一"的操作路径。最后,两者证据形式不同。整体主义的证据评价模式并未对证据形式作出过多的规定;而在我国证据印证模式下,"突出被告人口供作为印证机制的中心"①。

一、印证模式的构成要素与实践运作

从我国刑事诉讼的规定来看,证据的印证模式已得到法律上的确认。在《刑诉法解释》的条文中,"印证"一词一共出现了 10 次;《最高人民法院、最高人民检察院、公安部、国家安全部、司法部印发〈关于办理死刑案件审查判断证据若干问题的规定〉和〈关于办理刑事案件排除非法证据若干问题的规定〉的通知》中,"印证"一词一共出现了 11 次。从"印证"使用的范围来看,有 4 处强调证据之间的相互印证;1 处强调勘验、检查笔录是否与鉴定意见等印证;其余 17 处,均强调言词证据与其他证据的印证。

在我国,印证模式的盛行,与我国追求绝对真实的认知传统密不可分。在传统的认知背景下,我国强调定罪量刑标准意义上的"证据确实、充分"。印证模式能够通过证据之间的相互印证,在一定程度上保障证据的充分性。印证模式的运作理念与传统"求真"认知追求的内在契合度,使得该制度无论是在理论上还是在司法实践中,都受到了高度重视。然而,印证模式亦存在缺陷。在我国,强调言词证据与其他证据的印证,在司法实践中演化成为"由证到供"或者"由供到证"的取证模式,由此导致的是印证模式之下的错案频发。②

根据《现代汉语词典》的定义,印证是指"证明与事实相符"③。根据学者

---

① 谢小剑:《我国刑事诉讼相互印证的证明模式》,载《现代法学》2004 年第 6 期。
② 左卫民:《"印证"证明模式反思与重塑:基于中国刑事错案的反思》,载《中国法学》2016 年第 1 期。
③ 中国社会科学院语言研究所词典编辑室编:《现代汉语词典》(第 7 版),商务印书馆 2016 年版,第 1568 页。

的观点,"与一般意义上的证明不同,印证不是指一个证据对案件事实或信息的简单揭示,而是描述了两个以上证据相互之间的验证关系"①。从对印证的界定来看,印证主要是用于证明特定的多个证据,这些证据相互验证可以对案件事实起到一定的证明作用;从印证模式的内在逻辑来看,两个及以上的证据包含相同的事实信息,就使得该事实的真实性更能够得到验真;从印证模式指向的结果来看,印证主要用于说明相同的事实信息,对案件待证事实起到证明作用。证据印证模式的运作过程,如图 7-2 所示:

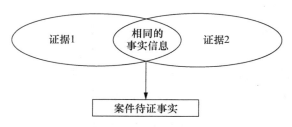

图 7-2 证据印证模式的运作过程

印证模式的运作前提是特定证据本身的真实性不存在疑问。印证强调证据之间的相互印证,进而使"相同的事实信息"部分对特定案件待证事实的证明力得到强化。若单个证据本身的真实性存在问题,即使提取相同的信息,亦无法起到对证明力进行补强的作用。

二、印证模式下的互联网电子证据验真

笔者通过与法官的访谈发现,在司法实践中,当被告人对互联网电子证据的真实性问题提出异议时,法官往往会通过查阅其他证据,看其他证据与特定的互联网电子证据之间是否能够形成印证。司法实践中的互联网电子证据验真模式,如图 7-3 所示:

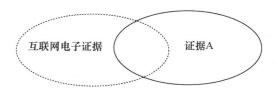

图 7-3 司法实践中互联网电子证据验真模式

在上述模式下,证据的相互印证异化成对互联网电子证据真实性和证明力进行验证的手段。在互联网电子证据真伪不明的情况之下,何以能够通过

---

① 陈瑞华:《刑事证据法》(第三版),北京大学出版社 2018 年版,第 156—157 页。

另一个证据 A 就推断出互联网电子证据的真实性？其中的逻辑令人质疑。即便经过验真的证据 A 包含与互联网电子证据相同的信息,同时该信息能够对待证事实起到一定的证明作用,在司法实践中,亦只能由证据 A 对待证事实起证明作用,而无法借此认定互联网电子证据的真实性。"从逻辑顺序上讲,单个证据的独立审查在前……通过对各个证据材料的独立审查,首先排除那些不具有合法性、客观性或相关性的证据,以免将一些不确实的证据留在相互印证的证据体系内,造成相互印证的假象。"①

从学理上看,证据印证模式与待证事实的关系,如图 7-4 所示:

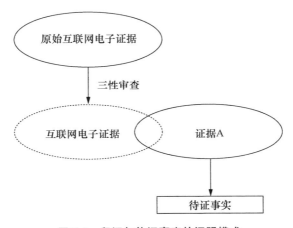

图 7-4　印证与待证事实的证明模式

三、印证模式与互联网电子证据验真:可能的化解路径

印证模式在司法实践中得到广泛的适用有其合理性,但是印证模式亦有其边界。印证模式一方面有利于实现事实查证功能,但另一方面也潜藏着错误累加的风险。违背"先单个证据独立审查,而后全案证据相互印证"的印证规律,会导致错误累加效应。② 在对互联网电子证据的内容信息和同一性问题进行验真的过程中,需要首先对单个证据的真实性进行验真,而后运用印证模式,用相互印证的信息对案件事实进行证明。

具体而言,对互联网电子证据保管链条的验真,需要侦查机关出具互联网电子证据验真过程中的程序性说明;对互联网电子证据内容信息的验真,需要运用鉴定的方式;对互联网电子证据同一性的验真,可以通过与其他证

---

① 李建明:《刑事证据相互印证的合理性与合理限度》,载《法学研究》2005 年第 6 期。
② 林劲松:《刑事审判书面印证的负效应》,载《浙江大学学报(人文社会科学版)》2009 年第 6 期。

据相互印证的方式进行。对互联网电子证据保管链条的验真,也可以借助印证模式,结合侦查笔录、证人证言中所包含的一致性信息,从而对证据保管链条的争议作出回应。对于同一性的争议更是如此,如在前述的郭某非法经营案中,法院就是通过其他证据的相互印证,对被告人提出的同一性异议进行回应。从这个意义上而言,证据印证模式可以在互联网电子证据的验真过程中发挥一定的效用。其所能发挥的功能效用,如图 7-5 所示:

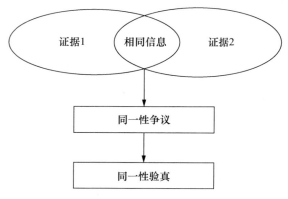

图 7-5 印证模式与同一性验真

从比较法的角度来看,美国在司法实践中,也常常通过其他证据的相互印证,对互联网电子证据的同一性问题作出回应,进而完成对互联网电子证据的验真。以电子邮件为例,为对电子邮件证据进行验真,法院通常适用美国《联邦证据规则》第 901 条(b)①的相关规定,同时也适用合理陪审团的标准。② 与传统的邮件不同,电子邮件使个人可以即时地将信息传递给邮件的接收者。在此过程中,个人很容易揭露其自身或者其他相关个人的信息,而该信息很有可能成为之后在法庭中使用的重要信息。③ 对电子邮件的验真,通常通过接收或者发送电子邮件的当事人的证言进行。④ 当需要对电子邮件进行进一步的验真时,个人可以打印电子邮件的整个信息路径,通过分析

---

① 美国《联邦证据规则》第 901 条(b)规定:"以下仅是能够满足该要求的证据的示例,这些示例并非全部清单:……(4) 与众不同的特征及类似特点。证据与环境相联系的外观、内容、实质、内部结构或者其他与众不同的特征。"参见王进喜:《美国〈联邦证据规则〉(2011 年重塑版)条解》,中国法制出版社 2012 年版,第 310 页。
② United States v. Tank,200 F. 3d 627 (9th Cir. 2000).
③ 在 Lorraine 案中,法院认为电子邮件证据是最主要的电子证据类型,特定的案件中包含的证据,有可能完全是电子邮件证据。See Lorraine v. Markel American Insurance Co., 241 F. R. D. 534 (D. Md. 2007).
④ 美国《联邦证据规则》第 901 条(b)规定对有争议的证据可以由有知识的个人进行验真。在对电子邮件进行验真的过程中,证人可以陈述其在过去特定时间内从有异议的电子邮箱处接收了邮件,与此同时,特定的绰号和网名也可被用来验真电子邮件。

处理该电子邮件的每个服务器的记录,完成对有异议的电子邮件的验真。对电子邮件证据的验真,一个代表性案件是 Shea v. State① 案。在该案的审理过程中,法院阐明了如何运用电子邮件的典型性特征对电子邮件进行验真。在该案中,法院发现了有异议的电子邮件的几个典型性特征,支持了该电子邮件证据的真实性:被害人作证,Shea 曾给其打电话确认已经收到了电子邮件,其中两封电子邮件指出 Shea 的职业是家具制造商,这与 Shea 的职业相符;一封特定邮件内容包括,Shea 喜欢被害人的柜号"22"是因为这是他们之间的年龄差;被害人还作证指出其与 Shea 的电话聊天记录与电子邮件内容类似;法院观察到 4 封邮件的签名是 kev。基于上述依据,法院最终判定该电子邮件证据被适当地采纳。

同样的模式发生在对社交网络证据的验真过程中。通常情况下,社交网站上可以作为互联网电子证据的数据,主要包括以下几个部分:(1) 通过社交网络发送的信息;(2) 在个人的社交网站上发布的文字信息;(3) 在个人的社交网站上发布的照片或录像;(4) 标签,如在社交网站上"@"特定的个人,以表明特定的个人与所发的信息有联系。② 对社交网络证据的验真,主要从三个方面进行:(1) 账号安全性。法院在对账号安全性进行评价时,主要考虑如下问题:社交网络平台是否允许用户限制他人对其档案的进入;发布特定证据的账号是否有密码保护;除了账号所有者之外的其他人是否可以进入账号;该账号是否曾经被攻击;账号通常情况下是从个人电脑还是公共电脑登入;在发布特定证据时账号是如何登入的。(2) 账号所有者。在判断账号所有者时,法院主要考虑:发布特定证据的账号的所有者是谁;附属于该账号的电子邮件是否通常由该所有者使用;宣称的账号所有者是否经常使用该有异议的社交网络账号。(3) 有异议的内容。在对这一问题进行判断时,法院主要考虑:有异议的证据是如何发布在社交网站上的;有异议的证据是来自社交网站的公共部分还是私人部分;有异议的证据是如何从网站中获取的。③

---

① 167 S. W. 3d 98(Tex. Ct. App. 2005). 该案为如何使用美国《联邦证据规则》第 901 条(b)(1) 和(4)对电子邮件证据进行验真提供了一个明确的方式。在该案中,陪团认定 Kevin Shea 对儿童实施猥亵行为。Shea 上诉认为州并未对其发送给受害人的邮件进行验真。上诉法院引用美国《得克萨斯州证据规则》第 901 条 b 项第 1 款的规定,认为审判法院采纳电子邮件证据并未发生错误。理由在于原告作证其对 Shea 的电子邮件地址极为熟悉,且其已经从 Shea 处收到了 6 封有疑问的电子邮件。法院认为被害人的证言已经充分对该电子邮件进行了验真。

② Julia Mehlman, "Facebook and MySpace in the Courtroom: Authentication of Social Networking Websites", 8 *Crim. L. Brief* 9,2013.

③ Ira P. Robbins, "Writing on the Wall: the Need for an Authorship-Centric Approach to the Authentication of Social-Networking Evidence", 13 *Minn. J. L. Sci. & Tech*. 1,2011.

从美国对互联网电子证据的验真方式可以看出,美国在对互联网电子证据的同一性进行验真时,通过确立和印证其他的典型特征,对互联网电子证据的同一性问题作出回应。通过典型特征的相互印证对互联网电子证据的同一性进行验真,存在不可避免的缺陷,如其不具有唯一的排他性,但这种方式仍然是美国司法实践中最为常见的一种方式。如上所述,在赵某某诈骗案中,侦查人员通过 Mac 地址的一致性完成对互联网电子证据同一性的验真。上述操作模式在我国具有较大的可行性,而且通过上述方式获取的证据更具有客观性。这主要与我国公权力强大的司法背景密切相关。美国的司法模式下,一方面,侦查机关的权力有较多的限制;另一方面,人力成本极为高昂。在这种司法模式下,通过典型特征之间的相互印证对互联网电子证据的同一性问题进行验真,是一种可替代的选择。

第五节　我国互联网电子证据验真程序的构建与完善

无法对证据进行验真而导致其未能被采纳,通常是一种自伤(self-inflicted injury)的行为,但可以通过充分的准备加以避免。[①] 互联网的技术性、开放性以及透明性特点,对互联网电子证据验真程序的构建提出了新的要求。从我国互联网电子证据验真的司法实践中可以发现,我国在对互联网电子证据进行验真的过程中存在的问题,既有形式方面的欠缺,也有实质方面的不足。我国互联网电子证据验真程序的构建和完善,可以从以下几个方面展开:

一、互联网电子证据真实性的程序性审查

互联网电子证据的证据链审查是指对互联网电子证据的收集方式、保管方式、出示方式是否符合法律规定的程序进行审查。

(一) 收集方式

由于互联网电子证据的固有属性,互联网电子证据收集方式的不当足以影响互联网电子证据的真实性。因此,在对互联网电子证据进行验真的过程中,首先应当对互联网电子证据的收集方式进行审查。在 OSI 七层网络模型背景下,传输层和网络层中包含大量的网络设备日志、应用程序日志等,若侦查人员在此过程中操作不当,极易引起相关的互联网数据被破坏,导致互

[①] Jonathan D. Frieden & Leigh M. Murry, "The Admissibility of Electronic evidence Under the Federal Rules of Evidence", 17 Rich. J.L. & Tech. 1,2011.

联网电子证据的真实性和合法性存疑。

在司法实践中,建立标准化的互联网电子证据收集方式是很有必要的。具体而言,如果在对互联网电子证据进行验真的过程中,一方当事人就收集方式提出异议,法院首先应当判断特定案件中互联网电子证据的收集方式是否符合标准化的收集方式。如果符合,则进入对互联网电子证据保管方式和出示方式的审查;如果不符合,则看其违反的程度以及后果。若特定的收集方式,与标准化的互联网电子证据收集方式的偏离程度很小,属于程序瑕疵,且这一收集方式并未对收集证据的结果造成影响,则该程序瑕疵可以进行补正。反之,如果互联网电子证据的收集方式违反了标准化的互联网证据收集方式,并且该方式有可能对收集的证据造成改变,则根据非法证据排除规则,直接对其进行排除。

有学者指出,现有的证据规则对"补正"的理解存在错误。补正最先适用于书证。最佳证据规则设立的目的是为了预防不完全或欺骗性的证明,防止提出被篡改过的证据。允许补正,可能导致欺骗性的证据合法性证明。[①] 上述观点有其合理性。若在司法实践中,不允许侦查人员对程序的瑕疵进行补正,直接排除经由瑕疵程序获取的证据,有助于侦查人员对程序的遵守。但从经济性的层面考虑,程序是不可回溯的。若由于轻微的程序瑕疵导致对证据的排除,则会导致侦查成本的极大浪费。"无论是从侵害的法益、违反法律程序的严重程度来看,还是从所造成的消极后果来看,'瑕疵证据'与'非法证据'都具有显著的区别,这也构成了对此类证据予以补正的主要理由。"[②]

(二)保管方式

互联网电子证据保管方式不当,亦会影响互联网电子证据的真实性。在民事诉讼中,大多采用公证保全的方式对证据进行保管;在刑事诉讼中,由侦查机关对相关的互联网电子证据进行保管。有学者认为,对于保证电子数据的真实性而言,不应当区分原件和复制件,而应当从保证电子数据转化过程的可靠性的角度予以规范。具体要从以下几个方面进行考察:计算机系统的运行状态,计算机设备中安装的软件,信息存储的介质以及运行过程中所发生的任何问题,包括是否连接到互联网上等。[③]

司法实践中存在不少因保管方式的不当而导致互联网电子证据真实性遭到质疑的情况。如在快播案中,在1台服务器损坏的前提下,第3次鉴定

[①] 张保生主编:《证据法学》(第三版),中国政法大学出版社2018年版,第335—336页。
[②] 陈瑞华:《论瑕疵证据补正规则》,载《法学家》2012年第2期。
[③] 房保国主编:《科学证据研究》,中国政法大学出版社2012年版,第216页。

还增加了数据。此外,辩护人员还提出存在对原始数据进行操作的可能性的质疑。上述质疑的存在,主要是因为在互联网电子证据保管过程中,鉴定人员无法证明是否有无关第三人对互联网数据进行了其他操作。

对于此种质疑,就需要证明保管链条的完整性,即负有证明义务的一方当事人需要证明在整个证据保管过程中,第三人并未对相关的互联网电子证据进行修改。在形式审查层面,侦查人员需要出示互联网电子证据保管过程中的文书,必要的时候,侦查人员需要出庭对相关的互联网电子证据进行辨认和说明。

(三)出示方式

当双方当事人对互联网电子证据有异议时,出示方式会影响其验真。有关互联网电子证据的出示方式与互联网电子证据验真之间的关系,已在本书第六章予以论述。一般而言,仅出示打印件不足以对互联网电子证据进行验真。互联网电子证据应当以能够使证据以其本来的状态显现的方式出示。具体而言,如果是网页证据,需要对网页进行展示。如果特定的网页已经灭失,则需要对特定的网页截图进行展示,同时辅之以录像,证明出示的网页截图系特定时间对争议网页的截图。简而言之,只要互联网电子证据的出示方式,能够对当事人的异议进行验证,能够包含互联网电子证据本身所涉及的信息,就可以视为已经完成对证据的形式性审查。

二、互联网电子证据真实性的内容审查

在对互联网电子证据进行形式审查后,需要对互联网电子证据进行实质审查。互联网电子证据的实质审查,主要是指对互联网电子证据的内容真实性进行审查。

互联网电子证据的验真,涉及很多技术层面的内容,如判定特定网页的发布者、发布时间、发布内容等。在对互联网电子证据进行验真的过程中,使用较多的技术有数据复原技术、扫描技术、对比搜索技术以及文件指纹特征分析技术等。[①] 数据复原技术主要用于对被破坏的互联网数据进行恢复,并使某些不可见的互联网数据得以呈现;扫描技术主要用于对可能的漏洞进行判断;对比搜索技术可以证明特定的互联网数据是否发生了更改;文件指纹特征分析技术可以像指纹一样反应特定的互联网数据的一些属性。

技术层面的审查需要相关专家的辅助。从司法实践来看,不少刑事案件

---

① 蒋平、杨莉莉编著:《电子证据》,清华大学出版社、中国人民公安大学出版社 2007 年版,第 182—189 页。

涉及对互联网电子证据的鉴定。如在熊猫烧香案中,对"熊猫烧香"病毒的鉴定,成为定罪量刑的关键。在该案中,鉴定人员需要鉴定:(1)犯罪嫌疑人的硬盘中是否存在制作、传播病毒的证据;(2)病毒编写的时间及制作方式。该案的鉴定意见最终被法院采纳,并为后续的电子证据鉴定提供了良好的借鉴。①

互联网电子证据的司法鉴定,虽不乏成功运作的经典案例,但仍存在较大的不足。除技术性缺陷外,目前还存在较大的体制性不足。我国的法律规定尚缺乏对电子数据鉴定的单独分类。法定鉴定分类的缺失,导致对于电子数据的鉴定难以满足实践的需求。这主要体现在两个方面:一是鉴定机构缺乏明确的业务范围,无法在法定的框架内合法地开展鉴定业务②;二是电子数据鉴定人员③的缺失。据司法部主管的国家司法鉴定名录网统计数据显示,截至 2022 年 9 月 18 日,全国共有 2998 所司法鉴定机构,但涉及声像资料以及电子数据司法鉴定的仅有 175 所,占比 5.84%。④ 以浙江省为例,在全省范围内能够开展电子数据鉴定的鉴定机构只有 4 家⑤,在上述鉴定机构中能够从事司法鉴定工作的司法鉴定人总共只有 13 名。

目前各类高校和研究机构虽不乏计算机和网络领域的专家和学者,但由于鉴定人的资质所限,这些专家学者无法从事互联网电子数据的鉴定工作,其所出示的鉴定意见亦缺乏法定的效力。在现有的刑事诉讼框架内,这些专家学者虽可以专家辅助人的身份出席庭审活动,就鉴定人出具的鉴定意见提出意见。但其发挥作用的前提仍然是合法出具的鉴定意见的存在。现有的鉴定体制,一方面,使体制内电子数据司法鉴定人员不足;另一方面,使具有相关电子数据鉴定技术的人员无法在法定框架内从事鉴定活动。两者之间的断裂,需要现有的法律规范作出积极的应对。具体措施包括:一是尽快将电子数据鉴定纳入法定的鉴定种类,以便使鉴定机构的业务得以明确、电子数据鉴定人员的数量得以增长;二是对现有的法律规范进行适度突破,经过一定的审批手续,在特定的案件中允许计算机和互联网等领域的专家提前介

---

① 熊猫烧香案是我国破获的首例制作计算机病毒的大案。"熊猫烧香"这一病毒通过网络进行传播,并对计算机系统造成极大的破坏。参见《电子数据锁案"熊猫"不再烧香》,http://www.njknsfjd.com/newsinfo/973198.html(2023 年 8 月 9 日最后访问)。
② 根据全国人民代表大会常务委员会《关于司法鉴定管理问题的决定》第 5 条的规定,法人或者其他组织申请从事司法鉴定业务的,应当具备 4 个条件:(1)有明确的业务范围;(2)有必需的仪器、设备;(3)有依法通过计量认证或者实验室认可的检测实验室;(4)有必要的鉴定人。
③ 根据全国人民代表大会常务委员会《关于司法鉴定管理问题的决定》第 4 条的规定,个人申请登记从事司法鉴定业务需要满足 3 个条件。
④ 参见国家司法鉴定名录网:https://www.sfjdml.com/web/(2022 年 9 月 18 日最后访问)。
⑤ 浙江市监司法鉴定中心、浙江汉博司法鉴定中心、浙江迪安司法鉴定中心和浙江千麦司法鉴定中心。

人,提供鉴定服务。

就司法体制内部而言,虽然公安机关和检察机关有内设的鉴定机构,可以进行互联网电子证据的司法鉴定业务,但公安机关内设的鉴定机构出具的鉴定意见,一方面由于自侦自鉴,公信力不足;另一方面由于内部规范的非公开性以及统一的电子证据鉴定程序规则的缺失,不同机构出具的电子证据鉴定意见存在较大的差异。① 可能的解决路径是,需要尽快出台电子数据鉴定程序规则,以便各个鉴定机构之间能够展开实质有效的对话并在技术层面进行相对一致的判定。

此外,我国互联网电子证据验真过程中,侦查人员和相关技术人员出庭作证的很少。② 技术人员的出庭说明,对互联网电子证据的验真起着极为重要的作用。"鉴定人的鉴定过程处于一种秘密的状态之下,纸面的鉴定意见很难将其中的疏漏或错误展示出来。通过法庭上的质证,则能使单方面的'鉴定结论'变成控辩双方可以质疑的'鉴定意见'。"③由于法官缺乏相应的专业知识,鉴定人出庭对其鉴定过程加以说明,一方面可以保障被告人的对质权,另一方面亦可进一步促使事实真相被发现。从美国的司法实践来看,法官通常给予一般证人的证言与专家证人的证言以不同的证明力。④

三、互联网电子证据的同一性审查

从对互联网电子证据同一性验真的实践中可以看出,对于不同的互联网电子证据,可以采取不同的验真手段。Merritt 认为互联网电子证据的所有组成部分都必须被验真。提出证据的一方当事人必须提交证据以支持以下的证据调查:(1) 原始的交流是其主张的;(2) 有形的下载内容反映了原始的

---

① 根据《公安机关鉴定机构登记管理办法》第 12 条的规定,公安机关的鉴定机构可以申报登记开展 11 种鉴定项目,其中包括电子数据鉴定。《人民检察院鉴定机构登记管理办法》第 11 条规定,鉴定机构可以申请登记 5 大类的鉴定业务。此外,根据检察业务工作需要,最高人民检察院可以增加其他需要登记管理的鉴定业务。从条文上看,电子数据鉴定并非一种明确的鉴定类型。
② 从浙江省的司法实践来看,在统计的案件中,没有一个案件的鉴定人员或者侦查人员出庭作证。
③ 胡铭:《鉴定人出庭与专家辅助人角色定位之实证研究》,载《法学研究》2014 年第 4 期。
④ 从美国的司法实践来看,在对网页证据进行验真的过程中,根据证人情况的不同,证言的证明力也不同。在一般情况下,仅凭网页访问者的证言,对于网页内容打印件的验真而言是不够充分的。如在 Internet Specialties West, Inc. v. ISPWest 案中,法院认为:仅凭访问过网页但是对打印件的真实性缺乏特定知识的证人的证言,对第三方当事人网页打印件的验真而言并不充分。See C. D. Cal. Sept. 19(2006)。但是,如果特定的证人是网页内容的作者、网页内容的发布者,或者对网页内容有基础知识的个人,其证言足以验真网页的内容。在这种情况下,如果证据的提供者是一个技术人员(如电脑专家),其有能力和意图去修正网页上的数据,那么还需要更多的证据。See United States v. Jackson,208 F. 3d 633 (7th Cir. 2000)。

交流。如原告提出属于被告人博客内容的证据,则其必须提供证据证明被告人是发布信息的个人,且对博客的截屏正确地反映了博客的内容。① 有学者指出,对互联网电子证据的验真通常包含五个大类:(1) 内容/外观;(2) 内容所有权;(3) 证人;(4) 电子储存信息;(5) 自认。② 对同一性的审查,是互联网电子证据验真的关键和难点所在。据参与访谈的法官反映,在网络赌博类案件中,网络服务器通常设置在国外。在一级代理商、二级代理商的内部分层组织模式之下,同一性问题是大多网络赌博代理商的辩护关键所在。同一性问题存疑,导致在对赌博金额进行认定时,只能采用有利于被告人的原则,就低不就高,这就使得被告人的量刑在很大程度上有所减轻。

在确认互联网电子证据的内容未被更改后,需要对互联网电子证据的同一性加以认定。从司法实践来看,对网页证据进行验真时,在涉及物证的情况下,物证通常应当显示互联网网址、网页进入的日期和时间以及下载的内容。③ 在评估证据时,法院应当考虑物证是否具有可信性,可能的依据包括:(1) 与网页及其所有者有关的代表性的网页设计、标志、照片或者其他图片;(2) 网页的内容是显示在该网址或者其他类似网址中的普遍内容;(3) 网页的内容保留在网页上让法院验证;(4) 网页所有者已经在其他地方全部或者部分地发布了同样的内容;(5) 网页的内容已经在其他地方重新发布并且属于该网页;(6) 内容在某个特定时期在网页发布。④

此外,根据美国《联邦证据规则》第 910 条(b)(3)的规定,证据可以通过由专家证人或者事实审判者将证据与已经验真的样本进行对比的方式被验真。⑤ 这一方式最初用于笔迹鉴定,但在目前美国的司法实践中,也用来验真特定的互联网电子证据。如在 United States v. Safavian⑥一案中,法官允许电子邮件通过与其他已经通过美国《联邦证据规则》第 910 条(b)(4)验真的邮件比较进行验真。这意味着,在司法实践中,在对社交网络等互联网电子证据的发布者进行验真时,可以将特定的社交网络内容与该发布者之前发

---

① Deborah Jones Merritt, "Social Media, The Sixth Amendment, and Restyling: Recent Developments in the Federal Laws of Evidence",28 *Touro L. Rev.* 27,2012.
② Todd G. Shipley, Art Bowker, *Investigating Internet Crimes: An Introduction to Solving Crimes in Cyberspace*,Elsevier,2014, p. 79.
③ 在对传统网页进行验真时,根据美国《联邦证据规则》第 901 条的适用标准,法院认为有三个首先需要回答的问题:(1) 网页上的内容到底是什么;(2) 物证或者证人证言是否真实地反映了网页内容;(3) 如果是,其是否可以归属于网页所有者。See O'Connor v. Newport Hosp.,R. I. Sup. Ct. Mar. 17(2015); Smoot v. State,729 S. E. 2d 416(2012).
④ See Boim v. Holy Land Found.,511 F. 3d 707(7th Cir. 2007).
⑤ Thomas J. Casamassima and Edmund V. Caplicki III, "Electronic Evidence at Trial: The Admissibility of Project Records,E-Mail,and Internet Websites",23 *Constr. Law.* 13,2003.
⑥ 435 F. Supp. 2d 36 (D. D. C. 2006).

布的社交网络内容进行对比,看两者之间是否具有一致性。但是,对于上述样本的获取,可能会侵犯特定当事人的隐私权。

随着经济社会的发展,云储存数据越来越多地作为刑事案件中的证据使用。相比于一般的社交网络证据和电子邮件证据,云储存数据具有更为明显的"共享"性质。在云环境的背景下,对同一性的验真显得尤为必要。从司法实践来看,对云储存数据同一性的验真,主要有三种方式:首先,明确网络服务商使用的记录交易和分配交易的程序极为重要。当特定的用户使用账号时,以 Dropbox① 为例,网络服务商会收集其登录所使用的设备、软件、协议以及系统认证信息等。其次,网络服务商的服务政策亦会对同一性的验真提供些许帮助。如 Dropbox 承诺不会对个人上传的内容进行更改;而 Google 则会视情况加以修正。最后,特定的互联网电子证据本身亦会显示同一性验真的某些信息。如个人会在云储存空间使用特定的头像,而该头像会在手机的照片流中留下痕迹。②

四、互联网电子证据"虚拟"与"现实"的差异审查

从浙江省的司法实践来看,尚未出现被告人以虚拟世界与现实行为之间的差异为由,为自己的行为进行辩护的案例。从美国的司法实践来看,在 Griffin v. State③ 一案中,个人在社交网络的发言被视为是其内心思想的真实反映。检察官意图使用被告人女友在社交网络上的发言来证明证人受到了威胁,从而对证人在第一次庭审和第二次庭审过程中作出的截然不同的证言作出解释。如上所述,虽有心理学等研究表明,个人在网络上的发言并不必然是其真实思想的反映,但从其结果来看,由于验真的标准相对较低,因此尽管虚拟世界与现实世界之间可能存在差异,上述证据仍然被采纳。④

有学者指出,互联网电子证据的差异审查问题,很大程度上仍然只是一个带有预测性质的问题。⑤ 本书的基本观点认为,当被告人以虚拟世界与现实行为之间存在差异为由提出辩护时,法官可以通过承认相关互联网电子证据的真实性但降低其证明力的方式进行处理。这主要有两个方面的原因:首先,这符合证据的相关性、合法性以及真实性的一般标准。证据法的总体目

---

① Dropbox 是一款网络文件同步工具,用户可以在 Dropbox 上储存并共享文件。
② Major Scott A. McDonald, "Authenticating Digital Evidence from the Cloud", 2014 *Army Law.* 40, 2014.
③ 995 A. 2d 791(Md. Ct. Spec. App. 2010), 19 A. 3d 415(Md. 2011).
④ Michelle Sherman, "The Anatomy of a Trial with Social Media and the Internet", 14 *J. Internet L.* 11, 2011.
⑤ Julia Mehlman, "Facebook and Myspace in the Courtroom: Authentication of Social Networking Websites", 8 *Crim. L. Brief* 9, 2012.

的在于采纳证据而非排除证据。其次,互联网电子证据的真实性,在"有无"之外,还存在"大小"之别。对"大小"的判断,涉及法官的自由心证。在此过程中,法官可能考虑到的因素包括偏见等。此时,对证据的判定,可以借助与其他证据之间的相互印证。如个人在网上恐吓他人,除了相关的互联网电子证据之外,还需要结合其是否采取了相应的行动、发布上述信息的频次高低等要素进行综合判断。

第六节 小结:在"验真"与"印证"之间

互联网电子证据的验真,包含四个层次的验真。验真本质上属于对证据真实性的评价。实践中的证据印证模式,异化成了对互联网电子证据的真实性进行验证的手段。证据印证模式的盛行,与我国整体主义的证据评价模式密切相关。

对互联网电子证据进行验真的过程中,证据印证模式可以发挥一定的作用,即在互联网电子证据同一性验真过程中,可以通过其他证据的相互印证对互联网电子证据的同一性问题作出回应。"证据的相互印证是普遍性证明方法,也是最为重要的证明原则"[1],但对互联网电子证据的验真,其适用具有限度。

---

[1] 龙宗智:《比较法视野中的印证证明》,载《比较法研究》2020年第6期。

第八章　余论:我国刑事互联网电子证据规则的完善路径

> "我觉得我们的法律就仿佛在甲板上吧哒吧哒挣扎的鱼一样。这些垂死挣扎的鱼拼命喘着气,因为数字世界是个截然不同的地方。大多数的法律都是为了原子的世界、而不是比特的世界而制定的。"
>
> ——〔美〕尼古拉·尼葛洛庞帝①

技术是把双刃剑,互联网在便利公众生活、促进国民经济增长的同时,也打开了潘朵拉的魔盒——释放出了所有的邪恶。网络赌博、网络诈骗、网络淫秽物品传播、网络侵犯知识产权犯罪等问题层出不穷。互联网作为一种技术,其本意在于促进信息的交流与沟通。互联网因其自由空间属性及本身自治的乏力,亟需国家公权力的介入干预。当下,我国刑事互联网电子证据规则,仍需从如下几个层面完善:

一、理念:人权保障与技术理性并重

第一是司法人权保障。在互联网时代,网络承载了太多的个人隐私。近年来,网络隐私保护越发受到制度顶层设计者的关注。《法治社会建设实施纲要(2020—2025年)》明确提出"推动大数据、人工智能等科技创新成果同司法工作深度融合""加强人权司法保障"。"互联网时代的数据化身,可以视为电子化的个人形象,亦可作为现实中个人的潜在代理人。"②电子证据取证环节涉及对公民隐私权的不断侵入。如若止步于最低限度的合法性原则,那么在强侦查权的司法背景下,法律制度的进一步完善必然失去了其外在的动力。由此而导致的结果是,公民的隐私权被不断蚕食。在互联网电子证据收

---

① 〔美〕尼古拉·尼葛洛庞帝:《数字化生存》,胡泳、范海燕译,海南出版社1997年版,第278页。
② Margaret Hu, "Small Data Surveillance v. Big Data Cybersurveillance", 42 *Pepp. L. Rev.* 773, 2014.

集过程中,从合法性到最佳性①的路径转向,是法治国家发展过程中的应有之义。

从具体措施构建的角度来看,基于互联网的透明性,有必要对现有的互联网电子证据收集规则进行细化。首先,在实施网络监控和网络诱惑侦查之时,事先的审查机制、事中的记录机制以及事后的反馈机制缺一不可。预防、记录以及监督三重作用的发挥,有利于在打击犯罪和保障人权之间找到最佳的平衡点。其次,在第三方协助侦查的案件中,侦查人员对其所需的互联网电子证据加以特定化是其应尽之责。这一方面可以保障被告人的隐私权,另一方面亦可减轻第三方互联网公司的义务。此外,这也是彰显侦查人员工作成果的有益途径。再次,在互联网电子证据收集过程中,对犯罪嫌疑人和第三人隐私权的尊重和保障,可以有效地缩减司法行为带来的负面影响,减少公权力可能对个人权利造成的侵害。从比较法的视角来看,德国联邦宪法法院的判决认为,即便手机被合法扣押,侦查人员欲对手机的内容进行搜查,也必须有合理的怀疑认为手机包含与实施严重犯罪相关的信息,且司法授权亦是必经环节。② 最后,在互联网电子证据收集过程中设立标准化的程序规定以及技术性规定,亦是为了更好地符合比例原则,在收集证据时尽可能地减少对公民权利的侵犯。总而言之,互联网电子证据的合法性,不应当局限于现有的略显粗糙的合法性成文规范,而应向正当性原则看齐,对最低限度的合法性原则进行升级,以期实现最佳性。合法性、最佳性、正当性三者之间的关系,如图 8-1 所示:

图 8-1 合法性、最佳性与正当性的关系

第二是技术理性。在哈贝马斯看来,一个社会制度仅仅具有技术合理性

---

① 最佳性原则原为行政法上的一个概念。代表性学者主要有朱新力教授等。其基本观点认为,在法治行政过程中,合法性与最佳性应当并且可能进行互动,以便实现最佳的政策制定和实行。参见朱新力、唐明良:《法治政府建设的二维结构——合法性、最佳性及其互动》,载《浙江学刊》2009 年第 6 期。

② Nema Milaninia, "Using Mobile Phone Data to Investigate Mass Atrocities and the Human Rights Considerations", 24 UCLA J. Int'l L. & Foreign Aff. 273, 2020.

是不够的。在近乎本能的实现自我稳定化的过程中,价值体系会不断发挥作用。① 就互联网电子证据而言,一方面,对于现行法律无法解决的新情况、新问题,要尊重互联网的内在规律,及时推进专门立法,解决网络空间各种行为无序的现象。② 现有规定对区块链、云计算等在互联网电子证据领域中的作用的关注明显不足,在后续规则完善中,需进一步加强新型技术的色彩。大数据背景下电子证据的相关性认定、区块链存证的电子证据的真实性审查、云环境下取证的合法性认定等问题,均有待立法层面的进一步完善。另一方面,在对技术予以规制时,需落实基本的法治理念,将隐私权保护、个人信息保护、财产权保护等基本理念贯穿始终,最大限度地实现技术对现有法治的积极影响。"科技理性的失灵并不是纯粹发生在过去的事情,它存在于刻不容缓的现在和面临威胁的将来。"③ 将人权保障与技术理性相融合,才能更好地实现技术与法律的双赢。

二、重心:合法性、关联性与真实性并重

在传统的立法框架下,贯穿电子数据生命链全流程的审查重心在于真实性问题。以《刑事案件电子数据规定》为例,其对电子数据的审查,注重真实性和完整性,对合法性和关联性审查着墨不多。且从内容来看,《刑事案件电子数据规定》对电子数据提取的合法性问题作出了可补正的规定。根据《刑事案件电子数据规定》第 27 条和第 28 条的规定,电子数据的收集、提取程序有瑕疵,经补正或者作出合理解释的,可以采用;不能补正或者作出合理解释的,不得作为定案的根据。电子数据真实性无法保证的,不得作为定案的根据。从《电子数据取证规则》的内容来看,其对于取证程序性要件和技术性要件的规制,着眼点亦更多地在于确保电子数据的真实性。

结合我国《刑事诉讼法》的规定,我国的非法证据排除规则重点适用于非法言词证据,至于其能否适用于电子数据取证领域,需要从解释学层面予以阐释。基于目的解释,出于维护司法公正及遏制非法取证的现实需求,可以证成非法证据排除规则在互联网领域适用的正当性;但从文义解释的角度看,这一努力无疑是失败的。根据《刑事诉讼法》第 56 条的规定,非法证据排除规则的适用范围包括证人证言、被害人陈述、书证、物证和犯罪嫌疑人、被告人供述,电子数据作为独立的证据种类,并不属于上述适用范畴。在网络

---

① 〔德〕尤尔根·哈贝马斯:《作为"意识形态"的技术与科学》,李黎、郭官义译,学林出版社 1999 年版,第 95 页。
② 周汉华:《论互联网法》,载《中国法学》2015 年第 3 期。
③ 〔德〕乌尔里希·贝克:《风险社会:新的现代性之路》,张文杰、何博闻译,译林出版社 2018 年版,第 61 页。

犯罪日益猖獗、侦查技术不断进步、隐私权保障日益强化的今天,有必要将电子数据明确作为非法证据排除规则的适用对象。在对前提性要件进行厘定后,还需要对"非法"要素的概念和程序进行明确界定,包括对适用程度和对人效力进行明确限定。

在后续电子数据立法中,除遵循原有的真实性审查路径外,还应着眼于电子数据的合法性审查。对电子数据合法性的审查,在原有的程序性限制的基础上,有必要将对隐私权的不当干预解释为《刑事案件电子数据规定》第27条第4项规定的"有其他瑕疵的"范畴,基于个案权衡的视角,实现对公民权利的动态保护。此外,强化对合法性的审查还涉及对现有规则的细化。从司法实践来看,跨国网络犯罪案件中的电子证据的合法性问题日益受到实务部门的关注。在检例第67号案件中,检察院对境外实施犯罪的证据合法性审查的要点进行了概述,即重点需要从办理程序、取证程序、证据交接、公证文书等方面予以审查。[1]

就电子证据的关联性问题而言,现有的对电子证据关联性的判定完全依赖于逻辑判断。在大数据时代,对电子证据关联性的审查,在诉诸传统审查逻辑的基础上,有必要强化技术性审查的要素,为大数据电子证据的关联性判定提供技术性判断标准。对此,有学者提出,"要构建基于整体数据与具体数据分层的关联性规则,特别是探索超越人类经验判断的关联性规则"[2]。从整体上看,社会对大数据电子证据的关联性问题的探究,仍然处于摸索阶段,需要法律学者和大数据领域专家的共同协作与努力。

三、视域:关注涉外刑事案件电子证据规则的构建

网络犯罪背景下,电子证据的跨境取证问题日渐突出。网络赌博、DDOS攻击[3]等犯罪行为的原始数据和服务器大多在境外,对上述电子证据的固定和取证存在迫切的需求和现实的困难。从立法层面来看,不同国家和地区对电子证据取证问题作出了不同的规制。以欧盟为例,2016年,欧盟《一般数据保护条例》(GDPR)发布。该条例第104条规定:"本着欧盟建立的基本价值,尤其是对人权的保护,欧盟委员会应该对第三国、第三国境内某一区域或特定行业进行评估,考虑特定的第三国如何遵守法律规则、国际人权规范和标准以及一般部门法律,包括公共安全、国防、国家安全、公共秩序以

---

[1] 参见最高人民检察院《关于印发最高人民检察院第十八批指导性案例的通知》(高检发办字〔2020〕21号)。
[2] 刘品新:《论大数据证据》,载《环球法律评论》2019年第1期。
[3] DDOS,全称为Distributed Denial of Service。DDOS攻击,是指分布式服务攻击。黑客利用DDOS攻击目标机器,会导致正常使用者无法使用被攻击的目标。

及刑法等领域的立法。"电子证据的跨境取证涉及不同国家之间取证规则的衔接。后续中国在完善本国的电子证据规则时,国际层面电子证据规则的完善构成外在的动力与借鉴。

域外衔接包括与国际性公约的衔接和与各个典型地区和代表性国家的衔接。首先,从国际层面来看,《联合国打击跨国有组织犯罪公约》和《网络犯罪公约》对网络犯罪、跨国组织犯罪、电子证据取证等问题作出了框架性的规定。但需要注意的是,上述公约在实践操作中仍会出现问题:《网络犯罪公约》签署于2001年,文本中并未对新型网络犯罪的电子数据取证问题作出回应,且我国并非缔约成员,在适用上存在前提性的障碍;《联合国打击跨国有组织犯罪公约》虽然对司法协助问题作出了规定,但其亦明确"请求应根据被请求缔约国本国法律执行"。关于电子证据取证,由于各国确立的犯罪打击与权利保障之间的均衡点不同,各国具体规制方式差异较大。现有的国际公约在电子证据领域的适用极为有限。其次,从代表性国家和区域的规定来看,欧洲议会和欧盟理事会于2016年发布了(EU)2016/680号指令,该指令适用于犯罪行为的预防、调查、侦查或起诉等刑事诉讼流程中的个人数据保护问题。除上述目的之外的涉及对个人数据的保护,则适用于欧盟于2016年4月发布的欧盟《一般数据保护条例》。从(EU)2016/680号指令的表述来看,其极为关注对个人数据提取的比例原则、对数据安全性的保障及对数据主体知情权的保障。值得一提的是,其还规定了数据保护影响评估。根据该制度,当使用新技术对个人数据进行处理时,在具体操作前必须考虑到数据处理的方式、目的等对自然人及第三人的权利和自由可能造成的风险,并需要提交详尽的数据保护影响评估报告。就个人数据传递的国际协作来看,(EU)2016/680号指令第35条明确规定,在向第三国或者国际组织进行数据传输时,必须确保对方对数据的保护程度不低于该指令的要求。在电子数据传输的国际层面合作需求日益增多的当下,确保国内立法与域外典型国家和地区规范相协调,注重国内立法与典型国家和地区规范的衔接,系促进国际司法协助的前提性要件。

四、立场:实践理性与经验理性的循环往复

"我国的科学与国家史以及民族史密切关联。必须把法体系本身看作处于发展进程中的东西。"[①]21世纪初,随着电子设备的日益兴起,我国的证据法学者对电子证据展开了深入而广泛的研究。上述研究,大多以电子证据本

---

① 杨代雄译:《萨维尼法学方法论讲义与格林笔记》(修订译本),胡晓静校,法律出版社2014年版,第5页。

身的特性为出发点,对电子证据的分类、电子证据规则的构建提出了极具建设性的意见。而后,无论是 2012 年修正的《刑事诉讼法》将电子数据作为一种独立的证据形式,还是《人民检察院电子证据鉴定程序规则(试行)》和《刑事案件电子数据规定》等司法解释的出台,或多或少地采纳了学者的研究成果和观点。"在信息世界里,电子证据当仁不让地成为新的'证据之王'"。①

对程序正义和实体正义的不懈追求是现代法治国家的永恒目标,但法律条文本身存在局限性。② 维特根斯坦曾就语言和游戏之间的关系,作过一个经典的类比:我们一边玩,一边制定规则;甚至还有这种情况,我们一边玩一边改变规则。③ 随着经济社会的发展,各种新生事物层出不穷。由此而带来的对法律规则的冲击,需要法律规则作出充分的应对。

互联网时代,有形世界与虚拟世界彼此交互,个人之间的交流打破了时间和地域的限制。在犯罪成本低廉化、犯罪空间虚拟化、犯罪行为匿名化、犯罪手段技术化的同时,亦带来犯罪痕迹难以消除等特征。在互联网时代,当个人的所有行为都会以数据的形式沉积下来的时候,无疑给网络犯罪行为的侦查提供了新的契机。但是,互联网的技术性特征,又给互联网电子证据的收集、保管、验真等问题提出了新的现实性挑战。互联网的传播性,使得"任何人都可以将任何的信息发布到互联网上。互联网上信息的准确性无法被确保。互联网上发布的信息并未经过宣誓和验真。互联网,从其本质上而言,是谣言、错误信息以及含沙射影行为的催化剂"④。

相比于实践,立法具有一定的滞后性。就实践层面而言,大数据取证已经在网络平台中得到适用,但立法层面并未对此作出有效回应,导致通过上述方式取得的证据难以在刑事诉讼中作为证据使用。平台算法取证基于对原始数据相关关系的分析和算法模型的构建,从而得出算法结论。从理论上来看,大数据取证,至少会面临如下几个方面的质疑:首先,是对原始数据关联性的质疑。根据美国《联邦证据规则》的规定,相关性是指证据的存在使得某事实更可能或更不可能存在的任何倾向性。传统上的因果关系属于强相关性,算法主要通过关注数据间的关系,从而对特定现象进行分析,属于弱相关性范畴。从本质上看,数据挖掘并没有改变原有的电子数据形式和内容,其只是对原有的电子数据进行重新解读。大数据背景下,信息组合所能够得

---

① 何家弘、刘品新:《证据法学》,法律出版社 2019 年版,第 170 页。
② 如有学者指出,由于人类语言和思维固有的局限,任何精确的法律规范都有可能在其中心含义的边缘同时存在隐晦地带,即法律规范的暗区问题。参见〔美〕霍姆斯等:《哈佛法律评论:法理学精粹》,许章润译,法律出版社 2011 年版,第 285 页。
③ 〔奥〕维特根斯坦:《哲学研究》,李步楼译,商务印书馆 1996 年版,第 58—59 页。
④ St. Clair v. Johnny's Oyster & Shrimp, Inc, 76 F. Supp. 2d 773(S. D. Tex. 1999).

到的结果取决于其所用的计算机算法。其次,是对大数据取证结果真实性的质疑。从实践层面来看,算法模型的构建涉及商业秘密,对算法模型的公开涉及商业秘密保护和被告人知情权保障之间的冲突。且模型构建本身还涉及取证策略,如若完全公开,还会导致潜在的犯罪行为迭代升级,不利于对犯罪活动的精准预防和打击。最后,大数据取证,可能在客观上不利于对被告人权利的保障。取证过程中科技元素的加入,客观上加大了被告方辩护的难度,控辩双方的力量对比更为失衡。此外,区块链存证已经在刑事案件中得到适用,首例区块链存证刑事案件于 2019 年 11 月宣判,但刑事证据规则对此的规制仍然几乎空白。应当正视现代科技对证据法理论可能造成的冲击,基于解释论和立法论的双重视角,实现证据规则在网络犯罪背景中的新适用,达到科技与司法的深度融合。

五、底线:网络主权原则与国际司法协助界限的把握

网络主权是原则。国家主权原则是指尊重各国主权或各国相互尊重主权是处理国与国之间关系的基本原则。主权是国家的固有权利,是国家的重要属性。① 网络主权原则是国家主权原则在网络领域的必然延伸。《中华人民共和国国家安全法》第 25 条明确规定要"维护国家网络空间主权、安全和发展利益"。对于网络主权的界定,有学者提出,需要分层理解网络,在物理层适用传统威斯特伐利亚主权概念,在逻辑层将主权概念转化为参与分配决策的权利,在内容层推动数据跨境流动的国际互助与协作。② 在互联网时代,各国对于网络上主权和话语权的争夺呈现白热化的趋势。

国际司法协助是必要手段。在跨境电子数据流动日益频繁的今天,电子证据取证领域的司法协助已成必然。国际司法协助的有效开展,有助于共同创设风朗气清的网络社会环境,实现对全世界不特定公众的权利保障。但在电子证据领域,司法协助的顺利开展取决于各国对共同价值观的认可度和对隐私保障的力度,以及各国国内相关领域的立法规定。从现有的司法惯例来看,各国司法协助的开展,一方面是基于国际公约的义务,另一方面则是基于国家间的司法协助条约。各国之间对隐私权保障力度的不一和对数据权属认知的差异,都会导致电子证据取证领域的国际司法协助进程受阻。

从整体上看,打击跨境网络犯罪与尊重各国数据主权和网络主权之间确实存在矛盾和冲突。在暗网犯罪以及云环境下,特定互联网电子证据的储存地亦无法确定。在此背景下,我国的数据属地原则和美国《云法案》中确立的

---

① 胡铭:《刑事诉讼法学》,法律出版社 2016 年版,第 479 页。
② 刘晗、叶开儒:《网络主权的分层法律形态》,载《华东政法大学学报》2020 年第 4 期。

数据控制者标准,都是各国为解决上述问题提供的可能方案。上述两种模式客观上存在的冲突,导致实践中对互联网电子证据取证时管辖的混乱与争议。在处理上述冲突的问题时,需要遵循如下几个方面的原则:第一,坚持对国内外网络主权的尊重。一方面,坚持我国数据属地原则的立法规定,对他国对我国网络主权的挑衅采取相应的外交途径。另一方面,尊重他国的网络主权,对位于别国领域内的数据不得冒然采取单边取证模式。第二,以国际公约或国际条约规定的内容为行为准则,切实履行相应的义务,以实现大国在网络时代的应有担当。第三,对于与国内立法冲突而双方又缺乏国际条约的情形,需要根据个案具体情况加以评判。"为了在数据安全保障与数据适度对外共享、开放之间达成平衡,可以考虑保留适用严格的数据存储地模式以行使'关键数据主权'的权利。"[①]

---

① 梁坤:《基于数据主权的国家刑事取证管辖模式》,载《法学研究》2019年第2期。

参考文献

一、中文著作

阿里云基础产品委员会:《云网络:数字经济的连接》,电子工业出版社 2021 年版。

卞建林、谭世贵主编:《证据法学》(第三版),中国政法大学出版社 2014 年版。

陈刚主编:《大学计算机基础》(第 2 版),北京邮电大学出版社 2009 年版。

陈光中主编:《证据法学》(第四版),法律出版社 2019 年版。

陈光中主编:《刑事诉讼法》(第七版),北京大学出版社 2021 年版。

陈光中主编:《〈中华人民共和国刑事诉讼法〉修改条文释义与点评》,人民法院出版社 2012 年版。

陈瑾昆:《刑事诉讼法通义》,法律出版社 2007 年版。

陈朴生:《刑事证据法》,台湾三民书局 1979 年版。

陈瑞华:《刑事证据法的理论问题》,法律出版社 2015 年版。

陈瑞华:《刑事证据法》(第三版),北京大学出版社 2018 年版。

陈瑞华:《企业合规基本理论》,法律出版社 2020 年版。

陈卫东:《反思与建构:刑事证据的中国问题研究》,中国人民大学出版社 2015 年版。

陈卫东主编:《2018 刑事诉讼法修改条文理解与适用》,中国法制出版社 2019 年版。

陈学权:《科技证据论——以刑事诉讼为视角》,中国政法大学出版社 2007 年版。

程雷:《秘密侦查比较研究——以美、德、荷、英四国为样本的分析》,中国人民公安大学出版社 2008 年版。

戴莹:《刑事侦查电子取证研究》,中国政法大学出版社 2013 年版。

杜春鹏:《电子证据取证和鉴定》,中国政法大学出版社 2014 年版。

杜国栋:《论证据的完整性》,中国政法大学出版社 2012 年版。

房保国主编:《科学证据研究》,中国政法大学出版社 2012 年版。

范柏乃、蓝志勇编著:《公共管理研究与定量分析方法》(第二版),科学出版社 2013 年版。

公安部第三研究所、上海市司法鉴定协会编:《区块链技术在司法存证中的实践》,中国人民公安大学出版社 2020 年版。

何家弘:《司法证明方法与推定规则》,法律出版社 2018 年版。

何家弘主编:《电子证据法研究》,法律出版社 2002 年版。

何家弘、张卫平主编:《简明证据法学》,中国人民大学出版社 2007 年版。

何家弘、刘品新:《证据法学》,法律出版社 2019 年版。

何渊主编:《数据法学》,北京大学出版社 2020 年版。

胡铭:《超越法律现实主义——转型中国刑事司法的程序逻辑》,法律出版社 2016 年版。

胡铭:《刑事诉讼法学》,法律出版社 2016 年版。

胡铭等:《错案是如何发生的——转型期中国式错案的程序逻辑》,浙江大学出版社 2013 年版。

《互联网时代》主创团队:《互联网时代》,北京联合出版公司 2015 年版。

黄连金等编著:《区块链安全技术指南》,机械工业出版社 2018 年版。

季卫东:《通往法治的道路:社会的多元化与权威体系》,法律出版社 2014 年版。

蒋平、杨莉莉编著:《电子证据》,清华大学出版社、中国人民公安大学出版社 2007 年版。

蒋平主编:《计算机犯罪与电子取证研究》,社会科学文献出版社 2018 年版。

郎胜主编:《中华人民共和国刑事诉讼法释义》(最新修正版),法律出版社 2012 年版。

李明:《秘密侦查法律问题研究》,中国政法大学出版社 2016 年版。

李学灯:《证据法比较研究》,台湾五南图书出版公司 1992 年版。

林钰雄:《严格证明与刑事证据》,法律出版社 2008 年版。

刘放桐主编:《西方近现代过渡时期哲学》,人民出版社 2009 年版。

刘静坤:《法庭上的真相与正义——最高法院刑庭法官审判笔记》,法律出版社 2014 年版。

刘品新:《电子证据法》,中国人民大学出版社 2021 年版。

刘品新主编:《电子取证的法律规制》,中国法制出版社 2010 年版。

刘品新主编:《美国电子证据规则》,中国检察出版社 2004 年版。

刘显鹏:《电子证据认证规则研究——以三大诉讼法修改为背景》,中国社会科学出版社 2016 年版。

龙宗智、夏黎阳主编:《中国刑事证据规则研究》,中国检察出版社 2011 年版。

麦永浩主编:《电子数据司法鉴定实务》(第二版),法律出版社 2019 年版。

裴炜:《数字正当程序:网络时代的刑事诉讼》,中国法制出版社 2021 年版。

全国人大常委会法制工作委员会刑法室编:《〈关于修改《中华人民共和国刑事诉讼法》的决定〉条文说明、立法理由及相关规定》,北京大学出版社 2012 年版。

邱仁宗编著:《科学方法与科学动力学——现代科学哲学概述》,高等教育出版社 2006 年版。

孙长永主编:《刑事诉讼法学》(第二版),法律出版社 2013 年版。

孙晓冬主编:《网络犯罪侦查》,清华大学出版社 2014 年版。

唐文剑、吕雯等编著:《区块链将如何重新定义世界》,机械工业出版社 2016 年版。

涂子沛:《大数据:正在到来的数据革命,以及它如何改变政府、商业与我们的生活》,

广西师范大学出版社 2012 年版。

王进喜:《美国〈联邦证据规则〉(2011 年重塑版)条解》,中国法制出版社 2012 年版。

王燃:《大数据侦查》,清华大学出版社 2017 年版。

王学光:《电子证据法律问题研究》,法律出版社 2019 年版。

王弈:《主动电子数据取证法律问题探究》,上海人民出版社 2021 年版。

王兆鹏:《新刑诉·新思维》,台湾元照出版有限公司 2004 年版。

王兆鹏:《美国刑事诉讼法》(第二版),北京大学出版社 2014 年版。

吴功宜、吴英编著:《互联网+:概念、技术与应用》,清华大学出版社 2019 年版。

《刑事诉讼法学》编写组:《刑事诉讼法学》(第四版),高等教育出版社 2022 年版。

熊志海:《信息视野下的证据法学》,法律出版社 2014 年版。

杨吉:《互联网:一部概念史》,清华大学出版社 2016 年版。

杨永川等编著:《计算机取证》,高等教育出版社 2008 年版。

杨正鸣主编:《网络犯罪研究》,上海交通大学出版社 2004 年版。

易延友:《证据法的体系与精神——以英美法为特别参照》,北京大学出版社 2010 年版。

袁载誉:《互联网简史》,中国经济出版社 2020 年版。

张保生主编:《证据法学》(第三版),中国政法大学出版社 2018 年版。

张建伟:《证据法要义》(第二版),北京大学出版社 2014 年版。

张军主编:《刑事证据规则理解与适用》,法律出版社 2010 年版。

张新宝:《隐私权的法律保护》(第二版),群众出版社 2004 年版。

张元林、陈序、赵熙:《区块链+:开启智能新时代》,人民邮电出版社 2018 年版。

郑毅:《网络犯罪及相关问题研究》,武汉大学出版社 2014 年版。

中华人民共和国最高人民法院编:《中国法院的互联网司法》,人民法院出版社 2019 年版。

中国社会科学院语言研究所词典编辑室编:《现代汉语词典》(第 7 版),商务印书馆 2016 年版。

中央网络安全和信息化领导小组办公室、国家互联网信息办公室政策法规局编:《中国互联网法规汇编》,中国法制出版社 2015 年版。

宗玉琨译注:《德国刑事诉讼法典》,知识产权出版社 2013 年版。

二、中文译著

〔奥〕维特根斯坦:《哲学研究》,李步楼译,商务印书馆 1996 年版。

〔法〕贝尔纳·布洛克:《法国刑事诉讼法》(原书第 21 版),罗结珍译,中国政法大学出版社 2009 年版。

〔德〕弗里德里希·卡尔·冯·萨维尼:《论立法与法学的当代使命》,许章润译,中国法制出版社 2001 年版。

〔德〕克劳思·罗科信:《刑事诉讼法》(第 24 版),吴丽琪译,法律出版社 2003 年版。

〔德〕匿名者:《深网:Google 搜不到的世界》,张雯婧译,中国友谊出版公司 2016 年版。

〔德〕乌尔里希·贝克:《风险社会:新的现代性之路》,张文杰、何博闻译,译林出版社 2018 年版。

〔德〕克里斯托弗·迈内尔、〔德〕哈拉尔德·萨克:《网络技术基础及应用》,季松等译,清华大学出版社 2020 年版。

〔荷兰〕玛农·奥斯特芬:《数据的边界:隐私与个人数据保护》,曹博译,上海人民出版社 2020 年版。

〔加拿大〕道格拉斯·沃尔顿:《品性证据:一种设证法理论》,张中译,中国人民大学出版社 2012 年版。

〔美〕Edmund M. Morgan:《证据法之基本问题》,李学灯译,世界书局 1982 年版。

〔美〕约翰·罗尔斯:《正义论》,何怀宏等译,中国社会科学出版社 1988 年版。

〔美〕乔恩·R. 华尔兹:《刑事证据大全》,何家弘等译,中国人民公安大学出版社 1993 年版。

〔美〕尼古拉·尼葛洛庞帝:《数字化生存》,胡泳、范海燕译,海南出版社 1997 年版。

〔美〕罗伊·F. 鲍迈斯特尔:《恶——在人类暴力与残酷之中》,崔洪建等译,东方出版社 1998 年版。

〔美〕理查德·A. 波斯纳:《证据法的经济分析》,徐昕、徐昀译,中国法制出版社 2001 年版。

〔美〕理查德·A. 波斯纳:《法理学问题》,苏力译,中国政法大学出版社 2002 年版。

〔美〕罗伯特·D. 考特、〔美〕托马斯·S. 尤伦:《法和经济学》(第三版),施少华等译,上海财经大学出版社 2002 年版。

〔美〕米尔建·R. 达马斯卡:《漂移的证据法》,李学军等译,中国政法大学出版社 2003 年版。

〔美〕Eoghan Casey:《数字证据与计算机犯罪》(第二版),陈圣琳等译,电子工业出版社 2004 年版。

〔美〕E. 博登海默:《法理学:法律哲学与法律方法》,邓正来译,中国政法大学出版社 2004 年版。

〔美〕约翰·W. 斯特龙主编:《麦考密克论证据》,汤维建等译,中国政法大学出版社 2004 年版。

〔美〕伊恩·C. 巴隆:《电子商务与互联网法》,北京大学知识产权学院组织编译,中国方正出版社 2005 年版。

〔美〕理查德·A. 波斯纳:《法律、实用主义与民主》,凌斌、李国庆译,中国政法大学出版社 2005 年版。

〔美〕罗纳德·J. 艾伦等:《证据法:文本、问题和案例》,张保生等译,高等教育出版社 2006 年版。

〔美〕米尔吉安·R. 达马斯卡:《比较法视野中的证据制度》,吴宏耀等译,中国人民公安大学出版社 2006 年版。

〔美〕凯斯·R. 桑斯坦主编:《行为法律经济学》,涂永前等译,北京大学出版社 2006 年版。

〔美〕罗纳尔多·V. 戴尔卡门:《美国刑事诉讼——法律和实践》,张鸿巍等译,武汉大学出版社 2006 年版。

〔美〕保罗·萨缪尔森、〔美〕威廉·诺德豪斯:《经济学》(第 18 版),萧琛主译,人民邮电出版社 2008 年版。

〔美〕霍姆斯等:《哈佛法律评论:法理学精粹》,许章润编译,法律出版社 2011 年版。

〔美〕特伦斯·安德森等:《证据分析》(第二版),张保生等译,中国人民大学出版社 2012 年版。

〔美〕美国国家科学院国家研究委员会:《美国法庭科学的加强之路》,王进喜等译,中国人民大学出版社 2012 年版。

〔美〕雷蒙德·默里:《源自地球的证据:法庭地质学与犯罪侦查》,王元凤、金振奎译,中国人民大学出版社 2013 年版。

〔美〕罗纳德·J. 艾伦,《艾伦教授论证据法》(上),张保生等译,中国人民大学出版社 2014 年版。

〔美〕米尔伊安·R. 达玛什卡:《司法和国家权力的多种面孔:比较视野中的法律程序》(修订版),郑戈译,中国政法大学出版社 2015 年版。

〔美〕罗杰·帕克、〔美〕迈克尔·萨克斯:《证据法学反思:跨学科视角的转型》,吴洪淇译,中国政法大学出版社 2015 年版。

〔美〕阿尔伯特·J. 马塞拉、〔美〕弗雷德里克·吉罗索:《网络取证:从数据到电子证据》,高洪涛等译,中国人民公安大学出版社 2015 年版。

〔美〕Michael J. Kavis:《让云落地:云计算服务模式(SaaS、PaaS 和 IaaS)设计决策》,陈志伟、辛敏译,电子工业出版社 2016 年版。

〔美〕Marjie T. Britz:《计算机取证与网络犯罪导论》(第三版),戴鹏等译,电子工业出版社 2016 年版。

〔美〕Chet Hosmer:《电子数据取证与 Python 方法》,张俊译,电子工业出版社 2017 年版。

〔美〕保罗·维格纳、〔美〕迈克尔·凯西:《区块链:赋能万物的事实机器》,凯尔译,中信出版集团 2018 年版。

〔美〕罗伯特·多曼斯基:《谁治理互联网》,华信研究院信息化与信息安全研究所译,电子工业出版社 2018 年版。

〔美〕阿丽塔·L. 艾伦、〔美〕理查德·C. 托克音顿:《美国隐私法:学说 判例与立法》,冯建妹等编译,中国民主法制出版社 2019 年版。

〔美〕凯文·沃巴赫:《链之以法——区块链值得信任吗?》,林少伟译,上海人民出版社 2019 年版。

〔美〕大卫·D. 克拉克:《互联网的设计和演化》,朱利译,机械工业出版社 2020 年版。

〔日〕谷口安平:《程序的正义与诉讼》(增补本),王亚新、刘荣军译,中国政法大学出版社 2002 年版。

〔瑞士〕Roger Wattenhofer:《区块链核心算法解析》,陈晋川等译,电子工业出版社 2017 年版。

〔瑞士〕索朗热·戈尔纳奥提:《网络的力量:网络空间中的犯罪、冲突与安全》,王标等译,北京大学出版社 2018 年版。

〔西〕布兰卡·R.瑞兹:《电子通信中的隐私权——欧洲法与美国法的比较视角》,林喜芬等译,上海交通大学出版社 2017 年版。

〔英〕卡尔·波普尔:《客观知识——一个进化论的研究》,舒炜光等译,上海译文出版社 1987 年版。

〔英〕麦高伟、〔英〕杰弗里·威尔逊主编:《英国刑事司法程序》,姚永吉等译,法律出版社 2003 年版。

〔英〕维克托·迈尔-舍恩伯格、〔英〕肯尼思·库克耶:《大数据时代:生活、工作与思维的大变革》,盛杨燕、周涛译,浙江人民出版社 2013 年版。

〔英〕詹姆斯·柯兰、〔英〕娜塔莉·芬顿、〔英〕德斯·弗里德曼:《互联网的误读》,何道宽译,中国人民大学出版社 2014 年版。

〔英〕理查德·萨斯坎德:《法律人的明天会怎样?——法律职业的未来》,何广越译,北京大学出版社 2015 年版。

〔英〕威廉·特文宁:《反思证据:开拓性论著》(第二版),吴洪淇等译,中国人民大学出版社 2015 年版。

〔英〕威廉·特文宁:《证据理论:边沁与威格摩尔》,吴洪淇、杜国栋译,中国人民大学出版社 2015 年版。

〔英〕丹尼尔·德雷舍:《区块链基础知识 25 讲》,马丹等译,人民邮电出版社 2018 年版。

〔英〕哈特:《法律的概念》(第三版),许家馨、李冠宜译,法律出版社 2018 年版。

〔英〕克里斯托弗·米勒德编著:《云计算法律》,陈媛媛译,法律出版社 2019 年版。

三、中文期刊论文

常怡、王健:《论电子证据的独立地位》,载《法学论坛》2004 年第 1 期。
陈永生:《电子数据搜查、扣押的法律规制》,载《现代法学》2014 年第 5 期。
陈永生:《证据保管链制度研究》,载《法学研究》2014 年第 5 期。
陈瑞华:《实物证据的鉴真问题》,载《法学研究》2011 年第 5 期。
陈瑞华:《关于证据法基本概念的一些思考》,载《中国刑事法杂志》2013 年第 3 期。
陈瑞华:《非法证据排除规则的理论解读》,载《证据法学》2010 年第 5 期。
陈瑞华:《什么是真正的直接和言词原则》,载《证据科学》2016 年第 3 期。
陈瑞华:《刑事诉讼法学研究范式的反思》,载《政法论坛》2005 年第 3 期。
陈瑞华:《程序性制裁制度的法理学分析》,载《中国法学》2005 年第 6 期。

陈瑞华:《论瑕疵证据补正规则》,载《法学家》2012年第2期。

陈瑞华:《鉴定意见的审查判断问题》,载《中国司法鉴定》2011年第5期。

陈瑞华:《论证据相互印证规则》,载《法商研究》2012年第1期。

陈瑞华:《刑事证明标准中主客观要素的关系》,载《中国法学》2014年第3期。

陈卫东、杜磊:《庭前会议制度的规范建构与制度适用——兼评〈刑事诉讼法〉第182条第2款之规定》,载《浙江社会科学》2012年第11期。

程雷:《诱惑侦查的程序控制》,载《法学研究》2015年第1期。

丁丽萍、周博文、王永吉:《基于安全操作系统的电子证据获取与存储》,载《软件学报》2007年第7期。

丁秋峰、孙国梓:《云计算环境下取证技术研究》,载《信息网络安全》2011年第11期。

樊崇义、李思远:《论电子证据时代的到来》,载《苏州大学学报(哲学社会科学版)》2016年第2期。

樊崇义、李思远:《论我国刑事诉讼电子证据规则》,载《证据科学》2015年第5期。

冯姣等:《放大镜下的无罪推定原则》,载《社会科学战线》2014年第4期。

冯俊伟:《跨境电子取证制度的发展与反思》,载《法学杂志》2019年第6期。

顾海良:《"斯诺命题"与人文社会科学的跨学科研究》,载《中国社会科学》2010年第6期。

何邦武:《网络刑事电子数据算法取证难题及其破解》,载《环球法律评论》2019年第5期。

何家弘:《对法定证据制度的再认识与证据采信标准的规范化》,载《中国法学》2005年第3期。

何家弘:《传说、传闻、传真及其他》,载《证据学论坛》2002年第1期。

贺恒扬、吴志良:《对73起重大疑难命案的实证分析——从刑事证据的收集、固定、审查判断和运用的角度》,载《西南政法大学学报》2008年第1期。

胡铭:《技术侦查:模糊授权抑或严格规制——以〈人民检察院刑事诉讼规则〉第263条为中心》,载《清华法学》2013年第6期。

胡铭:《法律现实主义与转型社会刑事司法》,载《法学研究》2011年第2期。

胡铭:《鉴定人出庭与专家辅助人角色定位之实证研究》,载《法学研究》2014年第4期。

胡铭:《专家辅助人:模糊身份与短缺证据——以新〈刑事诉讼法〉司法解释为中心》,载《法学论坛》2014年第1期。

胡铭:《英法德荷意技术侦查的程序性控制》,载《环球法律评论》2013年第4期。

胡铭:《电子数据在刑事证据体系中的定位与审查判断规则——基于网络假货犯罪案件裁判文书的分析》,载《法学研究》2019年第2期。

胡铭:《区块链司法存证的应用及其规制》,载《现代法学》2022年第4期。

季卫东:《论法制的权威》,载《中国法学》2013年第1期。

金波等:《电子数据取证与鉴定发展概述》,载《中国司法鉴定》2016年第1期。

李建明:《刑事证据相互印证的合理性与合理限度》,载《法学研究》2005年第6期。

李训虎:《证明力规则检讨》,载《法学研究》2010年第2期。

梁坤:《论网络监控取证的法律规制》,载《中国刑事法杂志》2009年第10期。

梁坤:《基于数据主权的国家刑事取证管辖模式》,载《法学研究》2019年第2期。

梁上上:《利益的层次结构与利益衡量的展开——兼评加藤一郎的利益衡量论》,载《法学研究》2002年第1期。

林劲松:《刑事审判书面印证的负效应》,载《浙江大学学报(人文社会科学版)》2009年第6期。

林钰雄:《从基本权体系论身体检查处分》,载《台湾大学法学论丛》2004年第3期。

林钰雄:《国家机关的"仙人跳"?——评五小一大案相关陷害教唆判决》,载《月旦法学杂志》2013年第2期。

林钰雄:《国家挑唆犯罪之认定与证明》,载《月旦法学杂志》2004年第8期。

孔令勇:《从排除原则到排除规则——以威胁、引诱、欺骗方法获取口供排除规则的教义学构建》,载《法律科学(西北政法大学学报)》2019年第2期。

刘晗、叶开儒:《网络主权的分层法律形态》,载《华东政法大学学报》2020年第4期。

刘静坤:《证据动态变化与侦查阶段证据保管机制之构建》,载《山东警察学院学报》2011年第1期。

刘坤:《网络传销犯罪特点与侦防对策研究》,载《北京警察学院学报》2015年第3期。

刘品新:《论电子证据的定位——基于中国现行证据法律的思辨》,载《法商研究》2002年第4期。

刘品新:《电子证据的基础理论》,载《国家检察官学院学报》2017年第1期。

刘品新:《电子证据的关联性》,载《法学研究》2016年第6期。

刘品新:《电子证据的鉴真问题:基于快播案的反思》,载《中外法学》2017年第1期。

刘品新:《论大数据证据》,载《环球法律评论》2019年第1期。

刘权:《目的正当性与比例原则的重构》,载《中国法学》2014年第4期。

刘雅辉等:《大数据时代的个人隐私保护》,载《计算机研究与发展》2015年第1期。

刘杨:《正当性与合法性概念辨析》,载《法制与社会发展》2008年第3期。

龙宗智:《证据分类制度及其改革》,载《法学研究》2005年第5期。

龙宗智:《"以审判为中心"的改革及其限度》,载《中外法学》2015年第4期。

龙宗智:《寻求有效取证与保证权利的平衡——评"两高一部"电子数据证据规定》,载《法学》2016年第11期。

龙宗智:《刑事判决应加强判决理由》(上),载《现代法学》1999年第2期。

龙宗智:《刑事诉讼中的证据开示制度研究》,载《政法论坛》1998年第1期。

龙宗智:《论我国刑事审判中的交叉询问制度》,载《中国法学》2000年第4期。

裴炜:《犯罪侦查中网络服务提供商的信息披露义务——以比例原则为指导》,载《比较法研究》2016年第4期。

裴炜:《比例原则视域下电子侦查取证程序性规则构建》,载《环球法律评论》2017年第1期。

申甲:《一种基于 MD5 算法的 B/S 通信加密系统》,载《信息技术》2010 年第 11 期。

沈鑫、裴庆祺、刘雪峰:《区块链技术综述》,载《网络与信息安全学报》2016 年第 11 期。

施鹏鹏:《跨时代的智者——密特麦尔证据法学思想述评》,载《政法论坛》2015 年第 5 期。

施鹏鹏:《法定证据制度辨误——兼及刑事证明力规则的乌托邦》,载《政法论坛》2016 年第 6 期。

施鹏鹏:《诱惑侦查及其合法性认定——法国模式与借鉴意义》,载《比较法研究》2016 年第 5 期。

石松、邝志强:《司法区块链的应用与发展》,载《中国应用法学》2021 年第 3 期。

宋朝武:《论民事诉讼中的自认》,载《中国法学》2003 年第 2 期。

宋英辉:《刑事诉讼目的论》,载《政法论坛》1992 年第 2 期。

孙长永:《刑事证据开示制度的价值新探》,载《人民检察》2009 年第 8 期。

孙长永、王彪:《审判阶段非法证据排除问题实证考察》,载《现代法学》2014 年第 1 期。

唐彬彬:《跨境电子数据取证规则的反思与重构》,载《法学家》2020 年第 4 期。

汪海燕:《论刑事程序倒流》,载《法学研究》2008 年第 5 期。

汪海燕、胡常龙:《自由心证新理念探析——走出对自由心证传统认识的误区》,载《法学研究》2001 年第 5 期。

王敏远:《论我国刑事证据法的转变》,载《法学家》2012 年第 3 期。

王威伟、郑雪峰:《局域网中网络监听与防范技术》,载《计算机工程与设计》2005 年第 11 期。

王元卓、靳小龙、程学旗:《网络大数据:现状与展望》,载《计算机学报》2013 年第 6 期。

王志刚:《论电子数据提取笔录的属性与适用》,载《证据科学》2014 年第 6 期。

王志刚:《论补强证据规则在网络犯罪证明体系中的构建——以被追诉人身份认定为中心》,载《河北法学》2015 年第 11 期。

吴吉义等:《基于 Kademlia 的云储存系统数据冗余方案研究》,载《电信科学》2011 年第 2 期。

夏朝羡:《区块链技术视角下网络版权保护问题研究》,载《电子知识产权》2018 年第 11 期。

谢登科:《电子数据网络在线提取规则反思与重构》,载《东方法学》2020 年第 3 期。

谢登科:《电子数据网络远程勘验规则反思与重构》,载《中国刑事法杂志》2020 年第 1 期。

谢登科:《电子数据的技术性鉴真》,载《法学研究》2022 年第 2 期。

谢小剑:《我国刑事诉讼相互印证的证明模式》,载《现代法学》2004 年第 6 期。

熊志海:《网络证据的特殊性及研究价值》,载《河北法学》2008 年第 6 期。

熊志海、畅君元:《网络证据收集方法刍议——网络信息收集与网络证据生成的方法思考》,载《前沿》2011年第1期。

徐益初:《刑事诉讼与人权保障》,载《法学研究》1996年第2期。

伊然:《区块链技术在司法领域的应用探索与实践——基于北京互联网法院天平链的实证分析》,载《中国应用法学》2021年第3期。

易延友:《最佳证据规则》,载《比较法研究》2011年第6期。

尹丹:《电子数据司法鉴定技术的发展与挑战》,载《中国司法鉴定》2011年第6期。

于冲:《网络平台刑事合规的基础、功能与路径》,载《中国刑事法杂志》2019年第6期。

詹建红、张威:《我国侦查权的程序性控制》,载《法学研究》2015年第3期。

张保生:《推定是证明过程的中断》,载《法学研究》2009年第5期。

张楚、张樊:《网络取证中的若干问题研究》,载《证据科学》2007年第1、2期。

张栋:《论电子证据的法律定位》,载《东岳论丛》2009年第6期。

张兆曙、段君:《网络平台的治理困境与数据使用权创新——走向基于网络公民权的数据权益共享机制》,载《浙江学刊》2020年第6期。

郑春燕:《当合法性遭遇正当性——以施米特宪法思想中的对抗理论为背景》,载《浙江学刊》2004年第4期。

郑春燕:《必要性原则内涵之重构》,载《政法论坛》2004年第6期。

郑志峰:《网络社会的被遗忘权研究》,载《法商研究》2015年第6期。

赵菁:《跨境电子数据取证中的冲突与对策》,载《政法学刊》2020年第1期。

周汉华:《论互联网法》,载《中国法学》2015年第3期。

朱新力、唐明良:《法治政府建设的二维结构——合法性、最佳性及其互动》,载《浙江学刊》2009年第6期。

纵博:《我国刑事证据能力之理论归纳及思考》,载《法学家》2015年第3期。

纵博:《论证据推理中的间接相关证据》,载《中国刑事法杂志》2015年第5期。

左卫民:《"印证"证明模式反思与重塑:基于中国刑事错案的反思》,载《中国法学》2016年第1期。

〔美〕肖恩·博因:《电子证据的相关问题》,张爱艳、肖燕译,载《证据科学》2016年第2期。

〔美〕戴维·伯格兰:《证据法的价值分析》,张保生、郑林涛译,载《证据学论坛》2007年第2期。

四、英文文献

Adam Alexander Diaz, "Getting Information off the Internet is like Taking a Drink from a Fire Hydrant-The Murky Area of Authenticating Website Screenshots in the Courtroom", 37 *Am. J. Trial Advoc.* 65, 2013.

Adam Cohen, "Social Media and eDiscovery: Emerging Issues", 32 *Pace L. Rev.*

289, 2012.

Alberto G. Araiza, "Electronic Discovery in the Cloud", 2011 *Duke L. & Tech. Rev.* 1, 2011.

Allen M. Gahtan, *Electronic Evidence*, Carswell, 1999.

Anil Kalhan, "Immigration Surveillance", 74 *MD. L. Rev.* 1, 2014.

Audrey Rogers, "New Technology, Old Defenses: Internet Sting Operations and Attempt Liability", 38 *U. Rich. L. Rev.* 477, 2004.

Bailey R. Ulbricht, Christopher Moxley, Mackenzie D. Austin, Molly D. Norburg, "Digital Eyewitnesses: Using New Technologies to Authenticate Evidence in Human Rights Litigation", 74 *Stan. L. Rev.* 851, 2022.

Birgit Clark and Ruth Burstall, "Crypto-Pie in the Sky? How Blockchain Technology is Impacting Intellectual Property Law", 2 *Stan. J. Blockchain L. & Pol'y* 252, 2019.

Bryan A. Garner, *Black's Law Dictionary*, Thomson Reuters, 2009.

Catherine Pelker et. al., "Computer Crimes", 52 *Am. Crim. L. Rev.* 793, 2015.

Christian Calliess and Ansgar Baumgarten, "Cybersecurity in the EU the Example of the Financial Sector: A Legal Perspective", 21 *German L. J.* 1149, 2020.

Christopher P. Winters, "Cultivating a Relationship That Works: Cyber-VigilantismI and the Public Versus Private Inquiry of Cyber-Predator Stings", 57 *U. Kan. L. Rev.* 427, 2009.

Deborah Jones Merritt, "Social Media, The Sixth Amendment, and Restyling: Recent Developments in the Federal Laws of Evidence", 28 *Touro L. Rev. 27*, 2012.

Deborah R. Eltgroth, "Best Evidence and the Wayback Machine: Toward a Workable Authentication Standard for Archived Internet Evidence", 78 *Fordham L. Rev.* 181, 2009.

Dominique Custos & John Reitz, "Public-Private Partnerships", 58 *Am. J. Comp. L. (Supp.)* 555, 2010.

Donald S. Yamagami, "Prosecuting Cyber-Pedophiles: How can Intent be Shown in a Virtual World in Light of the Fantasy Defense?", 41 *Santa Clara L. Rev.* 547, 2001.

Donald P. Kommers, "the Basic Law: A Fifty Year Assessment", 20 *German L. J.* 571, 2019.

Dru Stevenson, "Entrapment by Numbers", 16 *U. Fla. J. L. &Pub. Pol'Y* 1, 2005.

Dr. Darren R. Hayes, *A Practical Guide to Computer Forensics Investigations*, Pearson Education, 2015.

Dylan Cors, "National Security Data Access and Global Legitimacy", 67 *DOJ J. Fed. L. & Prac.* 257, 2019.

Eoghan Casey, *Digital Evidence and Computer Crime*, Academic Press, 2011.

Eric Johnson, "Lost in the Cloud: Cloud Storage, Privacy, and Suggestions for Protecting Users' Data", 69 *Stan. L. Rev.* 867, 2017.

Erik Laykin, *Investigative Computer Forensics: The Practical Guide for Lawyers, Accountants, Investigators, and Business Executives*, Wiley, 2013.

George Grispos, Tim Storer and William Bradley Glisson, "Calm Before the Storm: The Challenges of Cloud Computing in Digital Forensics", 4 *IJDCF* 28, 2012.

Giova G., "Improving chain of custody in forensic investigation of electronic digital systems", 11 *IJCSNS* 1, 2011.

Gregory P. Joseph, "Internet and Email Evidence", 58 *Prac. Law.* 19, 2012.

Hala Bou Alwan, "National Cyber Governance Awareness Policy and Framework", 47 *Int'l J. Legal Info.* 70, 2019.

Helen Nissenbaum, "Privacy as Contextual Integrity", 79 *Wash. L. Rev.* 119, 2004.

Ira P. Robbins, "Writing on the Wall: the Need for an Authorship-Centric Approach to the Authentication of Social-Networking Evidence", 13 *Minn. J. L. Sci. & Tech.* 1, 2011.

Ivan Skorvánek et. al., "'My Computer Is My Castle': New Privacy Frameworks to Regulate Police Hacking", 2019 *B.Y.U. L. Rev.* 997, 2019.

Jarrod S. Hanson, "Entrapment in Cyberspace: A Renewed Call for Reasonable Suspicion", 1996 *U. Chi. Legal F.* 535, 1996.

Jasmin Cossic, etc., "An Ontological Approach to Study and Manage Digital Chain of Custody of Digital Evidence", 35 *JIOS* 1, 2011.

Jason Kim, "Blockchain and Copyright: Vain Hope for Photographers?", 2018 *B.C. Intell. Prop. & Tech. F.* 1, 2018.

Jennifer Gregg, "Caught in the Web: Entrapment in Cyberspace", 19 *Hastings Comm. & Eny. L. J.* 157, 1996.

Jennifer L. Mnookin, "Atomism, Holism, and the Judicial Assessment of Evidence", 60 *UCLA L. Rev.* 1524, 2012.

John Dewey, "Logical Method and Law", 10 *Cornell L. Q.* 17, 1914.

John S. Wilson, "MySpace, Your Space, or Our Space? New Frontiers in Electronic Evidence", 86 *Or. L. Rev.* 1201, 2007.

John G. Browning, "With 'Friends' Like These, Who Needs Enemies? Passwords, Privacy, and the Discovery of Social Media Content", 36 *Am. J. Trial Advoc.* 505, 2012.

John G. Browning, "Digging for the Digital Dirt: Discovery and Use of Evidence from Social Media Sites", 14 *SMU Sci. & Tech. L. Rev.* 465, 2010.

Jonathan D. Frieden and Leigh M. Murray, "The Admissibility of Electronic Evidence under the Federal Rules of Evidence", 17 *Rich. J. L. & Tech.* 5, 2011.

Julia Mehlman, "Facebook and MySpace in the Courtroom: Authentication of Social Networking Websites", 8 *Crim. L. Brief* 9, 2013.

J Preece and D Maloney-Krichmar, *Online Communities: Focusing on Sociability and Usability*, L. Eribaum Associates Inc., 2002.

Julia Mehlman, "Facebook and Myspace in the Courtroom: Authentication of Social Networking Websites", 8 *Crim. L. Brief* 9, 2012.

Kevin Werbach, "Trust, but Verify: Why the Blockchain Needs the Law", 33 *Berkeley Tech. L. J.* 487, 2018.

Kristen E. Eichensehr, "Public-Private Cybersecurity", 95 *Tex. L. Rev.* 467, 2017.

Kristen L. Mix, "Discovery of Social Media", 5 *Fed. Cts. L. Rev.* 119, 2011.

Laurie Buchan Serafino, "'I Know My Rights, So You Go'n Need A Warrant for That': The Fourth Amendment, Riley's Impact, and Warrantless Searches of Third-Party Clouds", 19 *Berkeley J. Crim. L.* 154, 2014.

LH Tribe, "The Continuing Debate over Mathematics in the Law of Evidence: A Further Critique of Mathematical Proof", 84 *Harv. L. Rev.* 1810, 1971.

Mahmoud M. Naereldin, etc., "Digital Forensics Evidence Acquisition and Chain of Custody in Cloud Computing", 12 *IJCSI* 153, 2015.

Major Scott A. McDonald, "Authenticating Digital Evidence from the Cloud", 2014 *Army Law.* 40, 2014.

Margaret Hu, "Small Data Surveillance v. Big Data Cybersurveillance", 42 *Pepp. L. Rev.* 773, 2014.

Mark Lanterman, "The Dark Web, Cybersecurity and the Legal Community", 46 *No. 4 Law Prac.* 44, 2010.

Michael C. Pollack, "Taking Data", 86 *U. Chi. L. Rev.* 77, 2019.

Michelle Sherman, "The Anatomy of a Trial with Social Media and the Internet", 14 *J. Internet L.* 11, 2011.

Molly K. Land, "Against Privatized Censorship: Proposals for Responsible Delegation", 60 *Va. J. Int'l L.* 363, 2020.

Morris Dickstein, *Introduction: Pragmatism Then and Now, in the Revival of Pragmatism: New Essays on Social Thought*, Law and Culture, 1998.

M. Wessler, *Big Data Analytics*, John Wiley & Sons, Inc., 2013.

Nathan Fulmer, "Exploring the Legal Issues of Blockchain Applications", 52 *Akron L. Rev.* 161, 2018.

N. Boister, "Transnational Criminal Law?", 14 *Eur. J. Int'l L.* 953, 2003.

Nema Milaninia, "Using Mobile Phone Data to Investigate Mass Atrocities and the Human Rights Considerations", 24 *UCLA J. Int'l L. & Foreign Aff.* 273, 2020.

Nicholas Tsagourias & Michael Farrell, "Cyber Attribution: Technical and Legal Approaches and Challenges", 31 *Eur. J. Int'l L.* 941, 2020.

Notes: "A Critical Appraisal of the Application of the Best Evidence Rule", 21 *Rutgers L. Rev.* 526, 1966.

Notes: "Electronic Surveillance", 32 *Ann. Rev. Crim. Proc.* 54, 2003.

Orin S. Kerr, "Applying the Fourth Amendment to the Internet: A General Approach", 62 *Stan. L. Rev.* 1005, 2010.

Orin S. Kerr, "Searches and Seizures in a Digital World", 119 *Harv. L. Rev.* 531, 2005.

Paul Ohm, "The Rise and Fall of Invasive Isp Surveillance", 2009 *U. Ill. L. Rev.* 1417, 2009.

Paul W. Grimm, Lisa Yurwit Bergstrom and Melissa M. O'Toole-Loureiro, "Authentication of Social Media Evidence", 36 *Am. J. Trial Advoc.* 433, 2012.

Robert Moore, *Cybercrime: Investigating High-Technologu Computer Crime*, Anderson Publishing, 2011.

Ronald J. Allen, "Presumptions in Civil Actions Reconsidered", 66 *Iowa L. Rev.* 843, 1980.

Ronald N Morris, "Evidence", 12 *International Review of Law Computers & Technology* 279, 1998.

Samantha Greenfield, "Social Media Platforms: Preserving Evidence of International Crimes", 2 *Int'l Comp. Pol'y & Ethics L. Rev.* 821, 2019.

Sarit K. Mizrahi, "The Dangers of Sharing Cloud Storage: The Privacy Violations Suffered by Innocent Cloud Users During the Course of Criminal Investigations in Canada and the United States", 25 *Tul. J. Int'l & Comp. L.* 303, 2017.

Scott A. McKinney, Rachel Landy, Rachel Wilka, "Smart Contracts, Blockchain, and the Next Frontier of Transactional Law", 13 *Wash. J. L. Tech. & Arts* 313, 2018.

Sean E. Goodison, Robert C. Davis, and Brian A. Jackson, *Digital Evidence and the U. S. Criminal Justice System*, Rand Corporation, 2015.

Shaun B. Spencer, "the Surveillance Society and the Third-Party Privacy Problem", 65 *S. C. L. Rev.* 373, 2013.

Sophia Dastagir Vogt, "The Digital Underworld: Combating Crime on the Dark Web in the Modern Era", 15 *Santa Clara J. Int'l L.* 104, 2017.

Stefan Hessel and Andreas Rebmann, "IT Security Regulation in Germany——Current State and Outlook on Legal Obligations for Companies", 24 *No. 4 J. Internet L.* 1, 2020.

Steven Penney, "The Digitization of Section 8 of the Charter: Reform or Revolution?", 67 *Sup. Ct. L. Rev.* 505, 2014.

Steve Posner, "'But Judge, I Got it From the Net!'——The Admissibility of Internet Evidence", 31 *Colo. Law.* 91, 2002.

Steven S. Gensler, "Special Rules for Social Media Discovery?", 65 *Ark. L. Rev.* 7, 2012.

Suzan Dionne Balz and Olivier Hance, "Privacy and the Internet: Intrusion, Surveillance and Personal Data", 10 *Int'l Rev. L. Computers & Tech.* 219, 1996.

Sylvia Polydor, "Blockchain Evidence in Court Proceedings in China—a Comparative Study of Admissible Evidence in the Digital Age", 3 *Stan. J. Blockchain L. & Pol'y* 96, 2020.

Thomas J. Casamassima and Edmund V. Caplicki III, "Electronic Evidence at Trial: The Admissibility of Project Records, E-Mail, and Internet Websites", 23 *Constr. Law.* 13, 2003.

Thomas L. Friedman and Oliver Wyman, *The World is Flat: A Brief History of the Twenty-First Century*, Picador, 2007.

Thomas Weigend and Khalid Ghanayim, "Human Digital in Criminal Procedure: A Comparative Overview of Israeli and German Law", 44 *Isr. L. Rev.* 199, 2011.

Todd G. Shipley, Art Bowker, *Investigating Internet Crimes: An Introduction to Solving Crimes in Cyberspace*, Elsevier, 2014.

Tommy Umberg and Cherrie Warden, "The 2013 Salzburg Workshop on Cyber Investigations: Digital Evidence and Investigatory Protocols", 11 *Digital Evidence & Elec. Signature L. Rev.* 128, 2014.

Tom W. Bell, "Copyrights, Privacy, and the Blockchain", 42 *Ohio N. U. L. Rev.* 439, 2016.

Walter Warner Davidson, "The Best Evidence Rule-A Rule Requring the Production of A Writing to Prove the Writing's Contents", 14 *Ark. L. Rev.* 153, 1959.

五、报刊

高峰、田学群:《五方面细化规范"远程取证"工作》,载《检察日报》2013年12月15日第3版。

胡铭:《用区块链技术解决刑事诉讼证明难题》,载《民主与法制时报》2020年5月14日第6版。

宋芳科:《两民警一审有罪判决被撤销》,载《西部商报》2015年5月15日第10版。

汤瑜:《中国网络犯罪占犯罪总数1/3 每年30%速度增长》,载《民主与法制时报》2017年1月17日第2版。

谢亚宏:《全球网络犯罪急需强化协同打击》,载《人民日报》2022年7月11日第15版。

余建华、单巡天:《全国首例区块链存证刑事案宣判》,载《人民法院报》2019年11月1日第3版。

张中、崔世群:《司法区块链证据真实性审查》,载《检察日报》2021年1月20日第3版。